딴지日報

1
(DIGITAL DDANJI 1·2·3·호 통합권)

김어준 엮음

자작나무

딴지日報

초판발행일 · 1998년 9월 30일
초판 17쇄 · 1999년 11월 10일

엮은이 · 김어준
펴낸이 · 송인석
펴낸곳 · 도서출판 자작나무
주소 · 121-160 서울 마포구 상수동 21-1
전화 · 3142-9152~4
팩스 · 3142-9160
등록 · 제10-713호(1992. 7.7)

ISBN · 89-7676-287-8(세트)
ISBN · 89-7676-288-6(세트)

값 7,800원

＊ 잘못된 책은 바꾸어 드립니다.
＊ 저자와의 협의하에 인지는 생략합니다.

본문의 합성사진 및 내용은
특정인의 명예실추와 비방을 목적으로 한 것이 아님을 미리 밝혀둠

딴지 용어 해설집 – 엮은이의 말을 대신하며

1. 정치/언론편

- 김데중 : 오랫동안 화류계에 몸담고 있다가 고리대금업자 '암에푸' 씨에게 저당잡힌 〈문민찻집〉을 인수, 우리동네에서 〈궁민다방〉을 개업한 왕마담 언니. 요즘 딴나라 캬바레 땐서들 스카웃 건으로 캬바레로부터 항의를 받아 고민중. '김대숭 여사'로 가끔 변장.

- 기명사미 : 과거 〈문민찻집〉 주인. 한때 남한 경제를 파탄으로 몰고가기 위해 30년간 활약한 고첩이란 루머가 있었으나 사실무근으로 판명. 최근 사오정 계보의 거두로 밝혀진 전설 속의 인물. 상대의 허를 찌르는 공삼화법이 주무기. 가끔 금용삼으로 출연.

- 김쫑필 : 〈박통다방〉의 꼬붕서방으로 시작, 〈전통다방〉〈물통다방〉으로 이어진 우리동네 현대 다방사에서 계속 기둥서방 노릇을 했던 화류계의 '워킹 히스토리'. 현재 자민눈 스텐드빠 주인이자 현 환락업소 연합의 기둥서방 서리. 종필순. 깡종필로도 불림.

- 이혜창 : 현재 딴나라 캬바레 홀메니저. 작년부터 급부상한 화류계의 뉴페이스로 군사정권을 체질적으로 싫어해 가족 중 혹시라도 군사문화에 물들 사람이 나올까바 조심하는 차원에서 아들내미 군대 안 보냄.

- 김유난 : 딴나라 캬바레 뻐끼 총괄메니저. 〈전통다방〉시절부터 국내 최고실력을 자랑하는 '베이비 메이커'. 언제나 백발백중을 자랑하다 최근 정조준 실패로 충격을 먹고, 비밀리에 TK 비뇨기과 출입중. 치료가 가능할지는 미지수.

- 좃순 : 딴나라 캬바레 주방장. 최근까지 딴나라 캬바레 얼굴마담 하다 이혜창, 김유난 복식조에게 쫓겨남. 그러나 그 버티는 힘을 높이 산 일본 쓰모계가 손짓 해와 행보가 주목됨.

- 존두환/너태우 : 과거 〈전통〉〈물통〉 다방주인으로 가끔 등장은 하나, 현재는 완전 단역.

- 암에푸 : 문민찻집의 실패로 우리동네 지역경제 전체를 저당잡은 고리대금업자.

- 좃선벼룩 : 우리 동네 최고 부수를 자랑하는 우익멸공 생활정보지.

2. 어휘편

명랑사회 – 선진조국 창조, 신한국 창조... 이런 말에 너무도 오랫동안 속아 왔기에 딴지가 새로 정립해 지향하는 21세기의 국가 모델로서, 모든 국민들이 즐겁게 웃으며 명랑하게 생활할 수 있는 멋진 사회.

조또 – "매우", "아주", "굉장히" 등의 평상적인 단어로는 그 정도를 제대로 표현해낼 수 없을 경우, 혹은 상황이 하도 기가 막히고 답답하여 "도대체", "대관절" 정도로는 그 심정을 제대로 표현할 수 없을 경우 뒤에 나오는 동사나 형용사를 강조하기 위해 쓰이는 부사.

씨바 – 차분하고 논리적으로 자신이 표현하고자 하는 바, 혹은 주장하고자 하는 바를 설명해냈음에도 불구하고 여전히 뭔가 풀리지 않은 응어리가 가슴에 남아 있을 경우 전체 글의 종결구 또는 여흥구로 주로 쓰이며, 때로는 "조또"와 함께 부사로 활용되기도 하는 의心어.

졸라, 열라, 욜라 – 명랑사회를 반드시 구현하겠다는 사명감을 가지고 열심히 뛰어가는 동적자세를 표현하는 의태어로 쓰이기 시작했으나, 이제는 "열심히" "바쁘게" "억수로" "매우" 등등의 다중 의미를 가지게 된 단어.

쉐이, 넘, 뇬 – 이 새끼, 이 놈, 이 년 등의 과격하고 하대하는 표현이 독자대중에게 문화적 충격 내지는 분노, 자괴감, 위화감을 유발하여 국민화합을 저해하는 경우가 자주 발생하는데, 이러한 폐단을 없애고자 그 발음을 순화하여 개발한 귀여운 대체호격.

그 외에 '없다' 를 '엄따' 라고 표현한다거나, 발음나는 대로 쓰거나 하는 문법파괴가 종종있다. '나빌래라..' 라는 단어가 시인 자신의 시감을 보다 정확하게 표현하기 위해 만들어진 것처럼, 화자가 자신의 생각이나 감정을 보다 정확하게 표현하기 위해 이러한 어휘구사가 시도되었다. '없다' 가 아니라 '엄따' 라는 말이 주는 어감... 그런 어감으로 무엇인가 주장하고 싶을 때 그런 표현들이 쓰였다.

마치 시를 위한 시어가 존재하고 쓰이는 것처럼 자신의 감정을 꼭 알맞게 표현하는 말이 표준어가 아니라 그러한 단어였기에 쓰여졌고, 그러기에 한글파괴가 아니라 언어의 유희요 확장이라고 이해해 주시면 감사하겠다. 어차피 딴지를 보고나서 학교 리포트나 회사 보고서에 '없다' 가 아니라 '엄따' 라고 쓸 사람은 엄따...

━━━━━이상과 같은 딴지용어 해설로써 펴낸이 인사말을 대신하고자 함다. 아날로그 딴지일보는 매체의 한계로 인해 딴지일보의 맛과 재미를 반쪽밖에 전달하지 못하고 있슴다. 진짜는 인터넷에 있슴다. 졸라 공부하셔서 들어오시기 바람다.

1998년 9월 30일
딴지일보 발행인 겸 딴지그룹 총수 김 어 준 꾸벅.

차례

정치

거례췌, 바로 이거야! • 12   공업용-미싱을 국가원수 암살기도혐의로 체포한다 • 15
아빠 나 요즘 심심해... • 17   나 아직도 이뻐? • 18
궁민다방 마담언니의 노래... • 21   부실인물 퇴출명단 및 인수기관 전격 발표! • 25
구쾌의원에게 직접 듣는다 • 29   좃순, 쓰모선수로 변신 초읽기 돌입 • 33
만화 / 사랑으로 극복하자!(1) • 36   만물상 / 포루노태입 • 38
•광고 - 젖찌 • 39

경제

삼승을 해체하라! • 44   새로운 빤스문화를 창조한다! • 49
韓國人 氏 家族 이야기 • 53
•광고 - Chun-No Lingerie • 57
만화 / 사랑으로 극복하자!(2) • 58   만물상 / 마진가 • 60

사회

무늬만 미스코리아 아니에여? • 66   서울대를 폐쇄하라! • 73
촌지를 생각한다 • 76   어째 강도 편이 되어간다 • 81
간첩사건에 따른 강원도사태 • 85   나는 한국인이 아니다! • 88
입이 무척 컸던 그 여자 • 96   우리가 추구해야 할 사회 • 103
만화 / 사랑으로 극복하자!(3) • 106   만물상 / 개구리소년 • 109
•광고 - 암살영화의 결정판 – The Jacket • 112

국제

가장 재수없었던 사람들(上) • 116   가장 재수없었던 사람들(下) • 118
[역사고증] 그것을 알려주마(from LA) • 120   [잠입르뽀] 세계 속의 한국(나이트 편) • 123
• 광고 - 색녀홍 양은 아직도 첫 번째 티코를 타고 있습다 • 131

문화 · 생활

비아그라는 원래 우리의 것이었다 • 136   델마와 루이스 2탄 나와야 한다! • 139
명랑사회는 어떻게 이룩될 것인가(1) • 143   명랑사회는 어떻게 이룩될 것인가(2) • 149
우리 형... • 154   오토바이를 탄 할부지... • 170
• 광고 - 저두 가능할까여? • 174

정보통신 · 과학

[과학연재] Mazinger Z에 대한 考察 (1) • 178
폭로! TITANIC의 眞實(上) • 182   폭로! TITANIC의 眞實(下) • 186
• 광고 - 일찍일찍 잡아줘야 함다 • 192

스포츠 · 연예

박찬호를 욕하지 마라 • 196   2002 월드컵과 숙소문제 • 200
박세리 태권도 훈련에 돌입하다! • 203   월드컵대표 새롭게 구성! • 205
박세리와 삽질 • 208   한국 홀리건 창설! • 216
호나우도 애인 집중 분석! • 218
연예 고소용 벗었다... • 223   양아치들은 이제 고만!! • 226   이승연, 나도 벗는다! • 230
• 광고 - 석두홍 씨는 이제 세번째 SM 파이브를 타고 있습다 • 233

테마신문

Health 무서운 콩자반 • 236   나는 그녀가 화장실에서 한 일을 알고 있다 • 244
Cinema 타이타닉 속편 촬영지 한국으로 결정! • 251   영화 바이준을 말하다 • 253
직배영화를 어떻게 볼 것인가 • 254   극장가 산책 • 260
Home 취닭 요리법 • 261   남자와 여자의 차이 • 262
Travel 피라미드와 스핑크스가 디비자는 곳(1) • 266   피라미드와 스핑크스가 디비자는 곳(2) • 270
People 힘센 마눌은 여자보다 아름답다(1) • 274   힘센 마눌은 여자보다 아름답다(2) • 278
•광고 - 어머, 너 좋겠다, 얘 • 284

싸설 · 칼럼

싸설 창간싸설 • 286   이큐패다이 욕에 대한 考察 • 289
김대중 칼럼 대통령 주디를 공업용 미싱으로 • 294
홍싸조르뽀 타이타닉을 보고 • 297   카섹스를 하든 말든 • 302
경제잠망경 다카하시 고레키요 일 재무장관 • 305
•광고 - 더 이상의 빤쓰는 없다 • 310

기획 · 기사

인터뷰 딴지 발행인 겸 총수 전격 인터뷰 • 312
특집 코후비기와 관련된 서양인의 왜곡된 역사인식(上) • 318
코후비기와 관련된 서양인의 왜곡된 역사인식(下) • 322
기자수첩 본사 기자 화장실에서 순직 • 328
알립니다 딴지일보 수습기자/사진기자/특파원 모집 • 329
딴지일보 신축 사옥 발주, 착공, 거의 완공 • 331   딴지일보 기자 및 특파원 합격자 안내 • 332
본지 독자 10만 명 돌파 사은품 증정!! • 334   딴지일보 제1회 캡션 콘테스트 수상작 발표 • 335

정치

거레췌... 바로 이거야!

공업용미싱을 국가원수 암살 기도혐의로 체포한다

아빠 나 요즘 심심해...

나 아직도 이뻐?

궁민다방 마담언니의 노래...

부실인물 퇴출명단 및 인수기관 전격 발표...!

구쾌의원에게 직접 듣는다

좃순, 쓰모선수로 변신 초읽기 돌입

만화 / 사랑으로 극복하자! (1)

만물상 / 포루노태입

광고 / 젖찌

http//ddanji.netsgo.com

정치

▶ 정치 경제 사회 국제 문화/생활 정보통신/과학   ▶ BEST 스포츠 테마신문

거레췌.. 바로 이거야!

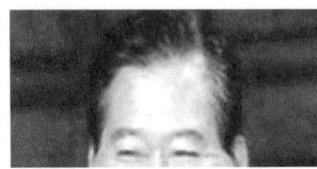

본지 창간 소식을 접한 김대중 대통령은 만사 제껴놓고 축전을 전해왔다..

공업용 미싱을 국가원수 암살기도혐의로 체포한다

경기지사 지원 연설에서 김홍신 딴나라당 으원이 한마디 한 것이 일파만파가 되어 정계를 뒤흔들고 있다. 이 발언을 들은 네티즌들은 크게 두 갈래의 반응을 보이고 있다.
"김홍신 잘해써"
"김홍신 넌 미싱으론 안 되겠다..."

아빠 나 요즘 심심해...
얘는.. 딱 우리 수준인 신문 나왔자녀...

기명사미 전통과 리인재 전후보 부자는 은밀하게 싸우나 회동을 하던 중 본지의 창간 소식을 듣고...

나 아직도 이뻐?

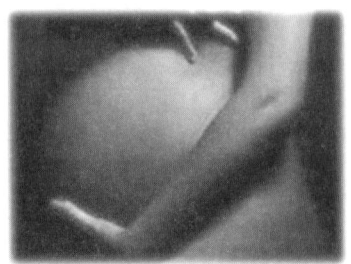

한동안 두문불출해서 여의도 뭇 마담들의 궁금증을 샀던 '딴나라캬바레'의 이혜창 명예 홀 메니저의 동정이 드뎌 파악됐다. 6.4일 전국 환락업소 인기 겨루기 한판승부에서 궁민다방측 레지들이 딴나라 캬바레의 삐끼들을 물리치고 선전하자, 오랫동안 기다렸다는 듯이 기자회견을 자청한 이혜창 명예 홀메니저는 상기된 얼굴로 기자회견장에 나타났는데...

궁민다방 마담언니의 노래...

얼마전 울 동네입구 목좋은 자리에... 물 좋고 서비스 쥑이는 찻집 〈궁민다방〉이 개업했드랬지만.. 요 다방은 쭉쭉빵빵한 영계 레지들과 신속한 배달로 문 열자마자... 동네남정네들 끼니도 거르고 죽때리는 아지트로 자리잡게 되었다...

부실인물 퇴출명단과 인수 기업 전격 발표!!

부실기업의 퇴출명단이 발표된 데 이어, 국회의원을 포함한 정치인 및 부실인물의 퇴출명단 및 인수기관이 전격발표됐다. 이번에 선정된 퇴출인물을 살펴보면 국회의원 270명, 정부 고위직 100여 명, 기타 사회 고위인사 50여 명 등으로 나타났다. 딴지일보는 이번 퇴출인물에 선정된 인사들의 명단을 단독 입수하여 최초이자 최후로 공개를 하는 개가를 올리게 되었다...

구쾌의원에게 직접 듣는다

오늘도 불꺼진 여의도 狗快疑死堂은 귀곡산장처럼 황량스럽기만 하다.. 대한민국의 3대 폐가 중 으뜸이라는 소문이 흉흉한 가운데서 집나간 구쾌의원들은 어디서 무엇을 하는지 궁금증을 더하고 있다...

나 쓰모할 지도 몰라...

딴나라 캬바레 짱께 음식부 좃순 주방장이 일본 쓰모계로부터 선수 스카웃제의를 받고 비밀리에 도일, 똥꼬근력 테스트 및 삼겹살 정밀 검진을 마쳤으며 현재 심각하게 진로를 고민하고 있다는 소식이 전국 환락업소를 흔들고 있다. 지난 12월 궁민다방 김데중 왕마담 언니와의 전국 환락업소 부킹대왕 인기겨루기 한판전에서 이혜창 명예 홀 메니저와 테크메치 한조를 이뤘다가 국물도 못 건진 좃순 주방장은....

정치 7월 6일(월)

거레췌, 바로 이거야!

"비아그라 기사를 자주 해달라" -김데중 대통령

지방선거와 미주 순방 등 바쁜 일정을 앞두고 허벌나게 정신 없는 와중에도 본 딴지일보의 탄생 소식을 접한 김데중 대통령은 이제 드뎌 우리 나라도 제대로 우끼는 언론이 탄생하였다면서 손수 축전을 보내왔다.

"현시기에 초감각 하이코메디 신문인 딴지일보의 탄생은 역사적인 필연인 것이다. 웃음을 잃어버린 국민들에게 딴지일보의 탄생은 홀아비, 과부가 개과한 것 같은 기쁨이 될 것이다. 따라서 딴지일보를 읽고 국민 모두가 언제 어디서나 미친 듯이 시시때때로 웃어제끼는 명랑한 사회가 건설될 때, 그 거대한 사회적 엔돌핀이 우리 나라가 다시 힘차게 재기할 수 있음을 알리는 신호탄이자, 추진력이 될 것이다. 이는 곧 국제사회에 한국이 이 위기에 결코 굴복하지 않고 룰루랄라 이겨낼 수 있을 것이라는 믿음을 주어 결국 우리 나라의 국가신인도 제고에 결정적 역할을 하게 될 것이다."라며, 기뻐 어쩔 줄 몰라했다고 청와대 소변인은 전했다.

특히 "그동안 좃선일보에서 존두환은 단군 이래 최대의 민족지도자라고 한다든가, 쭝앙일보에서 리인재 말고 이혜창 찍어야 우리 나라

만세다... 라는 코메디를 해왔으나 슬립스틱 수준을 벗어나지 못했던 게 현실이었다" 라고 하면서 국내 언론의 문제점을 정확하게 지적하고 "딴지일보는 이제 국내언론의 새 장을 열어 제치는 진정한 초절정 하이 코메디신문으로 성장해 달라"는 당부의 말을 했다 한다.

특히 비아그라 기사라든가, 연예인 벗었다... 류의 말초신경자극적인 기사를 자주 실어 대통령의 기립 능력이 결코 미국 대통령에 못지 않음을 만방에 증명해 보여, 자신이 현직 대통령일 뿐 아니라 잠자리에 있어서도 현직 남편임을 알려달라는 개인적인 부탁도 잊지 않았다.

어차피 본지는 먹고 싸고 까발리는 것에 초점을 맞추므로 별 어려움이 없을 것으로 예상된다. 단지 본지가 신문윤리강령 및 그 실천요강을 준수할 필요성을 느끼지 못함으로써 정부가 본지 발행인의 입을 공업용 미싱으로 박는 일은 없길 바래본다. 본지는 21세기 명랑사회 건설과 IMF 조기 졸업의 막중한 책무를 온몸으로 느끼며, 바쁘신 대통령이 친히 축전도 보내왔고 하니 범국민적으로 열씨미 우껴볼까 한다. 어깨가 무겁다.

- 딴지 정치부 기자

축전 명단과 메시지

▶ **넬름 만질라(남아프리카 짱)**
얼릉 딴지일보 보내죠... 미스코레아 사진 오믄 넬름 만져봐야지...

▶ **어라파토(팔레스타인 짱)**
어라 내 허락 엄씨 누맘대로 맨들었노... 이건 파토야!

정치 7월 6일(월)

▶ 꼴린털(미국 짱)
내 딴지일보 읽다가 꼴려서 털이 자꾸 낑겼다... 책임져...

▶ 시라커(프랑스 짱)
내는 체시라 팬이다.
시라가 진짜 큰지 담에 시라 수영복 사진도 실어줘...

▶ 애무도 콜(독일 짱)
내 대머리는 울 앤이 졸라 애무해조가 다 볏겨져따...

▶ 확비뻐(인도네시아 짱)
인도네샤 요새 말도 몬한다.
내 딴지일보 보문서 그나마 웃는다.

▶ 하지모또(일본 짱)
밤에 울마누라랑 딴지일보 읽다가 눈 맞아 한 번 더 해따...
울마누라 왈 "하지모... 또..."

▶ 보리술 앨친
지난번 각료들 전부 해임할 때,
보리술 먹고 실수로 보냄.
사진도 보냈음.
(어젯밤에 보냈나...)

그외 국내 인사들.
우리 엄마 / 지하 구멍가게 / SQ 당구장 / 궁민 분식 / 딴나라 캬바레
네초고 담당자 / 우리동네 쌀집 / 이혜창 / 리인재 / 기명사미 전통

이상.

공업용 미싱을 국가원수 암살기도혐의로 체포한다

"거짓말쟁이 김데중 대통령의 주디를 공업용 미싱으로 박아야 한다."는 딴나라당 김홍신 으원의 발언이 일파만파로 논란이 확대되고 있다.

"부라더 홈미싱도 성능이 좋으니 공업용 미싱은 필요엄따."
"삼류작가가 국회으원되더니 삼류정치쇼한다."
등 여러 가지 의견이 분분한 가운데, 통신상에서도 김 으원이 발언에 대해 격렬한 논쟁이 벌어지고 있다.

테러 위협 걱정으로
텔이 술러덩 빠진 김홍신 으원

이렇게 논란이 커지자 대검찰청에서는 회의를 갖고 공업용 미싱을 국가원수 암살기도혐의로 체포영장을 발부하기로 결정했다.

이 회의에 참석한 한 공안검사에 따르면 공업용 미싱으로 대통령의 입을 꼬맬 경우 출혈로 인한 심장쇼크와 답답증을 야기할 수 있으므로 포괄적 살인의도로 간주된다고 밝혔다. 또한 이것은 국가전복을 야기할 수 있는 심각한 사안이기에 공업용 미싱에 대해 긴급체포영장을 발부하기로 했다고 한다.

검찰은 회의 직후 전국 검찰청에 공문을 하달하여 즉시 모든 공업용 미싱에 대한 검거작전에 총력을 기울여 한 대의 공업용 미싱도 남김

없이 체포할 것을 지시하였다. 또한 뒷탈을 없애기 위해 체포시에는 공업용 미싱에게 '변호사를 선임하고, 묵비권을 행사할 수 있다'는 미란다 수칙을 말해 주도록 했다.

이에 따라 전국의 각 지방 검찰청에서는 경공업단지 및 가내수공업자의 공장에 대해 압수수색영장을 발부받아 공업용 미싱에 대한 일제검거에 나섰다. 검찰청 대변인은 기자회견을 갖고 공업용 미싱을 소유한 공장이나 이를 목격한 시민들은 반드시 신고를 해야 하며, 이를 어기고, 공업용 미싱을 숨길 경우 범인은닉죄로 엄벌에 처해진다고 당부했다.

이 소식을 접한 전국미싱협회에서는 "60~70년대 경제성장을 이끌었던 의류, 섬유산업의 핵심으로 산업역군이었던 공업용 미싱이 정신나간 국회의원의 망언에 의해 체제전복세력으로 간주되는 작금의 상황에 심히 유감을 표한다."는 성명을 발표했다.

한편 자유총연맹에서도 성명을 내고 "어려운 경제상황을 틈타 국가전복을 획책하는 공업용 미싱들에 대해 단호한 조치를 내려야 하며, 평소 공업용 미싱에 빨간 실을 많이 쓰는 공장들에 대해서는 특히 용공세력이 침투해 있는지 여부를 확실히 가려내야 한다."고 발표했다.

- 김도균 bluesens@netsgo.com

아빠 나 요즘 심심해...
얘는... 딱 우리 수준인 신문 나왔자너...

지난 일요일 기명사미 전대통령과 리인재 전후보 부자는 싸우나 비밀 회동을 가졌다.

이때, 리인재는 요새 매스컴이 자기를 안 찾는다면서 "아빠 요새 넘 심심해예." 하자, 딴지일보의 창간 소식을 들은 기명사미 전통은 "씰데엄는 소리하고 자빠져써. 딴지일보가 나와짜나. 내는 그거 보믄서 하도 마이 우서가 허파하고 창자하고 구조조정 해삐써. 딱 우리 수준캉 마따. 니도 그거 바바. 간이 히뜩 디비지게 우끼." 라고 말했다.

이에 리인재가 "진짜라예? 그래 재미씀니꺼?" 하고 되묻자,

"하모. 다른 신문들은 조 쎄리 빠사삐야데. 니나 내나 신문 함 일글라카믄 무슨 소린지 잘 몰라가 사전 디비 보고 그란다꼬 쎄빠지자나. 그라고 '이숭희 버서따...' 뭐 이런 중요한 뉴스는 잘 나오도 안 하고. 근데 딴지 일마들은 묵고 싸는 거, 이런 거를 주로 다루거덩. 딱 우리 수준이자나. 내는 억빠이 조아가 잠도 잘 안 온다."라고 했다.

먹고 싸는 것을 주로 다룬다는 말에 리인재는 만면에 희색을 감추지 못하고 싸우나를 마쳤다.

— 딴지 파파라치

정치 7월 2일 (월)

나 아직도 이뻐?

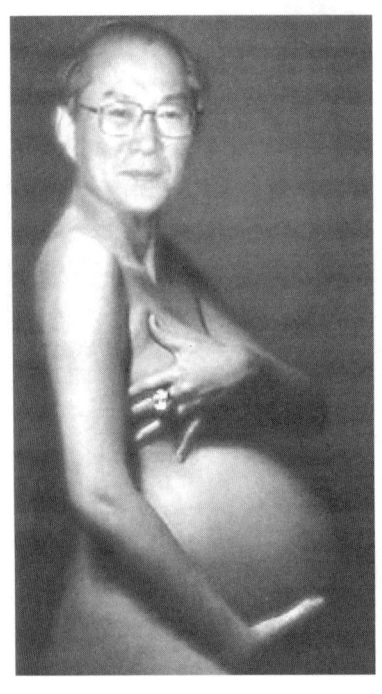

한동안 두문불출해서 여의도 뭇 마담들의 궁금증을 샀던 '딴나라 캬바레'의 이혜창 명예 홀메니저의 동정이 드뎌 파악됐다.

6.4일 전국 환락업소 인기 겨루기 한판승부에서 궁민다방측 레지들이 딴나라 캬바레의 삐끼들을 물리치고 선전하자, 오랫동안 기다렸다는 듯이 기자회견을 자청한 이혜창 명예 홀메니저는 상기된 얼굴로 기자회견장에 나타났다.

이 회견은 극소수 건전 언론사에만 통보된 것으로, 국내에서는 본지와 함께 국내 황색 저널계를 양분하고 있는 유일의 경쟁지 '싼데이 서울'만이 참석했다. 외국에서는 펜티하우스와 쁠레이맨 등 쟁쟁한 언론사들이 참석해 열띤 취재 경쟁을 벌였다.

이혜창 명예 홀메니저가 단상에 나타나자마자 도대체 어디서 모하고 있었냐는 기자들의 질문이 터져 나왔다.

이에 그는 매우 수줍은 듯 "저 사실 그동안 몸조리하느라..." 며 말끝을 흐렸다. 한눈에 임신 사실을 알 수 있을 정도로 배가 빵빵한 이혜창 명예 홀메니저의 답변이 있자마자 기자들은 그렇다면 아버지는

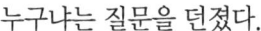

누구냐는 질문을 던졌다.

한동안 말이 없던 그는 드디어 결심한 듯 아랫 입술을 깨물며 말했다
"애 아빠는 김유난 씨여..."

기자단석에서 "으... 역쉬 베이뷔 메이커야..." 하는 장탄식이 흘러나오는 사이 그가 담담하게 이어간 스토리를 정리하면 이렇다.

지난 12월 전국 환락업소 부킹대왕 뽑기 경연대회 때부터 동거에 들어갔던 김유난 삐끼 총괄메니저가, 경연대회 투표 당일 새벽 김데중 궁민다방 왕언니 마담에게 패하는 것이 명확해지자 갑자기 그동안 사용해 왔던 'TK표' 콘돔을 사용치 않겠다고 선언했다는 것이다.

이에 놀란 이혜창 명예 홀메니저가 왜 그러냐고 묻자,

"이젠 새로운 베이뷔가 필요해... 딴나라 캬바레, 이제 손님들 졸라 무서운 속도로 떨어져 나가기 시작할 꺼야... 딴나라로 장사 해먹기 글렀어... 더구나 좃순 주방장이 틀어쥐고 있는 곳간 열쇠를 내놓을 리가 없지... 고향에 내려가 새로 장사를 시작하는 게 나아... 그러려면 새로운 베이뷔가 필요해..." 라는 말을 했다는 것이다.

'그동안 콘돔으로 막고 있었지만 이젠 싸야 할 때가 왔다.' 는 비장한 마지막 한마디에 이혜창 명예 홀메니저는 뭐가 어떻게 돌아가는지 잘 알아듣진 못했으나, 하여간 콘돔없이 하자는 말은 명확히 이해했고, 평소 콘돔의 질감을 좋아하지 않았기에 '오케바리'를 외친 후 그

정치 7월 2일 (월)

자리에서 아크로바틱한 자세로 3회전을 벌인 결과 오늘의 베이뷔가 잉태됐다는 것이다.

언제쯤 출산할 것인가 하는 질문에 그는 이렇게 대답하고 총총히 기자회견장을 빠져 나갔다.

"애 아빠가 결정할 꺼에여..."

바야흐로 또 한 명의 캬바레 베이뷔가 탄생할 날이 머지 않았다. 그넘 이름은 뭘루 지을까...?

- 딴지 정치부 기자

궁민다방 마담언니의 노래...

얼마전 울 동네 입구 목좋은 자리에... 물 좋고 서비스 죽이는 찻집 〈궁민다방〉이 개업했드랬다... 요 다방은 쭉쭉빵빵한 영계 레지들과 신속한 배달로 문 열자마자... 동네남정네들 끼니도 거르고 죽때리는 아지트로 자리잡게 되었다...

근데... 이 다방에도 한 가지 단점이 있었으니... 그건 바로 〈궁민다방〉 레지들의 기둥서방인 '깡종필' 이였다...

이 다방의 레지들이야 손바닥만한 똥꼬치마에 쭉 빠진 다리로 손님들한테 인기가 가히 S.E.S 뺨때기 후릴 정도인지라... 동네아줌마들한테 그 원성이 자자하였지만...

기둥서방 '깡종필'은 이미 이 바닥나이로 환갑, 진갑 다 넘겨 자지 힘도 제대로 안 들어가는 퇴물 서방인데다 성격까지 꼬장꼬장해 영계 레지들과 대판 쌈박질도 여러 번인 골치아픈 존재였다..

근데...왜 '깡종필'이 이 다방의 기둥서방으로 왔을까... 그걸 야그할라믄 〈궁민다방〉이 생기기 전부터 복잡다난했던 울 동네의 '다방의 역사'를 함 되짚어 봐야 할끼다...

정치 7월 2구일 (월)

이 〈궁민다방〉이 생기기 전 요자리엔… 금용삼이라는 사람이 하던 〈문민찻집〉이라는 다방이 있었드랬다. 이 문민찻집도 역시 개업하자 마자 '개핵차'와 '사정쥬스'라는 신종메뉴를 앞세워 그야말로 인산인해를 이루었었다.

그렇게 한 2~3년 동네남정네들 용돈 다 털어묵던 이 다방이 점점 장사가 기울기 시작했으니, 이는 〈문민찻집〉 쥔 아들인 금현칠이라는 철부지가 다방사업에 자꾸 개입하면서부터였다.

금현칠은 아버지의 귀염 아래 레지들과 히히낙낙 놀아나고, 중간에 수입을 삥땅하는 일이 많았드랬다… 거기다 돈문제에 대해선 깡통인 금용삼이 겁도 없이… 악덕사채업자의 돈을 뭉텅이로 빌려썼다가 완존히 파산지경에 이르게 되는 사태에 이르렀고… 그래서 결국 〈문민찻집〉은 사채업자 '암에뿌'에게 저당잡히고 문을 닫고야 말았다…

이 쫄딱 망한 〈문민찻집〉을 인수하고 새 단장하여… 지금의 〈궁민다방〉을 개업한 사람이 바로 '김대숭 여사'였다. 일찌기 화류계에 뜻이 있었던 김대숭 여사는 3번씩이나 다방사업에 뛰어들려고 했으나 번번히 실패하였던 차에 운좋게 이 〈문민찻집〉을 인수할 수 있게 되었다…

그런데, 찻집을 개업하기엔 자본이 부족했던 김대숭 여사는… 동네 화류계에서 잔뼈가 굵은 깡종필에게 도움을 청했고, 그렇잖아도 〈문민찻집〉에서 나이 많다고 당하고 놀구 있던 깡종필은 평소 팁으로 꼬불쳤던 약간의 돈을 보태어 주었고… 둘이서 동업형식으로 〈궁민다방〉을 개업했드랬다…

7월 2일 (월) 정치

동업의 대가로 〈궁민다방〉의 기둥서방을 약속받은 깡종필은 일찍이 동네건달 박종히가 했던, 〈박통다방〉의 꼬붕서방으로 시작하여 이후 〈전통다방〉〈물통다방〉으로 이어진 울동네 다방들에서 계속 기둥서방 노릇을 했던 화류계의 '움직이는 역사책' 이었다…

깡종필 기둥서방은 또 〈문민찻집〉에서도 계속 승승장구하는 듯했으나, 역시 화류계에선 나이가 차면 퇴물취급을 받는 법…

자지 기립 능력을 의심받는데다 꼬장꼬장하던 깡종필이가 맘에 들지 않았던 〈문민찻집〉 쥔인 금용삼은 장사가 어느 정도 자리잡게 되자, 가차없이 깡종필을 정리해고시켜 버린 것이었다…

요렇게 나이 많고 인기 없는 깡종필을 기둥서방으로 내세우기엔 〈궁민다방〉의 새 주인인 김대숭 여사도 탐탁치 않은 일이었으나, 다방을 인수하며 깡종필의 돈을 꿔온 처지니 어쩔 수 없는 일이었다…

그러나, 일찍이 〈동업으로는 성공한 장사가 없다〉고 했던가… 성원 속에 시작한 〈궁민다방〉 역시 문제가 생기기 시작했다.

두 사람은 〈궁민다방〉을 동업하면서 이면계약으로,
1. 쥔은 김대숭 여사, 기둥서방은 깡종필로 한다.
2. 레지를 채용할 때 각자 반반씩의 추천권을 행사한다
등을 약속했는데, 이러한 '공동찻집' 운영은 일찍이 없던 일이라 많은 시행착오가 일어나게 되었드랬다…

즉, 〈궁민다방〉의 레지의 고향이 너무 한 지역에 편중되어 있다는 손님들의 여론이 들끓게 되었고, 깡종필이 추천한 '주영자' 라는 레지

정치 7월 2교일(월)

는 배달한 찻값을 삥땅하는 등 문제를 일으키다 쫓겨나게 되었다.

거기다 첨 장사를 시작하다보니 레지 숫자가 다른 다방보다 부족해 인근 〈딴나라 캬바레〉의 뗀서들을 레지로 빼오게 되었고... 〈딴나라 캬바레〉로부터 '딴나라 캬바레 파괴공작'을 중지하라는 항의를 받기도 하였다.

이런 사태가 일어나다보니 '준비된 다방주인'이라 선전하던 김대숭 여사로선 가히 당황스런 일이었다... 이 예상치 못했던 사태를 우째 수습해야 할 것인가...?

넘들은 정통성없는 다방을 차려놓고도 호의호식하더만 왜 나만 이리도 박복하단 말이냐..?? 몇 십 년간 벼르다 겨우 인수한 다방사업이 초반부터 험난하기가 추풍령고개 같단 말인가...

오늘밤도 이런저런 한탄과 고민으로 셔뎌내린 〈궁민다방〉에서는... 술취한 김대숭 여사의 '목포의 눈물'이 구성지게 들려오고 있다...

깡종피리... 그 넘을 우째하믄 조케쓰까...

— 딴지 정치부 기자

부실인물 퇴출명단 및 인수기관 전격 발표!!

부실기업의 퇴출명단이 발표된 데 이어, 국회의원을 포함한 정치인 및 부실인물의 퇴출명단 및 인수기관이 전격 발표됐다.

이번 퇴출 선정작업을 주도한 〈공정발기위원회〉에 따르면 암에푸의 극복을 위해서는 부실기업뿐만 아니라, 부실인물들의 퇴출이 필수적이라고 밝혔다. 이번에 선정된 퇴출인물을 살펴보면 국회의원 270명, 정부 고위직 100여 명, 기타 사회 고위인사 50여 명 등으로 나타났다.

딴지일보는 이번 퇴출인물에 선정된 인사들의 명단을 단독 입수하여 최초이자 최후로 공개를 하는 개가를 올리게 되었다. 주요 퇴출인물의 명단 및 그 인수기관은 아래와 같다.

▶ **기명사미 전 대통령** (인수기관 : 서울대학교)
- 김영삼 전 대통령은 암껏도 모르면서 '세계화'니 '개핵'이니 떠들었지만 결국 쥐뿔도 한 것도 엄씨 현재의 '갱제위기'만 불러온 책임이 크기 때문에 제 1착으로 이번 퇴출명단에 포함되게 되었다.

인수기관으로 서울대가 선정된 것은 하자 있는 물건은 생산회사가 책임진다는 경제원칙에 따라, 서울대가 YS를 리콜하여 재교육시켜야 하기 때문이라고 한다. 또한 서민들의 분노에 YS의 신변상의 위험이 높아지고 있으나, 모교인 서울대에서는 적어도 이런 염려는 없으리라는 기대 때문이라고 덧붙였다. 이에 따라 서울대는 YS를 서울대 정문 수위로 임명하기로 했는데, 이는 YS를 재활용할 부서를 신

정치 7월 2q일(월)

청받았으나 수위실 아저씨밖에 신청을 하지 않아 이루어졌다고 한다.

다만 서울대 당국은, 취미가 등산인 YS가 눈치도 없이 관악산을 자주 등반하다가 직장 잃은 실직자들과 멸치 안주에 소주잔을 기울이다가 YS임이 밝혀져 졸라 쥐터질 경우가 자주 발생해서 물건이 분실처리될까봐 걱정이라고 한다.

▶ **K모 그룹회장, L모 의원, J모 전장관 등** (인수기관 : '조뺑이' 공수여단과 희귀병 연구 국제의사협회)

- 이들은 공히 희귀한 사유로 병역이 면제되었으며, 그 아들들 또한 비스므레한 이유로 병역이 면제된 인물들이다. 이들과 그 자제들은 저시력, 간질, 정신질환 등의 병명으로 병역이 면제되었으나, 30세 이후에는 자동 치유되는 현대의학으로도 설명할 수 없는 불가사의를 이룬 인물들이다.

이들에 대해 다시 재신검을 실시한 결과 현재에는 아무런 이상이 없으므로 병역면제 사유가 소멸되었다고 보고, 이들을 강제퇴출시키고 인수기관으로 빡쎄기로 소문난 〈조뺑이 공수여단〉을 선정했다. 또한 이 소식을 뒤늦게 전해들은 〈희귀병 연구 국제의사협회〉에서도 임상실험 대상으로 활용하기 위해 재료 인도를 신청했다.

현재 이들은 〈조뺑이 공수여단〉 신병교육대에서 뺑이치며 훈련을 받고 있는데, 여단 창설 이래 최고의 고문관들로 인정받고 있다고 한다. 한편 L모 의원의 경우 점호에 자주 빠져 조교들을 어리둥절하게 만들었는데 L모 의원 왈 〈내가 국회 본회의도 안 들어갔는데, 점호는 들어갈 줄 아러...〉라고 했다가 조교들한테 졸라 얻어터졌다 전해진다.

▶ 일부를 제외한 270명의 국회의원들

- 299명의 국회의원 중 의정활동이 뛰어난 김OO 의원, 정OO 의원 등 극소수를 제외한 270명이 퇴출명단에 포함되는 것에는 이견이 없었다. 그러나, 최종 단계까지 이들을 인수하겠다는 기관이 없어 많은 어려움을 겪고 있다고 한다.

정부는 국내에 마땅한 인수기관이 없자 북한에 소 500마리를 제공하면서 이들을 부록으로 무상원조하겠다고 제시하였으나, 북한측은 소를 안 받고 말지, 절대 이들을 인수할 수 없다고 완강히 거부하여 무산되었다. 지금까지 이들을 인수할 마땅한 적임자가 없으므로, 국제입찰로 붙여 처리해 버리자는 의견이 제시되고 있는 가운데, 〈아프리카 식인종 동맹〉〈새우잡이 어선연합〉〈세계 호모협회〉 등이 이들 입찰에 관심이 있는 것으로 나타났다.

▶ 호화, 보신 해외관광객... 강남졸부 L모 씨, 재벌2세 P모 씨 등 (인수기관 : 국립박물관)

- 이들은 온 국민이 허리띠를 졸라매고 있는 이 때에 해외로 빼돌린 달러 및 부동산투기 등으로 벌어들인 돈으로 해외에서 호화, 사치여행 및 보신관광을 자행하여 퇴출명단에 포함되게 되었다.

한편 이들을 인수한 기관으로 국립박물관이 선정된 것이 다소 의외로 보이는데 국립박물관측은 이들을 박제 처리하여 전시할 것이라고 발표했다. 내용인즉 이들을 방부제 및 박제 처리하여 〈20세기 한국의 졸부상〉이라는 이름으로 전시할 것이며, 이들이 적립해 놓은 항공 마일리지 카드의 보너스로 전 세계 순회 전시가 매우 싸게 먹힐

정치 7월 2o일(월)

것이기 때문이라고 한다.

▶ **바콩 전 소강대 총장** (인수기관 : 데이빗 카퍼필드 매직쇼단)
– 바콩 전 총장은 〈한국 내에 빨갱이가 100만 명이 있다…〉 〈분신한 사람들의 배후에는 뻘건 그림자가 있다…〉 등의 쇼킹한 극우 돌출 발언을 자주 했던 자로, 현 정부에 들어선 후에는 이전까지는 맹비난했던 민주세력에 대해 잽싸게 꼬리를 흔드는 깜짝 둔갑술을 발휘하여 국민들의 입맛을 씁쓸하게 하였다.

따라서, 그의 퇴출은 지금까지 뛰어난 둔갑술로 역대 정권에 삼단변신 해바라기를 하고 있는 김유난 의원이나 깡종필 총리 등에 대한 국민의 경고메시지 성격이 있다고 보여진다.

바콩 전 총장의 인수기관으로 데이빗 카퍼필드가 선정된 것은 바콩의 놀라운 둔갑술과 깜짝 돌출쇼를 연구하기 위함으로 알려졌다. 현재 바콩은 무대 뒤에서 데이빗 카퍼필드의 매직쇼를 보다가 보조진행하던 미녀의 '뻘건' 빤스를 보고 흥분, 무대에 뛰어 올라 "뻘갱이가 나타났다"고 외치다 졸라 줘터져 입원가료중이라 한다.

이상 국민의 답답한 속을 확 풀어주는 〈부실인물 퇴출명단〉 발표였습다.

– 딴지 정치부 기자

구쾌의원에게 직접 듣는다

오늘도 불꺼진 여의도 狗快疑死堂은 귀곡산장처럼 황량스럽기만 하다... 대한민국의 3대 폐가 중 으뜸이라는 소문이 흉흉한 가운데서 집나간 구쾌의원들은 어디서 무엇을 하는지 궁금증을 더하고 있다... 이에 딴지에서는 여야의 중진의원인 K모, L모 의원을 만나 지금 구쾌의원들의 생활과 그들의 생각을 들어봤다...

기자 : (국민감정상 인사 생략 / 존칭 생략) 오랜만이다. 요새 근황은 어떤가...?

K의원 : 나름대로 바빴다. 국민의 세금으로 월급받는 처지에 놀 수야 있는가... 경기가 위축되고 소비수요가 급격히 줄어든 요즘 구국의 일념으로 낮에는 골프장, 밤으론 룸싸롱에서 열씸히 지역 경제 회생을 위해 노력중이다. 다른 의원 얼굴 잊어버릴까봐 가끔 만나 고스톱 치는 것도 주요 일과 중의 하나다.

기자 : 말이 나와서 말인데, 구쾌의원이나 공직자의 골프에 대해 이래저래 말이 많다. 특히 구쾌의원들의 내기 골프는 한 라운드에 수백만원씩 오고가기도 한다는데...

L의원 : 요새 한창 날리는 박세리를 함 바바라. 미국에서 골프치면서 한 라운드에 수 억씩 벌고 있지 않나. 미국에서 하는 건 괜찮고, 한국에서 하는 건 안 된다는 건 사대주의적 발상이다. 또한 다른 면에서 볼 때 이번 월드컵의 참패는 대표팀 자체보다는 축구의 국내기반이 약했기 때문에 일어난 일이었다. 따라서 우리는 골프계의 국내기반을 조성하고, 불타

는 승부욕을 심어주고자 내기 골프를 치는 것이다.

기자 : 할 말이 없다... 요새 사회는 일하고 싶어도 일자리 없는 실업자가 급증하고 있다... 근데 비싼 세비 받으면서도 하는 일 없이 놀고 먹는 심정이 궁금하다... 이에 대해 국민들의 원성이 자자하다는 것을 알고나 있는지...

K모 의원 : 우리도 나름대로 괴롭다. 국회가 열리고 일 좀 할라치면 졸속입법이네, 날치기처리네 하문서 손가락질하고, 머리 좀 식힐라고 고스톱 치면 또 욕하고, 그래서 차라리 가만히 있는 게 도와 주는것 같아 묻고 있으면 책임회피라고 손가락질하고... 이래저래 우리들의 고충도 크다는 점만 알아 달라. 사실 국민들이 우리의 수준을 너무 앞서가는 것 같아 불만이다. 우리의 수준을 너무 높게 잡아 보면 안 된다.

기자 : 구쾌의원들의 하는 일에 비해 보수나 대우가 너무 높다는 비판이 많다. 한 달에 3~4일도 일 안 하고 수백만 원씩 챙기는데 좀 찔리지는 않는가.

L모 의원 : 건 모르는 소리다. 구쾌의원들 중 70% 이상이 1980년대부터 이 일을 시작한 사람이다. 많게는 40년 가까이 한 9선의원도 있다... 이 정도면 보통회사에선 입사 15~20년차인 부장급 정돈데... 회사에서 부장덜은 결재만 하문서, 우리 보곤 새빠지게 일하라고 하는 건 형평성에도 어긋난다. 우리에게 너무 많은 기대를 하지 말아 줬으면 좋겠다.

기자 : 얼마전 미국 국회의사당에서 총기난사 사고가 있었다... 우리 국민들도 맘속으로 국회의사당에 수류탄이라도 메고 쳐들어 가고픈 심정이라고 한다. 더우기 의원들은 위험을 무릅쓰고 관광객들을 신

속히 대피시켜 당신네들과 극명한 대조를 이루고 있는데...

K모 의원 : 사실 맘속으로 우리 국민들의 유순함과 너그러움에 감사하고 있다... 우리도 유비무환의 마음가짐으로 이런 사태에 대비하기 위해 평소에 열씸히 훈련하고 있었다.

기자 : 무슨 소린가...??

L모 의원 : 96년 12월 날치기를 위한 새벽집결과 국회의사당 진입, 날치기 처리를 위한 몸싸움 등이다. 그러한 사태를 염두에 두고 실시한 훈련으로 이해해 주길 바란다. 본 의원은 개인적으로 신변보호를 위해 '화투장 날리기'를 연마중이다.

기자 : 아직도 정치가 '보스정치' 수준을 벗어나질 못하고 있다. 여야간은 물론 당 내에서도 계파와 보스에 따라 자기의 소신없이 이리저리 몰려다니는 〈소떼정치〉가 이루어지고 있다고 지적하고 있는데... 이러한 저급한 정치수준을 벗어날 희망은 없는가...??

K모 의원 : 저급하다니... 말이 심하다. 보스정치는 우리의 고유한 미풍양속에 합치하는 좋은 전통이다. 회사에서도 전무파, 상무파 해서 파벌이 있고, 군대에서도 참모총장파, 장관파 하는 패거리가 있는데, 우리도 사회의 흐름에 맞출 뿐이다... 다시 말하지만 우리에게 너무 앞서 나가길 바라는 건 국민만 피곤해지는 거다... 〈장군의 아들〉 바바라... 역대 흥행 1, 2위를 다투는 기록을 가진 영화 아닌가. 보스영화는 괜찮고 보스정치는 안 된다는 것은 어불성설이다.

기자 : 더 이상 할 말이 없다... 이만 인터뷰를 마치겠다... 니 차 값은

니가 내라...

K, L모 의원 : 떡값은 온라인으로 보내주는가... 요새 감시가 심하니 현금으로 내기 바란다.

이렇게 인터뷰를 마칠 즈음, 옆 테이블에서 이번 인터뷰를 관심있게 듣고 있던 한 시민이 분노를 참지 못하고 K, L모 의원을 향해 재떨이를 날리는 불의의 사고가 발생했다. 이 사고로 K모 의원은 의자에서 펄쩍 뛰쳐나와 도망가던 찰나 재떨이가 똥꼬에 세로로 꽂히는 바람에 순간적인 스톱모션과 함께 일시적인 호흡장애가 발생했으며, L모 의원은 재떨이는 피했으나 그런 K모 의원을 팽개치고 뒤를 쳐다보며 도망가다 전봇대에 충돌, 눈탱이가 치와와화되었다.

이에 흥분한 K, L 모의원은 이 시민을 고소하기 위해 목격자를 찾았는데, 백주대낮에 수많은 사람들이 지켜 본 가운데 벌어진 일이었으나, 이들이 구쾌의원임을 안 목격자들은 "기억이 나지 않습니다... 아부지 대빵하시는 데 누를 끼쳐 죄송함다. 엉엉..." 하며 질질짜고 횡설수설로 일관하고 있다. 구쾌의원들에 대한 국민들의 공감대를 확인하는 순간이었다.

– 딴지 정치부 기자 bluesens

8월 3일(월) **정치**

좃순, 쓰모선수로 변신 초읽기 돌입

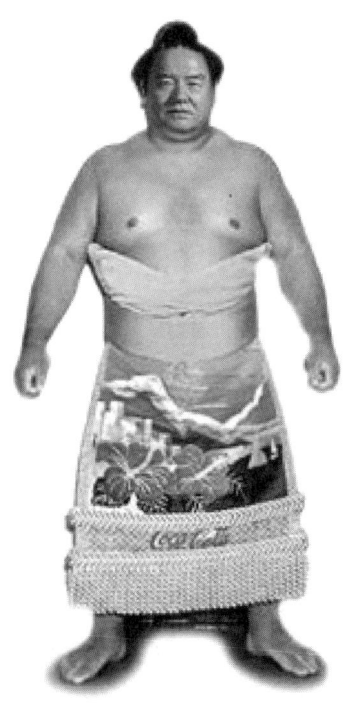

딴나라 캬바레의 짱께 음식부 좃순 주방장이 일본 쓰모계로부터 선수 스카웃 제의를 받아 이미 비밀리에 도일, 똥꼬 근력 테스트 및 삼겹살 정밀 검진을 마쳤으며 현재 심각하게 진로를 고민하고 있다는 소식이 전국 환락업소를 뒤흔들고 있다.

지난 12월 궁민다방 김대중 왕마담 언니와의 전국 환락업소 부킹대왕 인기겨루기 한판승부에서 이헤창 명예 홀 메니저와 테크메치 한조를 이뤘다가 국물도 못 건진 좃순 주방장은, 그 이후 딴나라 캬바레의 암중 쥔행세 하기 다툼에서 몇 달 못 버티고 이헤창, 김유난의 사실혼 관계에 있는 동거커플에 의해 짜부나서 곧 다시 쫓겨날 것이라는 업계의 관측이 지배적이었다.

딴나라 캬바레가 한창 잘 나갈 때, 전국 방방곡곡에서 상경해 오로지 돈 좀 벌어보겠다고 뭉친 삐끼들인지라 손님 떨어져 파리 날리는 순간 당연히 아작날 줄 알았던 딴나라 캬바레는, 조또 암껏도 모리는 초짜 삐끼들이 이대로 귀향하느니 동네 물장사 파토나 내보자며 깡종필 궁민다방 기둥서방을 동네골목에서 마주칠 때마다 집단 배팅기 기로 위협할 때까지만 해도 그래봤자 좃순 주방장은 금방 쫓겨날 것으로 믿는 사람들이 대부분이었다.

정치 8월 3일(월)

그러나 오랫동안 떡고물을 주고받아 딴나라 캬바레와 뗄레야 뗄 수 없는 유착관계에 있는 동네 생활정보지 '좃선벼룩'에서 '아이야, 딴나라 캬바레 장사 잘 된다 안카나, 손님들 빼가는 궁민다방 자폭해 삐라'는 음해성 유언비어를 지속적으로 게재하고, 좃순 주방장은 그 와중에 "내는 여서 한 발짝도 못 나간다. 여는 이제 내 집이야~"며 '양다리 벌리고 똥꼬 힘줘 버티기'와 '삼겹살 휘몰아 상대방 뺨때리기'를 구사하면서 줄기차게 버티자 업계 관측이 보기 좋게 빗나간 것이다.

더구나 그동안 주방장만 해오던 좃순이 최근 벌어진 강릉지역 부킹 경연대회에서 삐끼로 출전하는 걸로 봐서 이제 좃순 주방장은 삐끼의 생리를 간파하기 시작한 것으로 보인다는 것이 업계의 평이다.

이러한 좃순 주방장의 필사적인 버티기를 첨부터 주의깊게 보아온 일본 쓰모계는 저 정도의 앞뒤 안 가리는 똥꼬힘이라면 쓰모의 정상 요코즈나 등극도 단시간내에 이룩할 수 있을 것이라는 판단을 내리고 스카웃팀을 비밀리에 급파 금번 테스트가 이뤄진 것이다.

똥꼬와 삼겹살 테스트를 무난히 통과한 좃순 주방장은 그러나 어쩌면 딴나라 캬바레가 홀라당 자기 수중에 들어올지도 모른다는 기대

속에 조금만 더 말미를 달라고 일본 쓰모 관계자에게 전했다고 한다.

과연 그의 '앞뒤 안 가리고 양다리 벌려 똥꼬로 버티기'가 언제까지 통할 수 있을 것인가. 그것은 오로지 그의 똥꼬에 달려 있다.
말 못하는 똥꼬야... 너는 알고 있겠지...

- 딴지 정치부 기자

사랑으로 극복하자! (1)

최근 IMF 한파로 고개 숙인 남성들이 늘어나고 있다고 한다.

IMF에 따른 장기적인 스트레스로 밤에 마치 잠깐 피곤해서 그런 양 부비적 부비적거리는 걸로 힘겹게 하루 하루를 버티는 남성이 폭발적으로 증가하고 있다.

이에 남편을 정밀검사하는 부인들이 늘어가고, 자연적으로 아침 식단이 부실해지면서 남성들이 더욱 힘을 못 쓰는 악순환이 계속되고 있어 커다란 사회 문제로 대두되고 있다.

김데중 정부는 이에 시급히 대책 마련에 나섰는데, 국내외 전문가들로 구성된 보건체육부 실태 조사팀은 최근 역시 가장 중요한 건 '사랑' 이라는 연구결과를 발표하며 더불어 10가지 국민권장체위를 발표했다.

권장체위 10가지 중

-제 1번 "솟구쳐 수직 찌르기"

이두박근과 삼두박근의 근력을 길러주고 폐활량을 획기적으로 늘이는 효과가 있다고 한다.

8월 3일(월) 만화

주의 착지 동작시 삐끗하면 조때는 수가 있다는 단점이 있으니 조심할 것. 착지 바로 직전까지 손으로 감싸는 지혜가 필요하겠다.

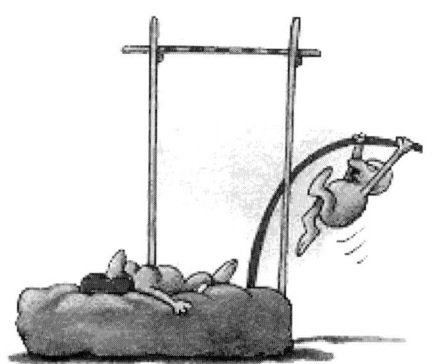

보건체육부 권장체위 1번 :
'솟구쳐 수직 찌르기'

이 체위를 개발하느라 부러진 상당수의 관계기관 담당자들에게 심심한 감사를 보낸다.

만물상 8월 3일 (월)

漢·詩·感·想

佈淚老態入 포루노태입

咀花勉續閱巨崇以 男余核劾去里考
저화면속벌거숭이 남여핵핵거리고

內深杖發浪去里泥 儺道母淚改吉語志耐
내심장발랑거리니 나도모루개길어지내

俺碼歌屍障哀舒 吾失矢干利多
엄마가시장애서 오실시간이다

仗聾雐不束哀 多詩老兒懦冶只
장롱이불속애 다시노아나야지

- HITEL에서... 작자미상

젖찌

-photo by paparach

남잘 한방에 보내려는 신세대 여성의 필수품!

전세계적으로 선풍 적인 인기를 모으고 있는 신세대 여성의 필수 악세사리 "젖찌" 드뎌 국내 상륙 !!

걍 끼어주기만 하면 왠만한 남성들은 입이 찢어지는 간편한 착용으로 날로 인기를 더하고 있는 "젖찌"는 인기 탤런트 김해수양을 비롯하여 국내 유명 연예인들은 이미 너나 할 것 없이 착용하고 있다. 유방 확대 수술을 했으나 어떻게 자랑해 볼 방법을 달리 찾지 못해 괜히 길거리에서 이리저리 상반신을 흔들어 대는 미혼여성, 결혼 권태기로 퇴근시간이 늦으며 추적해 보면 이상하게 집앞에 목욕탕 놔두고 맨날 역삼동 싸우나에서 나오는 남편을 둔 가정주부들에게 특히 좋다. 이걸 본 남자들...노친네도 바로 선다. 비아그라 능가한다. 너도 나도 착용해 명랑사회 이룩하자 !

한국 저통 물산주식회사

500세트 한정 판매!!
지금 당장 주문하시라!
tel : 080-0808-0808

경제

▶ 정치 **경제** 사회 국제 문화/생활 정보통신/과학　

삼승을 해체하라!
새로운 빤스문화를 창조한다!
韓國人 氏 家族 이야기

광고 / Chun-No Lingerie

만화 / 사랑으로 극복하자! (2)

만물상 / 마진가

http//:ddanji.netsgo.com

삼승을 해체하라!

국내 최대의 재벌 삼승그룹은 고마 팍 해체해뻐려야 한다는 소리가 전국 당구장과 구멍가게를 중심으로 급속도로 퍼져가고 있다. 삼승그룹이 한때 잘 나갈 때 이곤히 회장이 그런 소릴 했다.

"마누라만 빼고 다 바까야 해."

얼마전까지 여기에 화답하는 국민의 소린 그랬다.
"이곤히 니만 바까뻐면 돼."
그러나 이젠 이곤히 회장 하나 바뀐다고 해결될 단계는 넘어서 버렸다는 것이 본 딴지일보의 진단이다...

새로운 빤스문화를 창조한다!

암에푸를 맞이하여 소비패턴의 변화로 왠만한 기업들은 고전을 면치 못하는 작금에도 경이적인 판매실적을 올리며 업계를 선도하는 기업이 있어 화제다.
대형 내의업체인 주식회사 '짝방울' 등 기존 업체들이 이제는 포화상태라고 다들 발을 빼고 있는 빤스업계에 돌풍을 몰고 등장한 신생업체 '졸라 운좋은 넘들'의 제품 소개를 들어보자.

암에푸 신제품 - '웃으면 커져와여 빤스'

이들 제품에 대해 삼승경제연구소의 '금빤수' 팀장(35세)은 "닛치마켓을 적절히 겨냥한 탁월한 기획이며, 가히 똥꼬 관련업계의 혁명"이라고 평하고 있다.

韓國人 氏 家族 이야기..

한국인 씨는 당년 50세의 3남 1녀의 보통 家長이다. 한국인 씨의 출생년도에 대해 1945년이다... 1948년생이다... 라는 등 의견이 분분하나, 1948년생이라고 보는 견해가 우세하다. 한국인 씨는 장남 한재벌, 2남 한정치, 3남 한노동, 막내딸 한공부 양 등 3남 1녀의 다복한 자녀를 두었다..

한국인 씨의 부친 朝鮮人 氏는 한때는 전답이 100마지기가 넘는 거부였으나, 이웃집에 사는 일본노무스키 씨에게 속아 홀랑 재산을 날리고...

경제 7월 2일 (월)

삼승을 해체하라!

국내 최대의 재벌 삼승그룹은 고마 팍 해체해뻐려야 한다는 소리가 전국 당구장과 구멍가게를 중심으로 급속도로 퍼져가고 있다. 삼승그룹이 한때 잘 나갈 때 이곤히 회장이 그런 소릴 했다.
"마누라만 빼고 다 바까야 해."

얼마전까지 여기에 화답하는 국민의 소린 그랬다.
"이곤히 니만 바까뻐면 돼."

그러나 이젠 이곤히 회장 하나 바꾼다고 해결될 단계는 넘어서 버렸다는 것이 본 딴지일보의 진단이다. 졸라 거대한 덩치를 해체해서 살아 남을 만한 회사라도 얼릉 얼릉 살려야 한다는 것이다.

쪼매한 본지가 거대한 삼승그룹을 해체하라는 게 또라이 가튼 소리로 들릴지 몰라도, 삼승이 하는 꼬라지로 볼 때 이제 마 해체해뻐리는 게 나을 거 가타. 반도체, 전자, 항공, 보험, 자동차 등 안 하는 거 엄꼬 못 하는 거 엄는 삼승이지만, 강갱식이 하고 꿍짝 꿍짝해서 자동차 진출할 때부터 알아봤다. 게다가 삼승 서비스마저 맛탱이가 가고 있으니 망쪼라 아니할 수 엄따.

일찍이 삼승은 쌀장수로 시작해서 조미료, 설탕장사로 떼돈을 벌었고 이후 의류와 가전제품으로 영역을 넓히며 탄탄한 재벌의 길에 들게 되었다. 이는 삼승이 국내 소비자를 상대로 한 내수위주의 성장을 이루어 왔다는 것을 말해주는 것이다. 그러한 삼승이 국민을 알로 본다는 것은 간뗑이가 부은 거든지, 장사할 맴이 없는 것이든지 둘 중 하나다. 자... 삼승의 요즘 꼬라지를 잠깐 살펴보자.

1. 삼승자동차

〈석진홍 씨는 두 번째 SM 파이부를 타고 있씀다.〉

삼승 자동차 광고... 개요는 이렇다. 〈SM 파이부를 타다가 큰 사고를 당한 석진홍 씨는 다행히 팔 골절상만을 입고 다시 새로운 SM 파이부를 구입했씀다.〉

1989년식 일본 구모델을 고대로 들여와 만든 삼성차에다 이 광고마저도 90년 초 벤츠광고를 베낀 광고였다. 1989년에 이미 일본이 울궈먹을 대로 울궈먹은 차로 어떻게 해외 시장을 개척하나. 조또 말도 안 된다. 게다가 시장개방 되어 베낀 일본차 말고 오리지날 일본차가 들어오면 경쟁 자체가 안 되게 되어 있다. 자동차 이거 이곤히 회장 작품이다. 역쉬 바까야 해...

그런데, 광고모델인 석진홍 씨는 누구일까? 그의 직함은 삼성화재보험의 상무... 두 번째도 SM 파이부를 살 수밖에 엄써다.

2. 삼승카드

〈연체하문 잉간취급 몬 받씀다.〉

때와 장소를 가리지 않고 욕 배터지게 먹고 싶은 사람은 삼승카드 한 달만 연체하면 된다. 이 애덜은 카드가 한 달만 연체되도 직장이고 집이고 안 가리고 전화질에다 반말은 기본이고 쌍소리까지 날리는데 한번 경험해 보면 심장 약한 사람은 심장마비로 골로 가는 수가 있다. 얘네덜의 잔혹한 전화독촉은 이미 그 악명이 자자해 따로 설명이 필요없다.

3. 삼승아파트

〈서울시내에서 이만한 가격의 삼성아파트를 구할 수 업씀다...〉

삼승건설에서 서울 5개지역 아파트를 분양하는 광고다... 부동산경기의 침체에도 불구하고 꽤 좋은 반응을 얻고 있다고 한다. 그러나, 삼승이 아파트를 건설하는 5개 지역 중 한 곳... 도원동... 이 곳에 대해 아는 사람은 많지 않다.

도원동 재개발지역은 보상산정의 불공정, 무리한 철거계획으로 철거민들의 반발이 있던 곳이다. 삼승은 일정을 맞추기 위해서였는지 악명 높은 철거깡패 회사인 〈적산개발〉을 동원하여 철거민 폭행 및 강제철거를 자행하였고 이 과정에서 많은 인명사고가 잇달았지만 든든한 삼승의 빽 덕분인지 한겨레신문 외에는 어느 신문도 입 하나 뻥끗하지 않은 채 넘어갔다. 조또...

4. 삼승병원

〈최고의 시설, 최고의 병원비... 의료보험도 안 된다.〉

강남의 노른자위 땅에 최고의 의사를 스카웃해서 만든 삼승병원... 한국 최고의 병원 서비스를 한다며 요란하게 시작했지만, 역시 병원비도 최고를 지향하고 있다. 서민들의 토깽이가튼 자식들이 백혈병으로 다 죽어가도 문턱도 넘을 수 없게 비싼 병원, 교통사고 환자는 보험처리도 안 해줘서 자비부담해야 하는 병원... 이것이 국내 최고의 병원, 삼승병원의 모습이다.

삼승이 소비자들을 통해 벌어 들인 이익을 병원사업을 통해 사회에 그 일부나마 환원한다는 차원이 아니라, 병원사업을 완전히 장사로 보지 않고서야 어찌 가장 비싼 서비스를 할 수 있는가. 삼승 정도라면 가장 저렴하면서 가장 좋은 서비스를 추구해야 하는 것 아니겠는가. 가장 비싸면서 좋은 서비스야 누가 못 하나.

병원도 장사의 일환으로 하는 것까지는 좋다 이거다. 그렇지만 그걸 무슨 사회에 이바지하는 사업으로 포장하지는 마라.

5. 삼승뮤직

〈서태지도 구워삼는 삼성의 위력 쥑여준다.〉

그 고집센 서태지를 끌어내 음반을 찍어낸 삼승... 역시 안 되는 것도 몬하는 것도 없는 삼승이다. 근데, 고작 38분짜리 CD를 정가 고대로 받아 처묵는 거 역시 삼성다운 짓꺼리였다. 보통 가수들의 앨범은

경제 7월 2일 (월)

60~70분으로 구성되어 있는데, 38분이면 정상앨범이라기보다는 반쪽 앨범에 가깝다.

이걸 서태지의 이름을 앞세워 정가대로 받아묵는 삼승의 바가지. 지금의 어려운 경제상황을 소비자들 울궈먹어서 벗어나려는 건가?

삼승... 해체할 때가 됐다.

— 경제부 기자 Bluesens

새로운 빤쓰문화를 창조한다!

암에푸를 맞이하여 소비패턴의 변화로 웬만한 기업들은 고전을 면치 못하는 작금에도 경이적인 판매실적을 올리며 업계를 선도하는 기업이 있어 화제다. 대형 내의업체인 주식회사 '짝방울' 등 기존 업체들이 이제는 포화상태라고 다들 발을 빼고 있는 빤스업계에 돌풍을 몰고 등장한 신생업체 '졸라 운좋은 넘들'의 제품 소개를 들어보자.

이들 제품에 대해 삼숭경제연구소의 '금빤수' 팀장(35세)은 "닛치마켓을 적절히 겨냥한 탁월한 기획이며, 가히 똥꼬 관련업계의 혁명"이라고 평하고 있다.

삐삐달린 빤스가 새로 나왔습니다!

삐삐를 진동으로 맞춘 후 애인에게 선물하세요. 사랑의 표시로 삐삐를 치면 금방 애인이 달려옵니다. 심심한 분은 자기 빤스에 삐삐 치세요. 끝내줍니다. 돈 있는 놈을 위한 핸드폰 달린 빤스도 있습니다.

여성을 위한 치한 방지용 빤스 출시!

특수하게 개발된 센서를 이용하여 난데없이 더듬는 손의 지문을 감식, 애인일 경우 빤스가 자동으로 내려가고 치한일 경우 경보음과 함

경제 8월 3일(월)

께 각 경찰서, 지하철 수사대, 119 구조대, 안전기획부 등에 자동으로 연락하여 대공방위태세가 갖춰지는 최신형 빤스입니다.

요실금은 가라!

갑자기 화장실이 땡기실 때 주위를 아무리 둘러봐도 사람만 북적대고 화장실이나 전봇대가 보이지 않을 때 여러분은 어떻게 해결하십니까? 급한 상황에서도 아무도 눈치 못 채고 손쉽게 해결할 수 있는 '그냥싸빤스' 가 나왔습니다. 빤스 속에 내장된 드라이기와 분쇄기는 오줌과 똥을 18초 내로 완전히 빠짝 말려주고, 분쇄하여 찔끔찔끔 빤스 밖으로 배출하여 1분 내에 빤스를 원상태로 회복시켜 줍니다. 냄새 또한 완전히 커버할 수 있기 때문에 표정만 관리하시면 완전범죄가 될 수 있습니다.

기혼여성용 철갑빤스!

항공기 소재인 듀랄미늄으로 제작했으며 특수 잠김장치인 스페셜 락이 있고 앞부분에 남편 감지센서가 있어 남편이 아닌 사람이 접근할 경우 경보음과 함께 남편의 삐삐에 자동호출되는 시스템으로 옆집 아저씨로부터 아내를 보호할 수 있습니다. 남편의 음성인식으로도 락을 풀 수가 있는데 암호는 '열려라 빤스' 입니다.

4기통 경빤스 '아빤스' 출시!

4기통 빤스라 힘 좋고 끝내주게 보온되고 속이 운동장만큼 넓어 물건이 큰 사람에 딱 제격입니다.

8월 3일(월) **경제** 51

비아그라 함유빤스!

발기부전이나 성기능 장애가 있는 분을 위하여 비아그라가 함유된 빤스가 나왔습니다. 기존 경구투여방식의 부작용을 없앤 획기적인 개발품입니다. 착용 후 2시간이면 누구나 타잔이 됩니다. 아아아~

- 콘돔이 내장된 빤스도 있습니다. 다급한 상황에서 타오르는 욕구를 불사르다가 어문 데 찌르지 말고 빤스 내장콘돔 사용하여 해피섹스 이룩하자!

미혼남성용 쎌프빤스!

인체에 부작용이 전혀 없으며 인체와 가장 유사하다고 알려진 특수 실리콘 소재로 만들었으며 생각날때마다 앞부분에 있는 링에 삽입 후 전원 스위치를 켜기만 하면 끝입니다. 모든 것이 원터치 방식으로 버튼을 한번 누르는 것으로 일괄처리되며 분비물은 자동 비닐포장되어 나옵니다. 버스 안이나 지하철 이동중에도 가능하며 전국 어디서나 잘 됩니다. 주문시 링의 사이즈를 꼭 명기해 주세요.

수출용 기획 빤스 "Jonnanssage"

- 가끔은 꺼두셔도 좋습니다. "때와 장소를 가리지 않는 쎌프빤쓰"

http//ddanji.netsgo.com

암에푸형 절약빤스!

빤스 하나로 온가족이 입을 수 있는 스판빤스가 나왔습니다. 탁월한 신축성을 자랑하는 스판빤스는 2세 아기부터 80세 노인까지 누구나 즐겨 입을 수 있는 절약형 빤스입니다. 현재 특허 출원중이나 슈퍼맨과 상표권 분쟁으로 인하여 제품출하가 다소 늦어지고 있사오니 양해 바랍니다.

- 빤스업계 최초 중고빤스 보상판매 실시 -
입던 빤스 빨아오시면 30%까지 값 쳐드립니다.

— 딴지 맘대로 하이텔 특파원 꽃팬티 '명태종'

韓國人 氏 家族 이야기

한국인 씨는 당년 50세의 3남 1녀의 보통 家長이다.

한국인 씨의 출생년도에 대해 1945년이다... 1948년이다...라는 등 의견이 분분하나, 1948년생이라고 보는 견해가 우세하다. 한국인 씨는 장남 한재벌, 2남 한정치, 3남 한노동, 막내딸 한공부 양 등 3남 1녀의 다복한 자녀를 두었다.

한국인 씨의 부친 朝鮮人 氏는 한때는 전답이 100마지기가 넘는 거부였으나, 이웃집에 사는 일본노무스키 씨에게 속아 홀랑 재산을 날리고, 일본노무스키 씨 집에 머슴살이로 연명하게 되었다. 조선인 씨는 억울한 머슴살이 36년 만에 1945년 자립하게 되었으나, 또다시 아메리까 씨의 집에서 3년간 머슴살이를 한 후에야 결국 1948년에 완전독립하게 되었다.

한국인 씨는 이 해에 태어난 것으로 알려져 있다.

한국인 씨는 부친인 조선인 씨로부터 달랑 불알 두 쪽만 전수받았기에 갖은 고생을 다하며 성장하였다. 거기다 1950년에는 집안에 큰 쌈이 일어나 그나마 있는 집안의 재산은 몽땅 불타 없어지는 일이 생겼드랬다.

한국인 씨는 어려운 집안을 일으키기 위해 1960년대 들어 가계발전계획을 세우고 장사를 시작하였는데, 워낙 똥꼬 찢어져라 가난한 집안인지라 밑천이 있을 턱 없었다. 그리하여 이웃집에서 빚을 얻었고,

예전 부모님들이 다 그렇듯 장남인 한재벌의 장사밑천으로 대주었다.

집안을 일으킬 사명감을 안고 장남 한재벌은 열씸히 장사를 하였고, 70년대 이후 한씨 집안 고속성장의 주역이 되었다. 이후 한재벌은 두 번 결혼을 하여 다섯 아들을 두었는데, 첫째 부인에게서 삼승, 헌대, 데우를 둘째 부인에게선 SQ, 엘쥐라는 튀기 아들을 두게 되었다.

한노동 씨

그런데 이 한재벌이란 넘은 아부지가 대준 장사밑천으로 돈을 벌었으면 다른 형제에게 조금씩 나누어 주는 것이 兄弟의 情이거늘... 혼자 다 차지하고, 저만 호의호식하는 거였다.

기실, 재벌이란 넘이 돈버는 데 소질이 있는 건 사실이었지만 것도 따지고 보면, 3남인 한노동 씨가 형님 밑에서 군소리 없이 싼 월급에도 열씸히 일한 덕분에 가능한 것이었다.

말이 나와 말인데, 3남인 한노동 씨는 과묵하고 성실한 성격이었으며 세째 아들인 관계로 공부도 제대로 못 했다. 그래서 한노동 씨는 형님 밑에서 묵묵히 땀흘리며 일만 했으며, 60년대에는 베트남으로, 70년대에는 사우디까지 나가 열씸히 일했던 집안살림꾼이었다. 한노동 씨는 현재 슬하에 장남 한노총 군과 차남 민노총 군을 두고 있으며, 차남 민노총 군은 현재 전교조 양과 교제중이다.

한편, 2남인 한정치 씨는 아버지 한국인 씨의 골칫거리인 패륜아로 일찍부터 집에서는 내논 자식취급을 받는 아들이었다. 한정치란 넘은 뚜렷한 직업 없이 주로 여의도에서 노는 건달이며, 시시때때로 형인 한재벌에게 용돈을 요구하여 이른바 정경유착의 주범으로 불리었다... 현재 한정치는 장남 신한국과 차남 국민회의, 딸 자민련 양을 두고 있으며, 이밖에도 여기저기 확인되지 않는 자식들이 여럿 있는 것으로 알려졌다...

그리고, 막내딸인 한공부 양은 늘그막에 얻은 귀여운 고명딸로 부모의 총애를 받고 자랐으나, 현재는 동네 날건달인 한총련과 눈이 맞아 부모의 속을 박박 긁는 중이다.

이러한 말도 많고 탈도 많은 한국인 씨의 집안에 얼마전 큰 일이 생겼으니, 장남 한재벌의 사업이 쫄딱 망해 사채업자인 암에푸에게 재산이 몽땅 압류당한 사건이 발생한 것이었다...

88년에는 동네운동회도 주최하였고, 80년대 후반에는 꽤 많은 돈을 벌어 상류층 진입이 얼마 남지 않았다고 생각했던 한국인 씨로서는 참으로 억장이 무너질 일이 아닐 수 없었다...

이러한 사태에 격분한 한국인 씨는 장남인 한재벌에게 모아논 재산을 내놓아 빚을 갚으라고 했으나, 한재벌은 배째고 가져가라고 배짱을 부렸다. 거기다 2남인 한정치는 평소 형에게 받아먹은 게 있는 관계로 아버지와 형 사이에서 눈치만 실실 보구 있었다.

이에 3남 한노동 씨는 보다 못해 집에 있는 금을 모아 내다 팔아 빚을 갚는 데 쓰도록 했으나, 워낙 없는 살림이라 그 액수가 미미한 지

경제 7월 6일 (월)

경이었다. 거기다 형편 나은 형들이 나 몰라라 하고 있어서 가뜩이나 없는 한노동 씨 살림만 더 쪼들리게 되어 갔다.

오호~ 통재라...

있을 땐 여기저기 아는 척하는 사람도 많고 술 한잔 먹자고 권하는 사람도 많더만, 이렇게 쫄딱 망하고 보니 보이는 건 빚쟁이뿐이고 예전에 친한 사람들은 모다 안면몰수였다.

결국 오늘도 한국인 씨는 동네 구멍가게에서 깡소주에 새우깡으로 인생무상을 씹으며 설움을 달래고 있다.

— 딴지일보 기자 bluesens

Chun-No Lingerie

혹시 여자친구가 한눈을 팔아서 고민이십니까? 마누라가 예전처럼 안 덤벼줍니까? 마냥 여성의 손길을 기다리고 있을 수만은 없습니다. 이제 남성이 섹시해져야 할 때입니다. 고개숙인 남성들께 "Chun-No Lingerie"를 드립니다.

"흑장미"

지금은 감성시대. 남자라는 이유만으로 모든 것을 참고 인내해야 하는 시대는 이제 끝났습니다. 버림 받은 남성들이여 그만 울음을 멈추시라... 이제 당신도 화려한 속옷으로 여성들을 유혹할 수 있게 되었습니다. 사랑을 잃고, 방황하는 모든 남성들께 이 제품을 바칩니다.

"백합화"

남편은 남자보다 아름답고, 남자의 변신은 지 조때로.

세계적 속옷 메이커 "Jocjey"와
기술제휴한 수출 모델들.

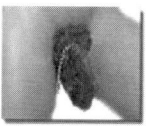
"Joji-ssage"

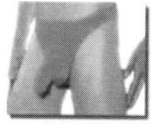
"Joji-nage"

— Chun-No Ppans Co. —

* 본 사업은 전직대통령의 비자금으로 운용되는 바 대금결제는 무기명 장기채권으로만 가능합니다 . 자세한 문의사항은 마케팅 담당 : jangsedong@chun-no.com

사랑으로 극복하자! (2)

지난 호에 이어, 암에푸로 기립능력에 심각한 장애를 보이는 남성들을 위해 김데중 정부가 긴급 지시하여 구성된, 보건체육부 실태조사팀에서 발표한 10가지 국민권장 체위 중 제 2번과 3번을 공고한다.

미리 경고했건만, 제 1번 "솟구쳐 수직 찌르기"를 실행하는 과정에 착지 동작에 실패하여 조땐 사람들이 속출하고 있다.
2번과 3번은 주의사항을 반드시 숙지하고 작업에 들어가기 바란다.

- 제 2번 "열십자 가로찌르기"

여성 하체의 스트레칭 효과가 탁월하여, 여성의 골다공증, 만성 류마티스, 무릎 관절염 등에 매우 좋은 효과가 있다고 한다.

주의 여차하면 발을 찌르는 수가 있으므로 만전에 만전을 기하자.

보건체육부 권장체위 2번 : "열십자 가로 찌르기"

– 제 3번 "타잔 수평찌르기"

기본 자세가 줄에 매달리는 것이므로 팔의 근력강화에 매우 좋고, 특히 흔들리는 목표물에 조준을 하여야 하므로 집중력, 정신통일에 탁월한 효과가 있는 것으로 알려졌다.

주의 배꼽에 찌르지 않도록 조심하자. 일부 배꼽의 경우 그 깊이가 대단하고 뻑뻑하여 여차하면 안 빠지는 수가 있다는 보고가 있다.

보건체육부 권장체위 3번 : "타잔 수평찌르기"

지난 번에 이어, 각종 체위를 개발하느라 부러진 상당수의 관계기관 담당자들에게 심심한 감사를 보낸다. 꾸벅.

만물상 7월 2일(월)

漢・詩・感・想

摩眞嘉 마진가
(진정한 뛰어남을 연마함)

氣雲生 踐下場沙 기운생 천하장사
(바람이 구름 속에 살아 땅아래의 모래를 밟으니)

無說路 萬鈍 死覽 무세로 만둔 사람
(기쁨없는 길의 모든 어리석은 자들이 죽음을 바라보도다.)

人造吝姦 擄珆鬪 인조인간 로보투
(인간이 만든 간사함을 탐하여 약탈을 일삼아 싸우니)

魔臻嘉 災土 마진가 재토
(악마에 이르른 아름다움이 땅에 재앙을 맺도다.)

愚嬴突鬱 僞諧誓萬 우리돌얼 위해서만
(어리석고 나약한 자가 갑자기 창궐하여 만인 앞에 뼈의 맹세를 어기나니)

驗蔚樹嫩 鑿翰伊 힘울수눈 착한이
(숲속의 어린 나무가 증거하여 이의 날개를 끊어내도다.)

懦咤儺面 慕頭摹逗 나타나면 모두모두
(나약한 자를 꾸짖고 얼굴의 역귀를 몰아낸 우두머리를 본받아 머물기를 원하니)

撻撻達 擔耐 달달달 터내
(때리고 매질함을 통달하여 참고 견디라 이르도다.)

無說八 無勢多利 무세팔 무세다리
(기쁨이 없는 곳을 여덟 번, 기운이 없는 곳 또한 많이 지나서)

露快土 主沐 로쾌토 주목
(상쾌한 이슬의 땅을 주인으로서 다스리더라.)

穆殲夷 我甲巨屯 목숨이 아깝거든
(적을 멸함을 기뻐하고 스스로를 튼튼한 갑으로써 감쌌으며)

謨頭募鑾 毗偈邐 모두모두 비게라
(우두머리가 물길을 모으기를 꾀하여 힘을 모아 굳센 모양을 순조로이 갖추더라.)

摩眞嘉 摩眞嘉 마진가 마진가
(진정한 훌륭함을 연마하고 진정한 뛰어남을 연마하여)

碼眞可 在土 마진가 재토
(진정 옳은 세상의 저울대가 땅에 재림하도다.)

— 하이텔 음유한시인 김홍철

사회

정치 경제 사회 국제 문화/생활 정보통신/과학   BEST 스포츠 테마신문

무늬만 미스코리아 아니에여?

서울대를 폐쇄하라!

촌지를 생각한다

어째 강도편이 되어간다...

간첩사건에 따른 강원도사태...

나는 한국인이 아니다!

입이 무척 컸던 그 여자...

우리가 추구해야 할 사회...

만화 / 사랑으로 극복하자! (3)

만물상 / 개구리소년

광고 / 암살영화의 결정판 - The Jacket

http://ddanji.netsgo.com

무늬만 미스코리아 아니에여?

항국일보 주최로 5월 23일 오후 6시 서울 세종문화회관 대강당에서 개최된 '98미스코리아 선발대회 심사결과가 유보되는 난리가 벌어졌다. 이 지랄은 컴퓨터 프로그램에 오류가 발생했다는 사실이 뒤늦게 밝혀지면서 벌어졌다고 한다. 결국 30일 재심사하는 것으로 일단락이 났다. 그러나...

서울대를 폐쇄하라!

촌지 받는 선생을 욕하는 학부형들... 누구에게 돌을 던지나. 촌지 뿌리는...

촌지를 생각한다

동생이 실제 교사로 일하고 있는 한 시민이 담담히 써내려간 촌지의 실체. 걱정되지 않을 수 없다...

어째 강도편이 되어간다...

신창원은 지금도 잡히지 않았다. 그는 강도임에 분명하고 잡히는 게 당연하다. 그런데 갈수록 그가 잡히지 않기를 바라는 마음이 드는 건 왜일까...

간첩사건에 따른 강원도 사태...

간첩 사건이후 군내부에서도 새로운 훈련방법이 개발되야 한다는 목소리가 아니고, 강원도 지역 민간인 사이에서도 커다란 사회적 변화가 감지되어 본지가 긴급 취재했다...

사회

나는 한국인이 아니다!

다들 기억하시겠지만 백혈병으로 사경을 헤매다 나라를 떠들썩하게 했던 〈바우만 살리기 캠페인〉으로 우리 나라 사람의 골수를 이식을 받아 살아난 브라이언 성덕 바우만군이 얼마전 한국에 왔다...

입이 무척 컸던 그 여자...

작년 이맘 때 TV 광고에 웬 입 큰 여자가 자주 나왔었다. 무슨 '이~' 하며 벌리는 입 크기 자체가 우선 이국적인데다 발음이나 생김새가 도저히 한국 사람으론 안 보여 아 외국의 유명한 모델인가부다 했다. 활짝 열어제낀 거대한 입에 힘찬 칫솔질을 보며 '저러다 저거 주먹이 쏠렁 다 들어가지... 키스도 3회 분할로 해야겠네...' 평소대로 뭐 이런 쓸데없는 생각을 했었는데 알고보니 미스 유니버스인가에 뽑힌 한국인 3세란다. 근데 속사정을 알고보니 좀 씁쓸했다.

이·주·의·포·커·스

(실화) 우리가 추구해야 할 사회

이 얘기는 실화다. 내 친구와 나는 돈 없고 차 없는 불쌍하지만 잘생긴 플레이보이다. 그래서 나이트가서 여자를 못 꼬시고 호프집에서 부킹을 한다.
근데 보름 전쯤 대학로 호프집서 합석에 성공했다. 우리는 특유의 재치와 넘치는 입담으로 분위길 압도했다... 여자애가 둘이였는데 분위기에 압도되어 술을 마구 먹더니 급기야 술에 취해 걷지도 못하고 오바이트하구 난리가 났다. 그리고 나서는...

사회 7월 6일(월)

무늬만 미스코리아 아니에여?

항국일보 주최로 5월 23일 오후 6시 서울 세종문화회관 대강당에서 개최된 '98 미스코리아 선발대회 심사결과가 유보되는 난리가 벌어졌다. 이 쌩쇼는 본선에 진출한 62명의 진출자 중 15강을 뽑고 다시 8강을 선출하는 과정에서 심사위원 9명의 점수를 합산하는 컴퓨터 프로그램에 오류가 발생했다는 사실이 뒤늦게 밝혀지면서 벌어졌다고 한다.

항국일보사는 대회 직후 3~4명의 탈락자가 심사결과에 대한 이의를 제기해 심사위원들의 채점기록을 정밀분석한 결과, 일부 후보의 총점에 심사위원 9명 중 1명의 점수가 누락됐다는 사실을 발견하고 심사결과 발표를 유보했다는 것이다. 결국 30일 재심사하는 것으로 일단락이 났다.

그러나 대회를 처음부터 끝까지 시청한 수많은 시청자들로부터 항의글이 전 통신망을 도배하고 있는 작금, 여성을 상품화한다는 해묵은 논쟁 말고 미스코리아 대회 자체가 작당이요, 짜고 치는 고스톱이라는 고발과 함께 이것은 커다란 사회문제로 발전할 소지가 매우 크다는 소리가 끊이지 않고 있기에 밀착 취재했다.

진 　　　　　 선 　　　　　 미

우선 짜고 치는 고스톱이라며 전국민을 우롱했다는 의혹이 수많은 통신인들에 의해 제기되고 있는 바, 서울 '진'이기만 하면 무조건 뽑힌다는 유언비어가 그냥 유언비어가 아니라 이번에는 여실히 만천하에 증명된 것이라며 수많은 통신인들이 게거품을 물고 있다.

특히 많은 통신인들이 지적하고 있는 것은 이번에 진, 선, 미로 선출됐다 유보된 후보들의 자질 문제이다.

외모는 차치하고 그 순발력, 재치, 지적 수준을 가늠케 하는 사회자의 질문에 대한 대답이 질문 의도를 전혀 파악하지 못해 핀트가 안 맞을 뿐만 아니라 상상을 초월하게 썰렁하고 황당했다며 껍데기만 번지르르하면 우리 나라 여성의 아름다움을 대표하는 자리를 차지할 수 있냐면서, 이건 지적 수준으로 볼 때 미스코리아가 아니라 '미스고릴라'라고 흥분을 감추지 못하고 있다.

아무리 미모가 뛰어나도 성숙하고 균형잡힌 정신세계를 가지지 못한 여성이라면 미인은 될지언정 한국을 대표하는 아름다운 여성의 자리

사회자 질문 : 만약 대통령을 만나신다면 어떤 부탁을 하시겠습니까?
(IMF로 힘들어하는 서민들 어깨 좀 펼 수 있게 해주세요...
뭐 이 정도 대답을 기대하며...)
미스...대답 : 그녀의 실제 목소리를 들어보자 ▶
(해석- 미스코리아 시켜달라고 하겠다.
- 일부 시스템에선 들리지 않을 수도 있음)

에 오를 수는 없는 것이 당연하다.

더구나, 근자 들어 모두 같은 성형외과를 출입하는지 모두가 비슷한 얼굴에 비슷한 화장에 비슷한 체형을 하고 있어 단순한 외모만으로는 우열을 가리기가 쉽지 않게 된 마당에 그 지적 정신적 성숙도는 더욱 중요한 요소라 하지 않을 수 없다.

그런데도 진, 선, 미에 뽑힌 후보의 답변이 초등학교 학예발표회 수준임에도 불구하고, 높은 점수를 받고 뽑히는 것을 보고서는 짜고 친 고스톱이 틀림없다란 의견이 강력하게 대두되고 있는 것이다.

또 항간에 이런 루머 또한 떠돌고 있는데, 어차피 본지는 루머도 꼴리는 대로 취급하므로 그 루머를 전하면,

컴퓨터의 전산오류라고 그럴 듯하게 덮고 넘어가려 하지만, 더하기 빼기 하는 프로그램도 못 짜냐면서, 그런 간단한 프로그램에 무슨 오류씩이나 나느냐고 말도 안 되는 소리라고 전국 공돌이들이 난리가 났다.

이건 틀림없이 짜고 치다가 심사위원 중 하나가 어딘가에서 삐끗해서 원래 뽑기로 되어 있던 애들이 떨어져 피박을 쓰자 "니네 돈 먹은 거 토해 내놔" 하는, 원래 뽑히기로 되어 있었으나 뭔가 착오로 떨어진 애들의 살기등등한 협박 때문이거나, 뽑으라고 해서 뽑아놓고 보니 아무리 낙장불입이라지만 뽑힌 애덜이 자기들 보기에도 너무했다 싶어서 심사위원들이 다 파토내고 다시 치자고 작당을 했기 때문이란 루머가 있는 것이다.

믿거나 말거나, 한 가지 확실한 건 미스코리아 대회 이대로는 안 된다는 것이다. 어떤 통신인은 미스코리아 대회 전반에 대해 검찰과 수사당국은 즉각 수사하라고 촉구하면서 이것은 공안사건으로 다뤄야 한다고 주장하고 있다.

왜냐하면, 미스코리아 대회가 이렇게 어처구니없이 처리된다면, 그렇지 않아도 사회적 불신감도가 높은 우리 나라에서 이 사건으로 인해 공신력을 무조건 의심하는 풍조가 더욱 만연하게 되고 이는 정부가 추진하는 사업이나 공적으로 발표하는 사항을 덮어두고 믿지 못하게 되는 지경으로까지 발전하게 될 소지가 크기 때문이란다.

그렇지 않아도 IMF를 맞아 정부와 국민이 모두 힘을 모아 위기를 극복해야 할 이때, 이런 범국민적 불신을 조장하는 사건은 반드시 공안사건으로 다뤄야 한다는 것이다. 담당 검사로는 이사철 국회의원을 강력히 추천하고 있다(공안사건 하면 역시 이사철 국회의원이다, 죄가 없어도 만들어내는 데 있는 죄인들은 못 찾겠느냐는 것이 통신인들의 중론).

본지는 그 주장이 황당한 감 없지 않으나 어차피 본지도 만만치 않게 황당하기도 하거니와 핵심 - 즉 공신력을 더 이상 믿지 않으려 하는 우리 국민들... 우리 국민들을 더 이상 믿게 만들지 못하는 공신력 - 에 대한 문제점은 정확히 간파했다고 보고 그 통신인의 주장을 적극 지지하는 바이다.

더구나 탈락한 여성들이 이의를 제기했다는 것은 유례가 없는 일로, 여지껏 미스코리아에서 탈락한 수많은 여성들이 이때까진 억울한 점이 전혀 없었기 때문에 이의를 제기 안 했던 것은 아닐 것이다.

사회 7월 6일(월)

대회라는 것이 원래 뽑히는 넘이 있으면 떨어지는 넘이 있는 건 당연한데도 매우 이례적으로, 아니 사상최초로 공개이의를 제기하고, 또 즉각 그 이의가 받아들여졌다는 것은 매우 야리꾸리한 추측을 가능케 한다.

즉, 이의제기와 그 즉각적 대응을 보면, '아하 공정하게 처리되고 있구나' 하고 보여지는 것이 아니라 오히려 그 판이 원래 짜고 치는 고스톱판이라는 것을 역설적으로 말하고 있는 증거로 보인다는 말씀.

그러니까 자신이 어디까진 반드시 올라갈 것이라고 굳게 믿고 있던, 그런 로비를 충분히 해둔, 그래서 책임있는 위치에 있는 자들에게 모종의 약속을 받았던 몇 명의 여성들이 있지 않고서야, 이런 즉각적 이의제기와 즉각적인 반응이 있을 수 있겠냐 하는 것이다.

엄청난 자금을 뿌린 후보 중에서 "폭탄선언 해버려" 하는 식의 강력한 이의제기가 있었거나 짜고 치는 고스톱판에 뭔가 커다란 내부 알력이 생기지 않고서야, 대회의 생명과도 같은 대회 공신력을 망가뜨리면서까지 이런 난리쑈를 연출하겠느냐는 뭐 이런 내용의 루머...

그런 루머가 사실이든 아니든, 이번 기회를 통해 본지는 이제는 완전히 상품화되어, 지들끼리 미리 작당하고 예비 연예인 뽑기대회로 전락해버린 미스코리아 대회를 전면적으로 수사하라고 강력히 촉구하는 바이다.

전문가들은 1977년 미스코리아 김성희 이후 제대로 된 미스코리아가 배출되지 않고 있다고 조디를 모은다.

7월 5일 (월) **사회**

그렇지 않아도 지난 대선을 전후해, 프라이머리 하드 내에 있는 모든 파일의 실행 명령을 불복하며, CPU의 명령도 불복하고, 감염시킨 파일들과 함께 세컨더리 하드로 탈당하면서, "OS의 심판을 받기 위해 파일을 삭제한다"라는 소리를 헛소리를 삑삑 출력하는 신종 '리인제' 바이러스가 출현하여 사회를 혼란케 하더니 이제는 미스코리아 대회에서까지 불복사태가 나오고 비리의혹이 터지고 있으니 통탄하지 않을 수 없다.

앞으로는 미스코리아 예선에서 모의고사도 보고해서 적어도 고릴라 수준은 미리 미리 탈락시키고, 국민들이 전화를 걸어 ARS로 참여하게 하든지 하여간 시청자들의 의견이 반영될 수 있도록 하여, 통신망 게시판에 "이럴 줄 알았으면 우리 누나도 내보낼 껄..." 하는 식의 한탄의 글들이 무더기로 도배되지 않게 그 채점방식을 개정하고, 선출방식을 투명하게 하여 한국 아름다움을 대표하는 여성이 제대로 선출될 수 있도록 하자.

그래서 신용사회, 명랑사회를 앞당길 수 있도록 노력해 줄 것을 미스코리아 대회 관계자들에게 강력히 촉구하는 바이다.

(미스코리아 대회는 결국 영원히 없어져야 할, 여성의 성상품화를 조장하는 쓰잘데기 없는 헛짓거리라는 주장에 대하여 본지는 동감하는 바 매우 크나 웬만하면 고쳐서 잘해보자...는 주의다. 워낙에 이런 거 파헤쳐서 먹고 사는 3류 황색 저널이라서 그렇다. 배째시라...)

- 딴지 사회부 기자

사회 7월 6일(월)

이런 이야기하면서도 수영복 사진으로 남자 손님 끌어 장사 좀 해보려는 가증스런 본지.

서울대를 폐쇄하라!

촌지를 근절하자고 그 야단인데도 촌지가 사라질 기미가 보이지 않는다. 더 무서운 건 '촌지를 근절하자'는 구호와 함께 스승에 대한 최소한의 존경심마저 뿌리뽑으려는 집단적 히스테리가 보이려는 데 있다. 한마디로 선생님들을 무슨 돈벌레로 보고, 더 나아가 범죄자 취급을 하려는 암묵적인 사회적 동의가 이루어지려 하는 것이다.

이건 정말 무서운 일이다.

'선생님'이 존재하지 않는 사회가 망하는 건 시간문제이기 때문이다. 물론 선생님을 살리기 위해 촌지문제를 제기한다고들 말한다. 하지만 이런 식으로 말하고 말기엔 우리들의 선생님들이 너무 억울하다.

이 땅의 선생님들 - 교수님은 논외 - 이 받는 대접을 잘 생각해 보자. 오죽하면 자신의 직업을 '선생질'이라고까지 형용하는 자조가 만연되었겠는가.

'선생'이라는 직업은 이것 저것 다 해봐도 안 될 때 최후로 선택하는 보잘 것 없는 직업이라는 게 지금까지 사회일반의 시각이다.

이런 시각이 만들어지는 원인은 단 한 가지다. 교사는 돈을 못 벌기 때문이다. 우리 사회에서 돈 잘 벌면 무조건 '좋은 직업'인데, '남을 가르친다'는 보람있는 일이 '좋은 직업'으로 인식되지 않는다면 돈 잘 못 번다는 것 외에 무슨 이유가 있겠는가? 우리 사회는 선생님들로 하여금 '거지 근성'을 심어주는 사회다.

학생들로부터도 사회로부터도 존경받지 못하고 정당한 보수도 받지 못하는 선생님이 촌지의 유혹으로부터 벗어나기를 윤리적으로 요구할 수는 있겠지만 사회적 폭력으로 요구한다는 것은 아무리 봐도 가혹하다. 이미 수많은 폭력을 당해온 선생님들에게 말이다.

그렇다면 촌지문제를 내비두자는 거냐고? 아니다. 좀 다르게 보자는 거다. 촌지문제를 '돈 밝히는 선생님'의 문제로 보는 건 너무도 불공평하다는 거다.

교육이 살아 있을 때, 그리고 사회가 건전할 때 — 서양적인 차갑고 합리적인 건전함이 아닌 따뜻한 마을 공동체적 건전함 — 선생님에게 고마움의 성의를 건네주는 것은 '배움'과 '가르침'의 연장이 될 수 있다. 옛날 마을훈장님에게 바치는 촌지가 아무런 문제가 되지 않았던 것은 바로 그런 의미에서 교육이 살아 있었기 때문이다.

물론 이미 서양적으로 합리화된 사회에서 그런 낭만적인 향수에 젖어 있을 순 없다. 그러나 적어도 촌지문제의 원인을 '선생님'과 '학부모' 사이의 긴장관계로만 바라봐서는 결코 해답을 찾을 수 없다.

더군다나 이런 관계로 바라볼 때, 선생님은 악역을 전담할 수밖에 없는 터무니없는 흑백논리가 되어버린다. 이 시대의 학부모들이 선생님보다 건전한가?

조금 비약하자면 '서울대 폐교론'이 '촌지 근절론'과 짝을 지어 제기되어야 한다고 생각한다. '서울대'로 상징되는 이 시대의 모든 불합리하고 반교육적인 상황이 잔존하는 한 촌지는 근절될 리 만무하기 때문이다. 설사 근절되어 보인다 해도 잔챙이만 사라질 뿐이지 대어들은 더욱 더 커질 뿐이다.

'서울대'라는 말이 이 사회에 미치는 불합리는 굳이 열거할 필요가 없을 것이다. 그러나 적어도 한 가지, '서울대 들어가면 게임 셋'이라는 사회 분위기가 만들어내는 반교육적인 상황, 즉 '선생님'이라는 존재는 '서울대'라는 완벽한 간판을 따내기 위한 장도리, 뺀찌 정도로 인식되는 상황에서 장도리, 뺀찌에 기름칠하려는 시도가 사라질 리 만무하다는 것이다.

촌지문제가 왜 초등학교에서 가장 극심한 줄 아는가? 초등학교 다니는 자식을 두고 '이 놈 서울대 보내야지...' 하는 생각 안 해본 학부모들 있으면 나와 봐라. 당연히 이때 '선생'이라는 연장에다 기름칠을 듬뿍 칠하고 싶은 거 아니겠나. 그랬던 자식들이 중학교 고등학교 올라가면서나 '이 녀석 4년제 대학이나 갈 수 있으려나...' 하고 체념하는 거 아닌가.

불합리한 사회의 불합리한 학부모들이여.

그대들의 죄없는 욕심들을 아이들에게 요구하고, 우리의 선생님들에 대한 부당한 폭력을 휘두르기 전에 "서울대를 없애라"고 외쳐라.

— 딴지 가끔 사회부 기자 hoggenug

사회 7월 6일(월)

촌지를 생각한다

나는 곧 입학할 아이를 둔 엄마인데 나의 여동생은 현재 초등학교 교사이다. 언젠가 내가 여동생과 얘기 중에 나는 절대로 촌지를 주지 않을 거라고 말하니까 내 여동생은 그러면 내 아이의 학교생활이 깨나 팍팍해질 거라고 말했다. 그렇다고 내 여동생이 촌지나 밝히는 그런 교사는 절대로 아니다. 내 동생이라서가 아니라 제발 저런 선생을 만났으면 할 정도로 열성적이고 양심적인 교사에 속한다.

내 여동생이 담임이 되면 일단 아이들이 벌벌 떤다고 한다. 하지만 학부모들은 좋아라 한다고 한다. 내 여동생은 지금껏 담임을 맡은 아이들 중에서 충치와 문맹 그리고 편식을 고치지 않고 진급시킨 아이가 없다고 말한다. 그리고 사소한 학급임원도 투표로 결정한다고 한다. 방학만 되면 끝없이 이전에 맡았던 아이들에게서 전화와 편지가 오고 대학생이 되어서도 집으로 학생들이 찾아오는 걸 보면 그리 나쁜 선생이 아닌 것은 사실인가 보다.

하지만 그런 내 동생도 촌지를 받는다.

아마도 내 동생의 양식, 그리고 교사로서의 양심은 촌지를 주면 받되 강요는 하지 않고, 촌지 안 한다고 차별은 안 한다는 게 그 한계인 듯하다. 이만한 교사도 별로 없는지 과거의 학부모들(개중에는 스승의 날 선물로 집에서 담은 장아찌를 보낸 이도 있다)이 계속 전화를 해서 안부를 묻고 상담을 하는 걸로 봐서 촌지문제가 심각하긴 심각한 모양이다. 교사들 중에는 정말 좋은 사람도 있고 정말 인간 이하도 있다. 나도 학교 다녀봐서 알고 내 동생도 입만 열면 교사들 중 절반은 모가지 시켜야 한다고 거품을 문다. 문제는 촌지를 교사의 양식에만 맡길 수 없다는 데 있다. 촌지는 구조적인 문제다. 담임만 돈을 먹는 게 아니다. 담임들은 교감과 교장에게 상납한다. 심지어 어떤 교장은 학교로 찾아오는 학부모를 직접 교장실로 데리고 가서 자신이 직접 받아 챙기기도 한다.

소풍, 스승의 날, 어린이 날 그리고 명절이 되면 얼마씩 거둬 교감과 교장에게 상납하고 그걸 거부하는 교사는 그에 따른 불이익을 감수한다(마치 촌지 안 주는 학부모를 교사가 가르치는 그 방식 그대로).

교사의 근무평가는 교사에게는 비밀로 교감 교장이 작성하는데, 따라서 죽으라 일하고 돈봉투 안 준 죄로 나쁜 근무평가를 받는 경우도 허다하다. 그럼 교장과 교감은 가만히 있느냐?

천만에, 촌지의 고리는 끝이 없다.

교장, 교감은 교육감 내지는 장학사들에게 봉투를 돌린다. 교감은 교장이 되기 위해, 교장은 무슨 '연구학교다', '시범학교다' 를 따내기 위해, 그리고 교육부로 들어가기 위해 돈을 뿌린다.

내 동생 왈, 젊은 나이에 교장이 된 사람을 보면 무섭다. 그 사람들은 손바닥에 지문이 없을 거라고 말한다.

왜냐? 죽으라 비비고 올라가기 때문이다. 교육부의 윗선으로 올라갈수록 그들은 봉투의 생리, 촌지의 고리를 누구보다 잘 파악하고 있다. 하지만 그들이 결코 이 촌지문제에 적극적이지 않은 것은 학부모의 봉투에서 나온 그 돈이 돌고 돌아 자신의 주머니까지 들어오기 때

사회 7월 5일(월)

문이다.

내 동생이 어느 해인가, 교육부에서 보내주는 해외연수에 뽑혔는데 그로 인해 든 돈을 얘기하겠다. 우선 뽑혔다는 인사로 교감 5만원, 교장 5만원. 왜냐고? 싫다고 안 하면 연수를 포기할 정도로 많은 일을 주기 때문에.

그리고 갈 때 교감과 교장 역시 5만원, 장학사 10만원. 왜냐면 방학 동안 일직 대신해 주는 교사들 밥사줘야 하기 때문에 교감이 당당히 요구해서 5만원 줬고, 그러자 교장이 어른부터 인사 안 한다고 또 당당히 화를 내서 5만원 주고, 그리고 연수가는 데 필요한 무슨 서류 떼러 교육청에 갔더니 장학사가 또 인사 좀 안 하냐고 해서 10만원.

그리고 다녀와서 선물...

이 정도는 약과인데 내 동생은 시험 쳐서 성적으로 뽑혀간 거여서 돈이 적게 든 거란다. 순전히 인사빨로 연수 한번 다녀오려면(해외연수 다녀오면 가산점이 있는 모양이다) 집에서 교육청까지 돈을 깐다고 한다.

이런 저런 사정을 듣고 화가 난 내가 여동생에게 그런 짓 하지 말라고 했더니 내 동생 왈, 언니는 직장이 어떤 거란 걸 몰라. 나 혼자 독야청청하려면 난 아이들 지도는 포기하고 학교 잡무에만 매달려야 해. 난 그 정도로 힘 있고 양심 있는 교사는 못 돼, 했다.

사정이 이러니 촌지교사 문제를 교육부에 아무리 진정해 봐야 뭐가 되겠는가. 교육부 장관이 아무리 촌지 근절하려고 해도, 한두 명 뽑아내도 안 되는 게 촌지다.

내 동생 말이 촌지 근절 방법은 단 하나,

첫째, 이유 여하를 막론하고 만원 이상의 선물과 현금을 처벌한다는 법률 통과.

둘째, 학교에서 기타 잡부금을 일체 안 걷는 것(학부모가 돈 들고 학교 올 일을 없애야 한다는 것이다).

셋째, 학부모가 인식을 바꿔야 한다는 것이다.

학부모들은 흔히 교사가 요구해서, 남들도 다들 하니까 나도 한다고 말한다. 하지만 그것은 핑계다. 나도 엄마라서 알지만, 엄마는 내 자식이 남의 애들보다 좀더 돋보이게 하기 위해, 좀더 잘 자라게 하기 위해서 무엇이든 할 수 있는 존재다.

촌지를 주는 마음에는, 소극적으로 그저 남들처럼... 이 아니라 적극적으로 내 아이를 다른 애들보다 좀더... 라는 마음이 분명히 있다. 하지만 이것은 타인의 관심과 애정을 돈으로 사는 행위가 아닐까?

광희 초등학교의 경우, 1학년 5반의 모든 학부모들, 촌지를 가져다 준 모든 학부모들이 또 다른 가해자라 할 수도 있다. 아무도 안 줬다면 이런 일은 없었을 테니까. 촌지는 내 아이에게 선생의 시선을 5만 원어치, 또는 10만 원어치 사겠다는 행위이며, 남의 애들은 그만큼 선생의 애정을 뺏겨도 된다는 뜻이다.

사회 7월 6일 (월)

학부모들의 악착같은 마음, 특별히 내 아이를 좀더 봐줬으면... 이라는 얄팍한 바람이 없어지지 않고는 촌지는 근절되지 않을 것이다. 제발, 내 아이 잘 되기 바라는 그 마음이 재호 같은 아이를 만들 수도 있다는 걸 학부모들은 잊지 말자. 학부모들이 이런 다짐을 않는다면 광희 사건의 주인공을 처벌해서 뭣 하나. 제 2의 전정인, 제 3의 전정인이 또 나올 텐데...

- 아이디 psysh 쓰며 하이텔 거주하는 한 엄마...

어째 강도 편이 되어간다...

신창원이 또 달아났다.

이러면 안 되는 데 말이다... 죄를 지으면 그 대가를 지불해야 하는 게 마땅한데 말이다... 그런데, 그가 남긴 일기장을 보고, '탈옥범' 신창원이 아니라 '인간' 신창원이 보이면, 슬슬 그 '인간' 편이 되어가는 것이다.

그가 처음 경찰 포위망을 뚫고 달아났을 때도 일기장을 남겼었다. 그 때의 일기장에 의하면 중학교 학력이 전부라는 그는 교도소 폭력을 못 이겨 탈옥을 했다고 했었다. 자기 말로는 가난한 자의 것은 손대지 않았다고 하고 포장마차하며 열심히 사는 사람이 부럽다고 했었다. 이번에 남긴 일기장에는 보다 자세하게, 이렇게 살아서는 언젠가 죽을 날이 올 것이란 것을 알지만 그래도 교도소로 돌아가진 못하겠다는 말과 함께 교도소 행정의 비리와 인권유린을 고발하고 있다.

이쯤되면 갈등이 인다. 죄는 죄고 벌은 벌인데 말이다.

그런데, '인간'이 보이기 시작하면 갈등이 인다. 그러다 배짱좋게 검문소를 그냥 통과하고 그 와중에도 애인에게 전화를 걸고 미안해 하고 또 공을 다투는 한심한 경찰들을 보기 좋게 무찔러 버리는 걸 보다보면 혼란이 오는 것이다...

이건 무슨 영화의 한 장면처럼 되어 가고 있는데, 가만 보면 일기장

사회 7월 26일(월)

까지 포함해서 신창원이 일반 국민을 상대로 치밀하게 연출하고 있는 거대한 로드쇼를 보고 있는 것 같다. 적절한 언론플레이와 함께. 그럴 가능성이 높다.

그렇다고 맨날 신창원을 놓치는 경찰들에게 또 무지막지한 돌을 던지고 싶지도 않다.

목숨 걸고 싶지 않겠지... 두렵기도 할 것이다. 지난 번에는 공을 다투다가 놓치기도 했다. 승진하고 싶었겠지... 그 마음도 이해 간다. 박봉에 맨날 야근하는 사람들... 그 기회에 표창도 타고 상금도 타고 승진도 하고 그러고도 싶었을 거다. 그냥 그렇게 인간적으로 이해해 주고 싶은 면도 있다.

잘못을 묻는다면 그들을 박봉으로 내모는 시스템에게 묻고 싶고, 잘못을 묻는다면 그들을 제대로 훈련시키지 못하는 시스템에게 묻고 싶다. 그래도 그 못난 공명심은 졸라 욕 먹어도 싸긴 하다.

그런데 도망다니면서도 애인한테 전화했다는 신창원을 보다 보면 문득 몇 년 전에 뇌물 먹은 걸 자기 혼자 홀라당 뒤집어쓰고 감옥 들어간 어떤 고위 공직자 마누라가 생각난다. 마누라가 울면서,

"남편에게 폐를 끼쳐서 미안하다... 내가 다 먹은 거다..."

그러고는 쇠고랑 차 버렸다. 장관이던가 하던 '그 분'은 아무 말이 없었다.

장관쯤 되면 침대 가운데 무슨 철조망 치고, 보초 세우고, 서로 말하

고 싶은 것도 인터폰으로 하며 사는 부부가 되는지는 모르겠다만 백 번 양보해서 설혹 마누라가 혼자 다 저지른 짓거리이고 남편은 쥐뿔 도 몰랐다고 하더라도, 어찌 마누라에게 그 죄를 다 물을 수 있나.

결국 마누라가 그리 할 수 있었던 건 장관이었던 자신의 지위에 힘 입은 것이건만 도의적인 책임도 있는 것이고 무엇보다 자기가 남편 이잖은가. 그 공직의 자리가 뭐 그리 대단하고 위대한 거라고, 자신 의 사회적 자존심과 명예가 뭐 그리 대단한 거라고, 그래 평생 같이 살던 여자를 그렇게 보내 버리나...

못난 쉐이.

마누라가 다 뒤집어쓰려고 해도 내가 했다고 그래야겠구만... 빌어먹 을... 이런 '분' 들이 남자 망신 다 시킨다. 이런 '분' 들이 한 나라의 장관씩이나 하고 있다. 조또.

그에 비하면 목숨 걸고 도망다니면서 애인한테 미안하다고 전화하는 신창원이가 약 백 배는 낫다. 백 1배 나은지도 모른다.

그리고 폭력을 이기다 못해 탈옥했다는 걸 보면, 도대체 얼마나 처먹 었는지 알 수가 없고, 한보를 비롯해 전국민의 살을 떨게 하는 IMF 를 부른 경제 망국을 만드는 데 한몫 단단히 한 후, 그러고도 전국민 이 보는 청문회에 겨나와서 나 돈 안 먹었다고 새빨간 구라를 쳐대고 "아빠 미안해" 그러면서 질질 짜다가 감옥 겨들어 가서 얼마 있지도 않아, 뭐라더라 어디가 아프다더라 좌우지간 그렇게 보석으로 풀려 나 버린 김앤철이가 떠오른다.

사회 7월 26일 (월)

신창원이 죄가 큰가 김햏철이 죄가 큰가...
이건 백 2배 크다.

백 3배, 백 4배 못한 놈들도 수두룩하게 머리에 떠오른다...

아... 난 이렇게 신창원 편이 되어간다. 부상을 입고 어딘가에 숨어있을 그 '강도' 말고 그 '인간'의 편이 되어간다. 그러다 운 좋으면 어디가 부러지고 잡히고, 재수 없으면 총맞고 스러져갈 인생이겠지...

창원아... 너 한 1년간 강도짓한 돈을 너 쓰고 싶은 대로 펑펑 써대고 살았다며, 왜 포장마차 그때 하지 그랬어. 너 그런 말 할 자격 없지. 근데 기특하게도 고아원인가 어딘가에 기증도 하고 그랬다며... 거참 미워하기도 쉽지 않네...

거참 이러면 사회정의가 안 서는데 말이다. 그렇다고 자수하라고 하는 건 교도소 폭력이란 걸, 그 생활이란 걸 한번도 겪어 보지 못한 자의 주제 넘은 소리가 될 듯도 싶고...

백 1배 못한 넘이랑 백 2배 못한 넘 생각하다 보니 어찌 이 강도 편이 되어 간다. 백 1배, 백 2배 못한 넘들은 지금도 잘 처먹고 잘살고 있는데 그 넘들에 비하면 조무래기에 불과한 이 '인간'의 목숨 건 도망극을 보고 있자면 나도 모르게 이 강도 편이 되어가는 것이다. 차라리 강도 편이 되는 게 훨씬 통쾌한, 답답한 한국이다...

이렇게 헷갈리는 사람 나 말고 또 없수?

– 딴지 사회부 기자

간첩사건에 따른 강원도 사태...

북한의 잠수정이 침투하고, 연이어 간첩의 사체가 발견되고... 난리를 치자 국민들의 군에 대한 신뢰감에 커다란 구멍이 생기고 있다.

맨날 재발방지... 강력응징을 외치지만 바람난 과부 치마 벗는 것 맨치로 쑬렁 쑬렁 연일 싱겁게 당하고만 마는 우리 국군에 대한 실망이 커지자 군 내부에서도 새로운 훈련방법이 개발되야 한다는 목소리가 높아지고, 강원도 지역 민간인 사이에서도 커다란 사회적 변화가 감지되어 본지가 긴급 취재했다.

먼저, 강원도를 지키는 X군 사령부는 예하부대에 공문을 하달하여, 각 부대는 전투체육시간에 〈숨바꼭질〉 및 〈무궁화 꽃이 피었습니다〉를 실시할 것을 지시했다고 한다. 또한 매 분기마다 〈태권도 승단시험〉과 함께 〈숨바꼭질 인증시험〉도 함께 치를 것이라고 발표했다.

X군 교육참모인 나장림 중령에 따르면 숨바꼭질은 사병들에게 관찰, 수색능력의 배양과 신속한 대응을 숙달시키도록 만드는 교육효과를 얻을 수 있는 놀이라고 밝혔다. 현재 강원도의 모든 부대에서는 〈꼬~옥 꼭 숨어라 머리카락 보인다...〉라는 우렁찬 구호가 울려퍼지고 있으며, 숨바꼭질이 족구를 제치고 가장 인기있는 군대 스포츠로 빠르게 자리잡고 있는 중이라 한다.

한편, 북한 잠수정 및 무장간첩의 출현 이후 동해상에는 오징어잡이 배는 물론이고 원양어선, 심지어는 한강의 2인용 페달보트까지 등장하는 기이한 현상이 벌어지고 있다.

사회 7월 2일 (월)

현재 속초에서 동해, 삼척 사이에는 무려 3,000여 선박들이 모여든 것으로 추정되고 있는데, 이들은 대개 늦은 밤부터 새벽까지 어망을 펼쳐놓고 있으며, 휴대폰과 강철어망으로 무장하고 있는 특징이 있다. 본지가 확인한 바에 따르면 이들은 물고기에는 전혀 관심이 없고 잠수함을 건지기 위해 동해상에 모여든 것으로 밝혀졌다. 물고기야 암만 가득 잡아야 기백 만원 정도지만, 잠수함은 2억이라며...

한편 북한의 대남공작부는 침투시에 대잠헬기나 한국군보다도 더 무서운 것이 어선의 그물과 택시이므로 절대 어선이나 택시 주위에는 접근하지 말고, 차라리 한국 군함이나 탱크 옆에 있는 것이 더 안전하다는 새로운 침투지침을 하달하였다고 전해진다.

이러다가도 호각을 불면 졸라 차 뒤로 숨고 하는 전투 숨박꼭질을 한다...

또한 속초, 강릉, 삼척 등 동해안을 끼고 달리는 7번 국도에는 택시행렬로 때아닌 체증에 시달리고 있는데, 이는 현재 손님격감으로 사납금도 채우기 힘든 전국 택시기사들이 잠수함이나 잡아 떼돈을 벌자며 몰려오기 때문인 것으로 밝혀졌다. 이 동해안 국도에서는 택시기사들이 전방주시를 하지 않고 바닷가만 바라보면서 운전하기 때문에 접촉 및 추돌사고가 빈번하게 일어나므로 운전자들의 각별한 주의가 요망되고 있다.

이는 〈전국 한몫잡자 택시노련〉에서 긴급 배포한 전방 및 측후방 주시요령 때문인 것으로 밝혀졌다. 이 요령은 〈좌에서 우로, 우에서 좌로, 5미터씩 끊어서 중첩되게...〉라는 군대에서 배운 전방관측요령을 응용한 것으로 〈좌백미러 한 번, 룸미러 한 번, 우백미러 한 번, 5초씩 끊어서 중첩되게〉의 요령으로 운전중 간첩 및 잠수함의 출현을 감시하는 것이다.

하여간 강원도가 졸라 마니 변해가고 있다… 우짜노.

- 딴지 사회부 기자

사회 7월 2℃일(월)

나는 한국인이 아니다!

다들 기억하시겠지만 백혈병으로 사경을 헤매다, 나라를 떠들썩하게 했던 〈바우만 살리기 캠페인〉으로 우리 나라 사람의 골수를 이식받아 살아난 브라이언 성덕 바우만 군이 얼마전 한국에 왔다.

그 기사를 보다보니, 과거 친누나가 미국으로 건너가 만났을 때 이 친구가 했던 말이 생각났다.

▷ 자긴 비록 어릴 적 한국식당에서 먹은 김치맛에 빠져 김치를 각별히 좋아하지만 이런 걸 특별히 한국인으로서의 정체성과 연관지어 생각한 적은 없다고. 그리고 솔직히 한국에 관심도 없었다고, 자긴 입양아란 사실에 고심한 적도 없었고, 자긴 한국 사람이 아니라 미국 사람이라고… 자긴 바우만이고, 자기 가족도 바우만이라고… ◁

한국에서 해외 입양이 시작된 지 올해로 43년째가 된다. 한국에서의 입양은 1955년 혼혈 고아 8명을 입양시키며 탄생한 '홀트 아동 복지회'가 그 시발이었는데 현재는 미주, 유럽 지역을 중심으로 약 20만 명 정도가 해외에서 살고 있다.

20만 명… 참 많이도 〈수출〉했다…

〈수출〉이란 단어를 쓴 이유는 그 입양이라는 것이 사회복지라는 차원에서만 이뤄졌던 것은 아니기 때문이다. 겉으로 내세웠던 명분이 무엇이었든지 그 속사정은 〈장사〉의 속성을 그대로 가지고 있었다.

70년대 말 양부모가 되고 싶은 사람들을 대상으로 유럽 입양기관에서 냈던 광고 전단을 보면, 입양비용이 당시 환율로 약 200만 원이고 그 비용은 입양아의 국가를 〈보조〉하는 데 쓰인다 되어 있었다.

당시 한 아이당 200만 원이면 적은 돈이 아니었다. 그 입양비용이 우리 나라를 〈보조〉하는 데 쓰인다는 것이다...

그 외에도 선진국에 아이들을 입양시키고 그 대가로 우리 나라에 병원을 짓거나 하는 일들이 있었다.

참... 부끄러운 과거다.

정부는 40주년이 되는 1995년에 '해외 입양 제도'를 없앤다고 했다가 다시 번복했다. 국내에선 우리 나라 사람들의 유별난 혈육에 대한 배타성 때문에 입양이 거의 이뤄지지 않고 있기 때문에, 그렇게 평생 고아로 이 땅에서 자라게 하느니 차라리 해외입양을 허용하는 것이 아이들 개인에게는 더 큰 기회를 주는 것이라는 입양기관과 사회단체의 주장이 받아들여졌기 때문이었던 것으로 기억한다.

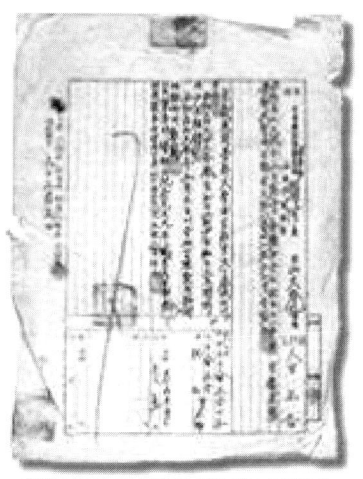

출생 신고서. 이 종이 한 장을 쥐고 돌아온다.

〈수잔 브링크의 아리랑〉이라는 TV프로를 기억하시는지 모르겠다. 10년 정도 된 것 같은데, 스웨덴에 입양된 한 여자아이의 고통스런 성장 과정과 결국 한국에 돌아와 친부모를 찾는다는 스토리였다. 최진실 주연의 영화로도 만들어졌었지 아마...

사회 7월 2ㅁ일(월)

수잔 브링크... 사람들 많이 울렸다.

그 후에도 많은 입양 관련 프로그램이 만들어졌었고 가장 최근에는 〈성덕 바우만 살리기〉가 있었다. 이들 입양 관련 프로그램에는 커다란 공통점이 하나 있다. 뭐냐면...

그 바탕에 깔린 정서가 〈입양아는 불쌍하다...〉는 것이다.

우린 그들을 불쌍하게 본다. 입양아 관련 프로를 보면 하나같이 입양당한 불쌍한 개인이 성장해서 말 못할 사정으로 자신을 입양시킬 수 밖에 없었던 생부모를 다시 찾으며 겪는 슬픔과 감동을 테마로 한다.

성덕 바우만의 경우도 그 감정의 뿌리는 별반 다르지 않다. 바우만은 입양아였기에 특별히 불쌍했던 것이다. 교포 중에는 백혈병으로 죽어가는 사람이 없었겠는가.

그런데...

실제로 입양아들을 만나보면 그들 스스로는 우리의 그런 시각을 무척이나 당혹스러워한다. 한국에 돌아와 자신이 입양아임을 밝히면서 가장 먼저 부딪히는 문제는 자신들을 불쌍하게 보는 그 시각을 견딜 수가 없다는 것이라 한다.

비록 백인 부모 밑에서 자라 스스로의 정체성에 대한 혼란을 겪으며 성장했으나, 대부분은 정상적인 교육과정을 거쳐 자신이 속한 사회에서 '평범한' 성인 - 양부모가 되기 위한 조건은 까다로운 편으로 적어도 현지에서 중류 이상의 경제력과 교육을 받은 사람이어야 한다 – 이 되어 있는 그들을 마냥 불쌍하기만 한 어린아이 정도로만 취급하면서 울어대기 때문이다.

그리고, 우리만 울고 불고 한다. 실제 만나보면 그들은 대부분은 담담하다. 놀랄 정도로...

모든 프로그램이 입양아들을 불쌍하게 묘사하고 그걸 보고 우리가 슬퍼하는 것은, 그런 식으로 우리들의 마음속 깊은 곳에 있는 원죄의식을 씻어내고 싶어하기에 그런 건지도 모르겠다. 어쨌든 입양아에 대해 우리 모두는 일종의 가해자니까.

한국 부모를 가진 〈정상적〉인 한국인으로서, 우리가 못살던 시절, 불행한 과거로 인해 이역만리 저 먼 곳으로 떠나 코쟁이들 틈에서 〈비정상적〉으로 자란 그들에게 그 어떤 미안함을 느껴서 그런지도 모르겠고...

그렇지만, 그건 우리의 일방적인 감정이다.

당사자들의 이야기를 들어보면 하나같이 자기는 한국인이 아니라고 말한다. 그들은 자기의 생부모가 한국인이지 자기는 한국인이 아니라고 말한다.

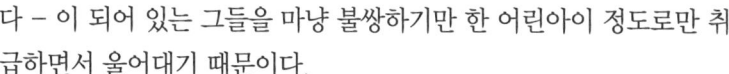

이미 평생을 다른 문화 속에서 그 나라 국민으로 교육받고 성장했으며 이젠 한국인이 되고 싶어도 도저히 그럴 수 없다는 것을 스스로도

잘 알고 있고, 또 그럴 필요도 못 느끼고 있다. 입양아 중에 한국인으로 귀화하고 싶다는 사람을 찾기는 하늘의 별따기다.

귀화하지 않겠냐고 물어보면 대답은 거의 똑같다. 왜? 왜, 귀화를 해야 하느냐...

이런 대답을 들으면 우리 나라 사람 중 열에 아홉은 일종의 배신감과 당혹감을 느낀다. 비록 여러 가지 사정으로 외국에서 자랐지만 생부모가 한국인이니 그 뿌리를 잊지 말아야 하는 게 아니냐면서...

그런데 가만 생각해보면 이건 우리만의 일방적 〈강요〉다. 그들에게 아무런 관심도 없다가 20여 년이 흐른 후 그들에게 하나의 〈민족〉이라는 걸 인정하라고 〈강요〉하고, 그걸 그들이 석연치 않게 받아들이면 우리끼리 배신감을 느끼는 거다.

그런데, 알렉스 헤일리가 〈뿌리〉를 썼던 이유가 미국인임을 포기하고 아프리카인이 다시 되고 싶어서는 아니었을 것이다. 그들이 생부모를 찾고자 하는 것은 자신들만의 〈뿌리〉를 집필하는 것으로 이해해야 한다. 그 이상의 기대는 〈강요〉가 된다...

그게 어째 〈강요〉냐며 당연한 것이라 열변을 토하실 민족지상주의자들도 있겠지만 적어도 입양아의 입장에서 바라본 현실은 그렇다...

해외입양이란 것이 어떤 경제적 〈거래〉를 배경으로 이뤄졌으며, 입양아들이 무슨 생각을 하고 있는지 우린 잘 모른다. 그저 전쟁고아와 미혼모 그리고 불쌍한 입양아만 떠오를 뿐.

그럼에도 입양과 입양아에 대한 스트레오 타입의 이미지를 우리들이 굳게 믿고 있는 것은 그 외의 정보를 접해본 적이 없기 때문일 것이다. 입양아들을 만나보고 이야기를 나눌 기회가 흔한 것도 아니고 말이다.

그런데...

틀림없을 것이라 믿고 있는 이런 입양아에 대한 이미지를 이젠 수정해야 할 때가 된 것 같다.

아주 기본적이면서 우리의 입양아에 대한 인식을 단적으로 보여주는 것이 〈入養兒〉라는 용어다.

兒... 아이들... 전쟁고아... 미혼모... 불쌍한 아이들...이 바로 연상된다. 사실 그들 중 한국에 생부모를 찾으러 돌아오고 있는 많은 수의 사람들은 이미 입양아(兒)가 아니다. 20대에서 30대 초반의 사회적으로도 완전한 성인이 된 사람들이다.

이들에 대해 슬퍼하고 울고 불쌍히 여기고... 그리고는 새까맣게 잊어버리는... 식의 대응은 이제 그만 할 때가 된 것 같다.

그리고, 한국의 언론들이여, 맨날 질질 짜는 스토리 이제 그만 보여 달라. 그런 질질 짜는 스토리가 장사는 되겠지만 문제 해결에는 전혀 도움이 안 된다. 그리고 제발 공부 좀 하고 기사를 써도 써라. 똥인지 된장인지 구분 좀 하자.

그렇다고 그들을 매몰차게 대하자는 말을 하려는 건 물론 아니다. 이들을 더 이상 불쌍한 아이들로만 대하지 말자는 것이다. 만약 정말 우리가 그들에게 갚아야 할 빚이 있다면 슬퍼하는 것으로 그 빚이 탕감되는 것은 아니다. 우리가 그들에게 정말 주어야 하는 게 있다면 그건 적어도 동정심은 아니다.

동정심은 아니다. 차라리 그들을 활용하자.

교포들과도 다르게 철저히 외국부모 아래서 자라고 그곳 교육을 통해 완전한, 교포보다도 더욱 완전한 현지인이 되어 있는 그들을 활용하자.

만약 우리 기업이 서구에 진출한다면, 그리고 그곳에서 현지인들을 고용해야 할 필요가 있다면 이들 입양아들을 고용하자. 교포보다 현지인이고, 현지인보단 한국인에 가까운 그들이다. 이들 훌륭한 인적 자원을 적극 활용해 그들에게도 우리에게도 실질적인 도움을 주고받자.

국가 차원에서, 기업 차원에서 이들을 써 먹자.

울고 짜고 하는 TV 프로그램 하나 덜 만들고, 이들에 대한 리소스 DB를 하나 더 만들어 현지에서의 기업활동에, 국가 이미지 제고에 이용하자.

손바닥만한 동정심 툭 던져주고 잊어버리는 것보다, 그게 양쪽에 더 큰 득이다. 정말 미안하면 그들이 당당해질 수 있게 도와주자는 거다. 현지인인 그들의 도움도 받으면서 말이다. 그렇다면, 그들은 일부나마 한국인이 다시 될 수도 있을 것이다. 그리고 그게 양쪽 모두 당당해지는 길이다.

이젠 입양아를 만나걸랑 악수나 먼저 청해보자.

– 딴지 사회부 기자

입이 무척 컸던 그 여자...

작년 이맘 때 TV 광고에 웬 입 큰 여자가 자주 나왔었다.

무슨 '이~' 하며 벌리는 입 크기 자체가 우선 이국적인데다 발음이나 생김새가 도저히 한국 사람으론 안 보여, 아 외국의 유명한 모델인가부다 했다.

활짝 열어제낀 거대한 입에 힘찬 칫솔질을 보며 '저러다 저거 주먹이 쑬렁 다 들어가지... 키스도 3회 분할로 해야겠네...' 평소대로 뭐 이런 쓸데없는 생각을 했었는데 알고보니 미스 유니버스인가 월드인가에 뽑힌 한국인 3세란다.

근데 속사정을 알고보니 좀 씁쓸했다. 평소 스스로 한국인이라 생각하고 지낸 것 같지도 않은, 한국이라곤 처음 와보고 한국어도 한마디도 못하는 여잘 불러다 한국인으로서의 자부심을 요구하는 인터뷰는 어째 우릴 스스로 더 낮게 만드는 것 같다고 느끼는 건 미스 유니버스에서 단 한 번도 1등 먹어보지 못한 소국민의 자격지심인가...

결국은 그녈 자랑스런 한국인으로 포장해내고야 마는 것을 누가 볼까 쑥스럽기까지 했다. 재빠른 상혼이 만들어낸 작품이라곤 하지만 그렇게까지 끌어들여 한국 사람으로 만들어야 했나. 일본인 할머니와 중국인 어머니를 둔 그녀가 중국인 남편과 낳은 자식을 미국에서 한국인으로 키우려나...

좁은 곳에서 수천 년을 우리끼리만 살다보니 동일 민족에 대한 정의가 손바닥만해져서 편협하고 배타적 의미의 민족 정통성만 인정하려고 뭔가 주장하는 것 같이 됐지만 사실 그녈 비판하려는 건 아니다.

그녀에겐 잘못이 없다. 입 큰 게 죄도 아니고 더군다나 한국 피가 섞인 미스 유니버스는 더욱 죄가 아니다. 그렇지만 타이거 우즈를 태국 사람이라고 하면 미국 넘들이 웃고 슈아지리폰도 그렇다.

그녀도 마찬가지다. 그녀는 미국식으로 자랐고 사고 방식도 미국 사람이며 미국인이었기에 미스 유니버스가 됐다. 그럼에도 광고계에서 그녀의 상품가치를 높이 산 데에는 토종들이 넘어서지 못한 어떤 벽을 우리 피가 섞인 사람이 넘어서는 것에 시청자들이 대리만족을 느낄 것이라고 판단했기 때문일 게다.

세분시장을 분석해 그녀의 이미지가 새 상품의 소구점과 가장 어울린다는 결론에 도달한 광고 회사의 판단 자체에 대해서는 할 말이 없다. 그쪽 전문가들이 오죽 잘 알아서 했겠는가. 다만 그녀의 이미지를 한국인으로 포장하며 언론이 보여준 오버액션의 원인을 가만히 따져가다보면 우리 의식 깊은 곳에 자리잡고 있는 '외국 것에 기죽음'과 만나게 되는 데 이르러서는 정말 하고 싶은 말이 있다.

그녀가 진정 평소에도 스스로를 한국인으로 여기고 살았다면 참으로 반갑고 기특한 일이긴 하겠으나 그렇게 생각하고 지내지 않았다 해도 그냥 있는 그대로 두었으면 좋겠다. 굳이 3대 위의 할아버지가 어쨌다느니 한국에 꼭 와보고 싶었다느니 하는 대답을 유도하는 질문은 안 했으면 좋겠다.

그리고 더욱이 "스스로를 한국인이라 생각하느냐"는 질문 따윈 제발 하지 말았으면 좋겠다. 그렇게까지 억지로 그녀를 한국인으로 만들어내지 말았으면 좋겠고 그런 식으로 억지 한국인을 만들어내는 것이 한민족의 우수성을 입증하는 방법으로 쓰이지 않았으면 정말 좋겠다.

USA라니까...

그런 식으로라도 입증해내고 싶은 의식의 저변엔 아무리 생각해도 '외국 것에 기죽음'이 자리하고 있는 것 같기 때문이다. 우리보다 크고 잘나고 힘센 사람들 틈에서 자랑스럽게도 여전히 한국인으로 남아 있는 여자로 만들고 싶어하는 심리 속에 이미 우리 스스로를 작고 못나고 약한 사람으로 만드는 우리의 자격지심이 들어 앉아 있기 때문이다.

아마 이런 식의 '자랑스런 한국인' 만들어내기에 익숙해져 있는 우리는 그녀가 "아니요, 전 미국인이에요" 한다면 상당히 섭섭해할 것이다. 주현미가 "난 중국인이에요" 한다면 그 또한 괘씸하게 여기거나 섭섭해할 것이고.

그렇다면 영국인들이 미국인들 대하는 태도를 보자.

미국은 영국인들이 건너가 세운 나라다. 그렇지만 그들은 미국인들이 스스로를 미국인이라해도 전혀 섭섭해하지 않는다. 오히려 미국인이 자기를 영국인이라 하면 미친 놈이라 하겠지. 미국인들이 유럽인들에게 가지는 콤플렉스 덕택에 가끔 영국식 발음으로 치장한 미국인 사기꾼들이 있긴 하지만 말이다.

우리가 이러는 건 핏줄을 중시하는 전통 사상 때문에 그런가...

그보다는 미국넘들 속에서도 제발 한국인으로 남아 우리에게 자부심을 주었으면 하는 바람 때문에 그럴 게다. 그네 문화와 힘에 굴복하지 않은 걸 보고 싶은 게다. 이걸 뒤집어보면 우린 속으로 그들이 더 힘세고 그래서 그렇게 동화되어 갈 수밖에 없다고 인정하고 '기죽어' 하고 있는 것이다.

앞으론 정말 그러지 말았으면 좋겠다. 그녀가 자란 환경에선 여러 동양인의 피가 섞인 미국인으로 자라는 게 당연한 것이고 그래서 그녀는 미국인이란 걸 있는 그대로 인정했으면 좋겠다. 그런 일에 자존심 상하거나 섭섭해하지 말았으면 좋겠고 그런 일에서 우리 민족을 자부심을 찾지 말았으면 정말 좋겠다. 그런 식으로 미리 기죽지 말았으면 정말 좋겠다.

IMF 이후, 이젠 언론들이 드러내 놓고 "외제를 쓰지 맙시다" 식의 캠페인은 하지 못할 시대가 다가오고 있다. 아니 이미 왔다. 사실 무조건 '외제를 쓰지 말자'는 태도는 바람직하지 않다. 이미 순수한 국산이란 거의 없기도 하고, IMF 이후 점점 국산과 외제의 구분 자체가 애매해질 것이 틀림없을 것이다.

더구나 '외제 쓰지 말자', '국산품 애용하자' 란 구호 아래 보호된 우리 기업이 우리 국민들에게 되돌려준 것은 무엇이 있던가. 언제나 수

사회 8월 3일(월)

출품보다 못한 품질의 내수용 상품과 서비스가 그렇게 보호되었던 기업들이 우리에게 돌려준 것의 전부였다면 그래도 참을 만하다. 그렇게 내수 시장에서 돈을 벌어 열심히 경쟁력있는 상품들을 개발하고 세계 시장에서 인정받고 커 나갔다면 그래도 그런 내국민 박대를 참을 만하단 말이다.

그런데 조또 경쟁력을 키우기는커녕 국민들의 돈으로 제 뱃속만 채우고 껍데기만 키우다 나라를 말아먹는 데 크게 일조한 우리네 거대 재벌들을 보고 있자면 더 이상 그런 알량한 구호에는 눈도 주고 싶지 않은 게 솔직한 심정이다.

하지만 이런 건 있다. 그런 단순한 외제를 쓰지 맙시다 하는 구호에는 눈도 주고 싶지 않지만, 클라이덴 광고를 하는 입 큰 여자를 '한국인'으로 만들어내고자 눈물겹게 노력하는 언론들을 보고 있자면 이런 건 느낀다.

이젠 정말 외국 것에 기죽지 않는 자신감과 자부심이 필요하다…

그녀를 한국인으로 만들어내야 하는 우리네 자존심의 크기는 사실 참으로 서글픈 것이다. 영어 잘 못하는 우리 나라 사람이 외국도 아니고 바로 우리 나라 거리에서 만난 외국인 앞에서 기죽는 것도 따지고 보면 그 뿌리가 이러한 심리와 맞닿아 있을 게다.

그리고 조금만 더 따지고 들어가면 우리가 외제 쓰지 말자고 열심히 외치는 구호 속에 들어앉아 있는 '외국 것에 기죽음'을 만나게 된다. 뒤집어 말하면 따져보기도 전에 언제나 외국 것이 우리 것보다 강하고 좋다고 지레 믿어 버리는 기죽음…

외제 '선호'가 오로지 외제가 질적인 면에서 우리 것보다 낫기 때문이라는 이유에 기인한 것이라면 사실 그렇게 외제 '선호'를 비판할 수는 없다. 오히려 그러한 상품을 만들어내지 못하는 우리 스스로를 더 질책해야지.

그러나 그러한 외제 '선호'의 뿌리에는 '외국 것에 기죽음'이란 정서가, 뒤집으면 '우리가, 우리 것이 언제나 못하다'는 관념이 자리하고 있기에 우린 통탄해야 한다. 단순히 편협한 국수주의나 알량한 애국심의 발로가 아니고 그러한 못난 정서가 그 뒤에 자리하고 있기에 우린 이 못난 마음을 뿌리뽑아야 한다.

언론들이여 더 이상 '외제를 쓰지 말자'는 구호 따윈 이제 써먹지 말라. 우리가 뿌리뽑아야 하는 건 외제를 쓰는 사실 자체가 아니라 무조건적인 외제 '선호'다. 이젠 같은 값에 같은 품질이면 조금 덜 세련된 상호명을 달고 나와도 우리 것에 충분히 손이 갈 수 있는 우리 것에 대한 자신감을 말해 달라.

더 이상 알량한 애국심에 매달리지 말고 우리 것에 대한 자신감을 이젠 말해 달라. 지금 당장 우리에게 없는 건 바로 그런 자신감이다.

'이스트팩' 선풍. 그 책임은 그만한 상품을 만들어내지 못하는 우리 기업에만 있지는 않다. 같은 상품도 외제 상호를 달아야만 선택하는 우리네 못난 기죽음과 자기비하가 한몫 단단히 해내고 있는 것이다.

이젠 IMF 덕택에 모든 것이 오픈되고 얼마 후면 잘난 외제들이 마구 밀려들어 올 것이다. 같은 값에 더 좋은 품질의 외제가 들어 온다면 난 이제 기꺼이 외제를 선택할 것이다. 충분히 따져보아 외제가 좋다

사회 8월 3일 (월)

면 당당히 나의 소비자 권리를 주장할 것이며, 그만한 것을 만들어 내라고 열심히 우리네 기업에도 요구할 것이다. 그러지 않으면 어차피 살아남지 못할 새판이 이제 짜일 테니까. 또한 똑같은 마음으로 같은 값에 같은 품질의 국산도 주저없이 선택할 것이다.

그러나 기업들이여, 같은 값에 나쁜 품질의 국산으로 더 이상 국민들을 우려먹지 마라. 더 좋은 걸 만들어 우리들 앞에 자신있게 내놓길 바란다.

마지막으로 한 번만 더 말하고 싶다. 못난 외제 '선호'는 제발 사라져 다오... 클라이덴의 입 큰 여자는 그냥 미국인으로 남아 주고...

그게 진짜 자부심이다.

사고가 바뀌어야 한다...

— 딴지 사회부 기자

우리가 추구해야 할 사회...

이 얘기는 실화다.

내 친구와 나는 돈 없고 차 없는 불쌍하지만 잘생긴 플레이보이다. 그래서 나이트 가서 여자를 못 꼬시고 호프집에서 부킹을 한다. 근데 보름 전쯤 대학로 호프집서 합석에 성공했다.

우리는 특유의 재치 넘치는 입담으로 분위길 압도했다... 여자애가 둘이었는데 분위기에 압도되어 술을 마구 먹더니 급기야 술에 취해 걷지도 못하고 오바이트하구 난리가 났다.

근데 나는 이틀 연속 많은 술을 먹었더니 내 몸도 잘 못 가누었다. 그리구 우리집은 대학로다. 나는 안타깝지만 한 명을 지하철 태워보내구 연락처두 못 받고 집에 와 쓰러졌다...

근데 바로 문제는 내 친구다.

내 친구가 데려다준 애는 정말 상태가 안 좋았는데 어제 그 친구를 만나서 어떻게 됐냐구 물어봤더니 해준 이야기다.

친구가 매너있게 여자애네 집이 어디냐구 물어봤더니 술에 취해서 말두 안 하구 그냥 길바닥에 쓰러져 자더란다. 그냥 길에 놔두고 갈 수도 없어서 여관으로 데려갔다.

문제는 다음날 아침...

사회 8월 3일(월)

여자애가 새벽에 문득 눈이 떠졌다.

여관방이었다.

놀랐다.

아래쪽을 보니 자신의 청바지와 빤쓰가 모두 벗겨져 있었다. 그리고 남자의 남방으로 하반신이 덮여 있었다. 그리고 남자(내 친구)는 한쪽 구석에서 이불을 덮고 쭈그리고 자고 있는 것이었다.

여자애는 치밀어 오르는 분노를 느끼며 하염없이 흐르는 눈물을 닦으며 일어나 코를 골며 자는 내 친구의 따귀를 후려 갈기며 "이 개쉐끼야!"로 시작해서 엄청난 욕들을 퍼부었다.

내 친구는 자다 깨어나 너무도 억울한 목소리로 이렇게 말했다.

"왜 때려!! 왜 깨워!! 이녀나!! 너 어제 똥쌌어!!"

이 글을 마치며 여관에서 빨래하구 술취한 사람이 싼 똥 닦아준 내 친구에게 고생 많았다는 얘기를 전해주고 싶다.

바로 이런 사회...

처음 만난 여성이지만, 술먹고 완전 찐따가 되어 바지에 똥싸고 아무데나 자빠진 여성이지만 결코 냄새난다고 길바닥에 내팽개치지 않고 따뜻한 곳으로 일단 인도한 후 그녀의 똥 싼 빤스를 손수 빨아주는 것은 물론이오, 그 똥까지 닦아주는 그런 인간미 풍풍 나는 사회...

얼마나 힘들었겠는가...

빨래는 그렇다 치자. 술취해 널부러진 그녀의 똥꼬에서 잔해를 제거하는 게 얼마나 힘들었겠는가. 더구나 바지에 싸서 문데버렸으니 얼마나 폭넓고 얇게 히쁘에 도포되었겠느냔 말이다. 그걸 모두 제거한다는 게 어디 보통 정성으로 될 일인가...

그래도 해내고 마는 그런 사회...

바로 딴지가 지향하는 명랑사회다.

- 딴지 맘대로 기자 하이텔의 임철호

사랑으로 극복하자! (3)

날로 인기를 더해 가는 김대중 정부 최대의 업적 '보건체육부 선정 국민권장체위 10선'에 보내주신 성원에 감사드린다. 오늘은 10가지 국민권장체위 중 제 4번과 5번을 공고한다. 지난 체위들이 남성위주였던 관계로 YWSA와 '여성문제연구를 위한 호스트의 모임'에서 강력한 항의를 접수한 바 4, 5번은 여성 중심의 체위이다.

다만 여러 차례 경고했는데도 불구하고, 고난이도의 동작을 많이 포함하는 권장체위를 우습게 보고 준비운동도 없이 실행하다 착지동작의 실패, 목표지점의 미스 등으로 자지골절이라는 엄청난 사태를 맞이하는 경우가 속출하고 있다. 다시 한번 경고하는데 본 권장체위는 수행하는 과정이 결코 만만치 않으므로 노약자, 임산부, 심폐기능이 약한 사람들은 절대 시도해선 안 된다.

또한 비록 신체건강하고 체위문제에 관한한 충분히 학구적인 사람들도 마지막 주의사항을 반드시 반복 숙지하고, 상대방에게도 충분히 인지시킨 후 작업에 임하도록 한다.

- 제 4번 "미끄럼 사선 꽂기"

미끄럼타는 동안 계단 난간에 의한 하복부 압박과 마찰로 여성의 통배관리에 효과가 있으며 남성의 경우 정확한 각도를 손도 안 대고 유지해야 하므로 '굳쎈 의지'를 키울 수 있다.

특히 가속도가 붙은 여성을 밀리지 않고 온몸으로 받아야 하므로 남성 대퇴부와 장딴지 근력 강화에 탁월한 것으로 알려졌는데, 이 체위는 구케의사당에서 몸싸움에 밀리지 않아야 하는 구케의원들의 싸모님들 모임인 '밀리지 않는 남편만들기 모임'에서 각고의 연구 끝에 개발한 것이라 한다.

주의 여차하면 본의아니게 똥침을 찌르는 수가 있으므로 주의가 요구된다. 이 경우 일부 굳건한 남성들을 제외하고는 대부분 골절상을 입게 되므로 각별히 주의하도록...

보건체육부권장 체위 4번 : "미끄럼 사선 꽂기"

- 제 5번 "스카이 다이푹"

여성이 낙하할 때까지 장시간 기립을 유지해야 하므로 남성 조루치료에 효과만점인 것으로 알려졌다. 또한 착지시 2~3차례 남성의 배 위에서 바운딩을 하게 되므로 복구근력 강화에 그만이라는 연구결과가 나왔다.

주의 특히 여성들이 주의해야 하는데, 이 체위를 개발하던 실험조교가 낙하시 조준실패로 코에다 꽂는 세계적 희귀케이스가 발생했다. 그 즉시 흥분한 코가 빠지지 않아 파트너 남성이 호흡곤란으로 거의 질

만화 8월 3일(월)

식사할 뻔했던 것으로 알려졌다. 코를 풀어 간신히 분리시켰다고 한다. 조심해야 할 꺼다...

보건체육부권장 체위 5번 : "스카이 다이푹"

지난 번에 이어, 각종 체위를 개발하느라 부러진 상당수의 관계기관 담당자들에게 다시 한번 심심한 감사를 보내며... 꾸벅.

漢·詩·感·想

凱逑離少年 개구리소년
(배움을 즐기기를 멀리하는 소년)

凱逑離少年 氾保犯
개구리소년 범보범
(배움을 즐기기를 멀리하는 소년은 지켜야 할 것을 지키지 아니함이 많으나)

豈逑理少年 氾保犯
개구리소년 범보범
(이치를 배우는 소년이 어찌 지켜야 할 것을 지키지 아니함이 많겠는가?)

泥加鬱面 無智愷 捐謨歲 庇加瘟但多
니가울면 무지개 연모세 비가온단다
(진흙탕에 처하고 앞길이 막히면 지혜와 즐거움이 없는 자는 신념에서 나오는 꾀를 버리고 그늘에 처하여 부질없이 많은 역병을 만나니)

悲潽濫 歿餓凄盜 痍巨內苦
비보람 몰아쳐도 이거내고
(슬픔이 끓어넘쳐 죽음과 배고픔과 추위와 도둑질과 상처와 커다란 내면의 고통으로)

만물상 7월 6일(월)

溢曲煩 嵐於詛覩 以日圇拿懶亞
일곡 번 남어저도 이이일어나라아
(사악함과 번뇌가 넘쳐나고 산바람에 저주가 보이니 이에 태양이 나태하고 흉한 자들을 잡아 가두더라.)

鬱地末誥 日御懶 犯保犯
울지말고 일어나 범보범
(막힌 땅에 종말을 고하여, 태양이 나태한 자를 다스려 지킬 것을 범한 자를 벌하며)

疲里壘蘖 拂瘀懶 範普汎
피리루얼 불어라 범보범
(지친 자들이 있는 성의 그루터기에서 병과 나태함을 떨어버리고, 법을 널리널리 알리니)

避利痢 開窟疥屈 弼理異悧
피리리 개굴개굴 필리리리
(날카로움과 질병을 피해 사람이 모인 곳을 개간하되 더러운 것을 잘라내고 뛰어남과 영리함으로 다스렸고)

苾里裏 開窟慪屈 馝鼇羸里
필리리 개굴개굴 필리리리
(향기가 마을 안에 있어 마을이 열리고 성내거나 한숨 쉼이 없으니 향기가 마을의 약함을 다스렸다.)

舞誌愷 連貌歲 優秀音曲彬多
무지개 연모세 우수음곡빈다

7월 5일(월) **만물상**

(뜻이 있어 기뻐함에 춤을 추고 공경함이 세대를 이어가니, 넉넉함과 빼어남이 있고 음악과 가락이 빛남이 많더라.)

– 하이텔 음유한시인 김홍철

암살영화의 결정판 – The Jacket

그는 암살자, 노리는 건 쟈켓 한 벌, 주머니 많은 걸 원한다.
리처드는 가죽 한 벌 있고, 브루스는 없다. 씨바... 전쟁이다.

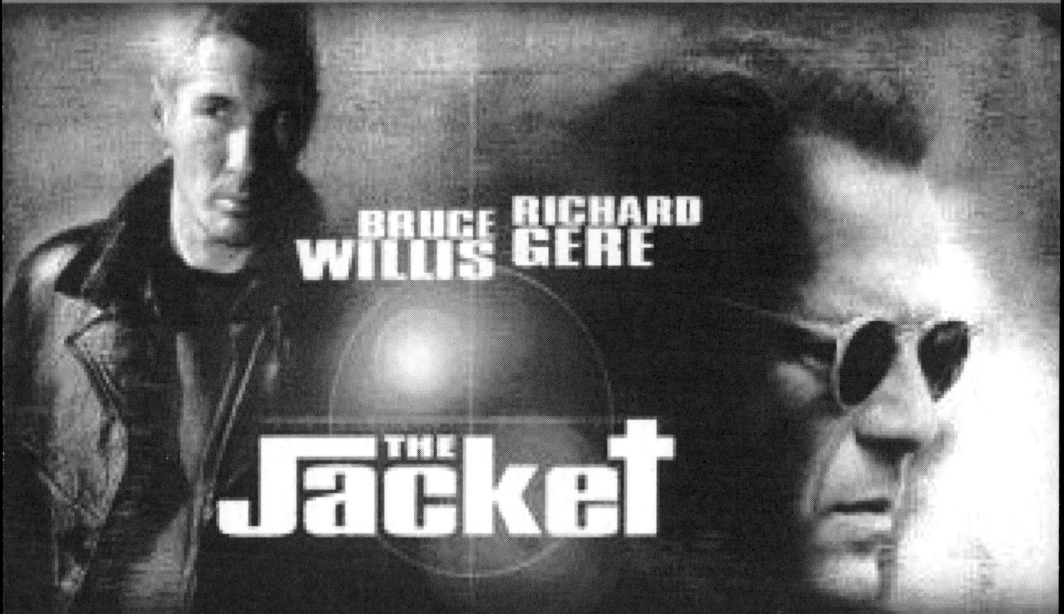

국제

정치 경제 사회 국제 문화/생활 정보통신/과학   BEST 스포츠 테마신문

▶ 가장 재수없었던 사람들(上)
▶ 가장 재수없었던 사람들(下)
▶ [역사고증] 그것을 알려주마(from LA)
▶ [잠입르뽀] 세계 속의 한국(나이트 편)

▶ 광고/색녀홍 양은 아직도 첫 번째 티꼬를 타고 있슴다

http://ddanji.netsgo.com

국제

▶ 정치 경제 사회 국제 문화/생활 정보통신/과학   ▶ BEST 스포츠 테마신문

지난기사
기사검색
독자투고
서비스찾기

가장 재수없었던 사람들(上)·(下)

오늘 너무 재수없었다고 생각하시는 분들...
이렇게 운이 없는 사람이 나말고 또 있겠냐고 생각하시는 분들... 국제적으로 가장 재수없게, 황당한 일을 당한 사람들의 실화 모임이다.

여기에 비하면 이 글을 읽고 있는 당신은 무쟈게 운이 좋은 사람이란 걸 스스로 인정하길. 이거 읽고 힘내서 IMF 극복하고 명랑사회 건설하자!

이·주·의·포·커·스

역사고증
그것을 알려주마!

링컨 대통령과 케네디 대통령은 둘다 미역사에 큰 발자취를 남긴 대통령들이다. 미국내에서 똥꼬 그득한 존경을 받는 그런 공통점이 있는 인물들이다. 그런데... 이런 누구나 알고 있는 상식적인 공통점뿐 아니라 두 대통령 사이에는 경악을 금치 못할, 정말이지 똥꼬 사이 털들이 부르르 떨게 되는 그런 기가막힌 연관성이 있었음을 LA 특파원이 발굴 전해 왔다. 그 소식을 전한다.

국제

잠입르뽀

세계 속의 한국(나이트 편)

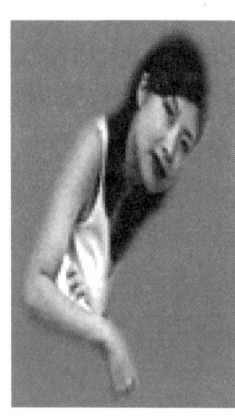

여러분 모다 안냥하세요?
딴지일보 LA 해외특파원 지여니입니다.
총수님의 눈또장 낙하산인사와 저의 미모는 절대 암상관 엄씀을 밝히며 앞으로 고국에 계신 여러분을 위해 기사거리 있는 곳이면 어디던지 똥꼬 땀띠 나게 LA 구석구석을 헤뒤집을 것을 약속 드립다. 많은 성원 부탁드립다. 사뿐 꾸벅.

글을 시작하기 전에 염두에 두실 점은 아래의 국가별 나이트 분석이 절대루 각나라 현지 얘기가 아닌 여러나라 사람들이 모여사는 나라 - 미국의, 것두 LA 소재 클럽들이라는 거시다. 그러니 괜히 일본, 중국 여행했던 사람들 뺑깐다고 시비 걸지 말길 부탁한다.

가장 재수없었던 사람들 (上)

> 오늘 너무 재수없었다고 생각하시는 분들... 이렇게 운이 없는 사람이 나 말고 또 있겠냐고 생각하시는 분들... 아래 사람들의 이야기를 들어보시라. 국제적으로 가장 재수없게, 황당한 일을 당한 사람들의 실화 모음이다.
>
> 여기에 비하면 이 글을 읽고 있는 당신은 무쟈게 운이 좋은 사람이란 걸 스스로 인정하길. 이거 읽고 힘내서 IMF 극복하고 명랑사회 건설하자!

이태리 나폴리에 사는 Vittorio Luise는 차를 몰고 가던 중 갑자기 불어닥친 엄청난 강풍에 차가 전복, 강물에 빠지고 말았다. 간신히 창문을 깨고 빠져나와 힘겹게 강둑에 도달해서 이제는 살았다고 한숨을 돌리고 앉아 있던 그는 바람에 넘어진 나무에 깔려 죽고 말았다...

영국의 리즈에 사는 26세의 점원 Walter Hallas는 평소 너무도 치과 가기를 무서워한 나머지 충치가 아파 더 이상 견딜 수 없게 되자 동료에게 자신의 턱을 치게 해서 그 충치를 뽑으려고 했다. 그런데 그 동료가 턱을 치는 충격에 넘어진 Hallas는 뇌진탕으로 즉사했다...

아일랜드 시골에서 공장을 운영하던 George Schwartz는 자신의 공장이 한쪽 벽만 제외하고 완전히 파괴될 정도의 폭파사고에도 불구하고, 폭파 당시 무너지지 않은 바로 그 벽 옆에 서 있었던 관계로 약간의 찰과상만 입고 기적적으로 살아 남았다. 병원에서 며칠간 간단

한 치료를 받고 퇴원, 공장 잔해에서 자신의 서류를 챙기던 그는 그 남아 있던 한쪽 벽이 갑자기 무너져 깔려 죽었다…

1983년, 뉴욕의 Carson 부인은 지병인 심장병으로 사망판정을 받고, 관속에 안치되었다. 그러나 그녀는 조문객들이 보는 가운데 관 뚜껑을 열고 벌떡 일어났다. 다시 살아난 것이다. 그런데 그녀의 딸이 그걸 보고 심장병으로 즉사했다…

1977년, 뉴욕에서 한 남자가 차에 치였으나 별 부상을 입지 않고 벌떡 일어났다. 그런데 그걸 본 목격자가 그러지 말고 다친 척하고 차 앞에 쓰러져 있다가 나중에 보험금을 타라고 귀뜸을 해주자 그는 차 앞에 다시 엎드렸는데 바로 그 순간 차가 다시 출발했다. 물론 죽었다…

1993년, 달라스에서 높이가 너무 낮은 터널이나 육교의 위험성을 알려 일반인들의 경각심을 불러일으킬 목적으로 홍보 영화를 촬영중이던 Mike Stewart는 자신이 타고 촬영하던 트럭이 높이가 너무 낮은 육교 밑을 지나간다는 것을 모르고 계속 촬영하다 육교에 부딪혀 죽었다…

이태리 피사에 사는 Romolo Ribolla는 오랫동안 직업을 구하지 못해 장기 실업 상태에 있던 자신의 처지를 비관, 권총을 머리에 대고 자살을 기도했다. 그 광경을 목격한 그의 아내가 1시간에 걸친 설득 끝에 간신히 그를 안정시키고 총을 내려 놓게 만들었는데, 울음을 터뜨리며 총을 마루 바닥에 내려 놓는 순간 발사되어 애꿎은 아내가 총에 맞았다. 부인 사망…

- to be continued

가장 재수없었던 사람들 (下)

벨기에의 Antwerp에서 도둑질을 하던 좀도둑이 주인의 신고를 받고 출동한 경찰을 피해 뒷문으로 다급히 빠져나간 다음 발목을 붙잡는 경찰을 뿌리치고 3미터가 넘는 담을 간신히 넘어갔다. 옷을 털고 일어나 보니 시립 교도소였다고 함...

1976년, 22세의 아일랜드 청년 Bob Finnegan은 Belfast에서 도로를 건너다가 달려오던 택시에 부딪혀 택시 지붕 위로 붕 떠서 한참을 날아간 후 떨어졌다. 택시는 뺑소니를 쳤고... 그가 기절한 채로 도로 위에 누워 있는 동안 또 한 대의 차가 달려와 그를 치었고 그는 노견으로 굴러 밀려났다. 그의 주변으로 사람들이 모여 웅성거리고 있을 때 이번에는 봉고가 달려들어 주변에 서 있던 사람 셋을 들이받고 또 한 번 Bob Finnegan까지 치고 달아났다. 저 멀리서 네 번째 자동차가 달려오자 이번에는 사람들이 모두 피했고 오직 한 사람만 치었는데 바로 Bob Finnegan이었다... 단 2분 사이에 4번의 교통사고를 당한 Bob Finnegan은 팔, 다리가 부러지고, 두개골이 함몰되고, 골반이 내려앉았고... 기타 등등... 그래도 죽지는 않았다...

헝가리 시골을 오토바이로 여행하고 있던 Critso Falatti는 기찻길 건널목에서 차단기가 내려와 건널목에서 섰다. 열차가 지나가길 기다리는 동안 염소 한 마리를 끌고 한 농부가 그의 뒤에 섰다. 그 농부가 염소줄을 내려온 차단기에 걸고는 그와 이야기를 나누는 사이, 이번에는 마차가 그의 옆에 섰고 바로 뒤에는 스포츠카가 섰다.
잠시 후 기차가 커다란 소리를 내며 지나가는 순간, 놀란 말이 Falatti의 팔을 물어버렸다. Falatti는 화가 나서 말의 마빡을 주먹으로 내려쳤고, 그러자 말주인이 마차에서 내려와 그와 싸우게 되었고 주인이 싸우는 것에 더욱 놀란 말이 갑자기 뒤로 달리는 바람에 뒤에 서 있는 스포츠카를 마차로 들이받아 스포츠카 뚜껑을 날려버렸다. 이에 스포츠카 운전사도 내려 싸움에 끼어들었고 잠자코 있던 농부가 이들을 말리는 사이 차단기가 올라가 염소가 졸지에 교수형을 당하고 말았다. 이 사건은 헝가리 보험사고 사상 가장 복잡한 사고였다 함.

독일 소도시 Guetersloh을 짙은 안개 속을 운전하던 두 운전자가 교통사고를 당해 둘 다 중상을 입었다. 그런데 그들의 차는 흠집 하나 없었다. 도대체 어떻게 된 걸까. 나중에 병원에서 정신을 차린 이들이 진술한 바에 따르면 하도 안개가 짙어 중앙선조차 잘 보이지 않자 둘 다 운전석 창 밖으로 목을 내놓고 달리다가 맞은편에서 목 내놓고 달려오던 상대방 마빡을 서로 박치기한 것이었다고... 차는 전혀 부딪히지 않고... 세계 유일의 마빡 정면 충돌사고였다 함...

1979년 영국에서 나이 18세에서 29세의 청년 7명이 각각 3~4년의 실형을 선고받은 사건이 있었다. 서로 일면식도 없이 전혀 모르던 사이였던 이 7명의 젊은 인생을 망친 사건의 발단은, 이들 중 한명이 역에서 기차를 기다리는 동안 먹고 있던 감자칩을 던진 것이 옆에 서 있던 남자에게 우연히 맞은 데서부터였다고... 일부러 던진 것이네 아니네... 하다가 싸우고 옆에서 말리고, 말리다 싸우고, 또 그걸 말리다 싸우고, 또또 그걸 구경하다 싸우고... 나중에는 30명의 초대형 집단 난투극이 됐다 함...

— 딴지 국제부 기자

국제 8월 3일 (월)

[역사고증] 그것을 알려주마 (from LA)

링컨 대통령과 케네디 대통령은 둘 다 미국 역사에 큰 발자취를 남긴 대통령들이다. 미국 내에서 똥꼬 그득한 존경을 받는 그런 공통점이 있는 인물들이다.

그런데... 이런 누구나 알고 있는 상식적인 공통점뿐 아니라 두 대통령 사이에는 경악을 금치 못할, 정말이지 똥꼬 사이 털들이 부르르 떨게 되는 그런 기가 막힌 연관성이 있었음을 LA 특파원이 발굴 전해 왔다. 그 소식을 전한다.

> **막간 해설**
> 일부는 똥꼬 사이에는 털이 없다고 주장하기도 하나 대부분 남성의 경우 똥꼬 사이에는 분명 적정 길이의 털이 있다. 편집자가 아는 사람 중에는 이 털의 길이가 과도하여 특히 여름에는 보행시 마찰로 상당한 불쾌감을 유발하기 때문에 무스를 발라 양 히프에 밀착시킨 후에야 외출을 하는 경우도 있다...

링컨 대통령은 1846년 국회에 선출되었다.
케네디 대통령은 1946년 국회에 선출되었다.

링컨 대통령은 1860년 미국 대통령에 뽑혔구, 케네디 대통령은 1960년 미국 대통령 자리에 올랐다.

- 링컨(Lincoln)과 케네디(Kennedy)는 둘 다 알파벳 7개로 되어 있다. (나 이거 센 사람 만나고 싶다...)
- 둘 다 인권(civil right)에 특별히 관심이 많았으며,

- 둘 다 백악관 시절에 아이를 저 세상으루 보냈따.
- 그리구 둘 다 금욜날 세상을 하직했으며,
- 둘 다 머리에 총을 맞았다(아직까진 그저 그렇다. 밧트).
- 링컨의 비서는 케네디라는 성을 가졌고
- 케네디 비서의 성은… 링컨이었다.
- 둘 다 남부사람에 의해서 저격되었고,
- 남부출신 대통령이 각각 두 사람의 담 자릴 해먹었다.
- 둘 다 후임 대통령 이름이 Johnson이었고,
- 링컨 바로 후의 Andrew Johnson 대통령은 1808년에,
- 케네디 바로 후의 Lyndon Johnson 대통령은 1908년에 태어났다 (정말 절묘하다. 그치만 여기까진 암 것두 아니다).
- 링컨을 죽인 John Wikes Booths는 1839년에 태어났고,
- 케네디를 쏴죽인 Lee Harvey Osward, 얘는 1939년 생이다.
- 두 저격한 놈들 다 세 단어로 된 이름을 갖고 있고,
- 두 놈 다 이름이 15글자이다(아까 대통령 이름 센 넘이 얘네들 이름두 셋을 꺼… 난 이 넘이 젤 궁금하다… 엽기적인 넘…).
- Booth는 극장에서 뛰쳐나와 창고에서 잡히고,
- Osward 놈은 창고에서 나와 극장에서 잡혔다.
- 그리구 Booth, Osward 둘 다 재판 전에 저격당해서 죽어뻐렸다.

Lincoln   Booths

Kennedy   Osward

글구 딴지가 발굴한, 가장 똥꼬 경악할 공통점은...

- 링컨은 죽기 일주일 전 Maryland 주의 Monroe라는 데 있었구,

- 케네디는 죽기 일주일 전 Marilyn Monroe 안에 있었다는 거다...

- LA 섹쉬 특파원 지여니

[잠입르뽀] 세계 속의 한국 (나이트 편)

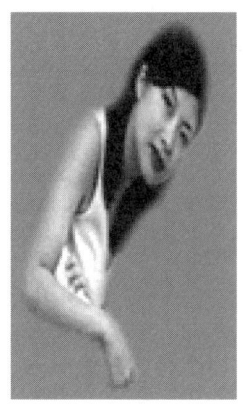

여러분 모다 안냥하세요?
딴지일보 LA 섹쉬특파원 지여니입니다.

총수님의 눈또장 낙하산 인사와 저의 미모는 절대 암 상관 엄씀을 밝히며 앞으로 고국에 계신 여러분을 위해 기사거리 있는 곳이면 어디든지 똥꼬 땀띠나게 LA 구석구석을 헤뒤집을 것을 약속 드립다.

많은 성원 부탁드림다. 사뿐 꾸벅.

글을 시작하기 전에 염두에 두실 점은 아래의 국가별 나이트 분석이 절대루 각 나라 현지 얘기가 아닌 여러 나라 사람들이 모여사는 나라 - 미국의, 것두 LA 소재 클럽들이라는 거시다. 그러니 괜히 일본, 중국 여행했던 사람들 뻥깐다고 시비 걸지 말길 부탁한다.

서문에서 얘기했듯이 LA, 정말 각종 나라 사람들이 이민와서 살구 있구 특히 검은 머리의 동양사람들이 젤루 많은 곳이다. 이제부터 나의 주거지, LA에 대한 얘기를 시리즈물로 하려고 한다.

시설 면에서 볼 때

• 한국나이트 - 설서 첨 온 사람이면 고향의 기분을 바루 느끼게 해주는 정겨운 이름들의 나이트가 여기저기 눈에 뜨일 거시다. 벨파레,

국제 8월 3일(월)

로터스, 줄리아나(문닫아써), 스파크스 등등등 설에서 한때 물 좋았던 집들은 다 있다.

잠깐, 여기서 호기심 해결! 설서 나이트를 가본 일 없던 본 특파원은 본점이랑 얼마나 비슷할까 넘 궁금해서 바로 설 출장길에 올라 모두 확인해봤다. 결과는 설 본점이 역시 시설면에서 더 훌륭하다는 거시였다. (니들은 좋겠다...)

각설하고 엘에이에서 젤루 물좋다는 벨파레를 비롯하여 스파크스, 로터스 등등 울나라 나이트는 진짜 돈 처발라가며 잘 꾸며 놓았다. 바닥재, 조명, 가구 등등 울나라 무시하는 진짜 무식한 미국 시골넘들이 보면 입 딱 벌어질 만큼 해놨다. 금속활자 발명 이래 최대 자랑스러웠다.

• 중국나이트 - 98%가 짜장면들이구 가끔 베트남족들두 눈에 띤다(이하 쫑국집). 시설은 별거 없구 그냥 열라 크기만 하구 뻥 뚫린 게 창고 같다. 가끔 좀 노력한 데두 있긴 한데 한국나이트엔 댈 게 못 되쥐... 죄다 서 있는 분위기구 자리두 좀 눈에 띄지만 아무나 앉는 게 임자라서 앉았다가두 화장실 갔다옴 엄한 놈이 앉아 있다. 테이블엔 화려한 양주, 과일안주는 절대 없구 여기저기서 슬쩍 올려논 빈 맥주병만 있다. 그리구 여기 앉는 애들은 놀다가 힘빠진 애들이거나 죙일 건수 못 올리구 모조리 실패한 놈들이 한맺힌 눈빛으루 지네끼리 모여 있다.

• **일본나이트** – 여기서 짚고 넘어가야겠다. 미국엔 일본계 나이트는 거으 없다. 왜냐구? 일본넘들은 나이트 싫어하냐구? 이 점은 Historical point of view로 살펴볼 수 있다. 일본사람들은 이민역사가 졸라 길다. 벌써 3, 4세대가 판을 친다. 우리는 대부분 이민 1.5, 2세대 아닌가? 얘들은 그리구 중국애들처럼 지들끼리 꽉 뭉치는, 먼일 있어도 중국말은 꼭 하는 문화보담은 미국주류, 즉 Mainstream에 대부분 흡수된다.

좀 비약해서 말하자면 여기 쪽바리들은 지들이 미국사람이라 생각하구 살구, 중국인들은 서로 꽉 뭉쳐 중국사람이랑 거 하루에 한 번씩 생각하구 미국사람처럼 산다. 한국사람은? 속상하지만 여기서두 서로 등쳐먹어 가며 한국서처럼 산다. 여기 한국사람들 말이 한국사람만 조심함 사기꾼 안 만난다구 하는데... 예전보다는 많이 바뀌어지고 있다고 한다. 다행한 일이다.

얘기가 이상한 방향으로 흘렀지만 그래서 이곳은 일본클럽이 발전되 있지 않다. 얘들은 기냥 미국 클럽 가서 (파트너두 미국걸, 보이들이다) 섞여서 논다. 그러니까 시설이구 나발이구 없다.

• **미국나이트** – 여러분들두 이젠 넘 잘 아시다시피 홍대앞, 신촌의 서서 노는 클럽이랑 열라 비슷한데 설에 비해 좀 후지다. 1980년대 후반 개두 소두 어학연수 오더니 클럽문화 들여가다 설에다 다 빼껴났다. 뉘집 자식딜인지 공부하라구 보냈더니 참 잘한 짓이다. 미국나이트는 시설도 별루구 다 서서 댕기구 디따 지저분하다. 크기도 쬐끄만데서부터 4층짜리 건물까지 다양하다.

국제 8월 3일(월)

나이트 정문 표정을 볼 때

• 한국나이트 – 싹싹한 웨이러 오빠들이 죽 서 있거나 매니저가 에쵸티가 머리에 쓰구 나오는 숫갈 달린 마이크 같은 걸루 순한국말루 담당웨이터 불러준다. 그리구 한덩치하는 미국넘들이 한국말루 "가방 열어요" 이러면서 쫑두 보여달랜다. 나이 확인하구 여자는 가방 뒤비기, 남자는 몸더듬기를 실시한다. 왜? 총쌈 할까봐...

• 중국나이트 – 왕창파 정도 되보이는 중국덩치는 눈을 씻고 찾아보면 안에서 놀구 있구 여기두 미국넘들이 가방 뒤비기랑 더듬기 한다. 여기 매니저는 영어루 쫑 뵈달래구나서 들어갈 때 돈내구 들어간다. 입장료(cover charge)로 한 10불쯤 받아 처먹는다. 안에 들어가선 술두 잔으루 판다. 쬐끄만 양주잔 한 잔씩 시켜 먹는데 줄도 장난 아니게 길다. 한국애들은 감질나서 갈 데 못 된다. 근데 나처럼 이뿐 애들이 바에서 몸 숙이고 주문하면 웨이터의 음흉함에 따라 꽁짜술도 막 생긴다...

• 미국나이트 – 종류에 따라 다양하지만 나이 확인하구 가방 뒤비기, 몸더듬기 등 기본빵으루 똑같다. 근데 전에 뉴욕서 젤 큰 '웹스터홀'인가 하는 나이트 갔을 때는 웬 레즈비언 같은 무늬만 여자인 눈이 온몸을 다 더듬었다. 정말 기분 나빴다... 속속들이 더듬더니 발까지 만지는 것이었다. 넘 간지러워서 웃었더니 째려보는데 정말 인간 고릴라였다. 주제에 이쁜 건 알아가지구... 글구 돈내는 부분부턴 위쪽 짱께집이랑 별 다를 거 엄따.

가장 중요한 물을 관찰해 볼 때

• **한국나이트** – 한마디로 '짱' 이다. 젤 낫다. 강남나이트보단 떨어질지 모르지만 정말 엘에이서 젤 이뿐 미녀들(한국산)만 오는 곳이다. 본 특파원도 우리 궁 무수리들이랑 상궁들이랑 자주 애용한다. 여기선 사실 연예인들도 자주 본다. 설서 무슨 재충전이니 머니 구라치고 여기 와서 한국나이트 온다.

박짠오, 배옹준, 신현쥔, 김껀모, 신승혼 등등등 다 온다. 여자덜은 관심 엄써서 안 봤다. 글구 넘 우낀 건 미국 영화배우 넘인 미키 루크도 온다는 거다. 앤 거의 죽도리다...

한국뇨자들이 넘 이뿌니 최근 들어 중국넘들이 넘 많아졌다. 애들은 한국남자들 비위 안 건들려구 (남의 집에 놀러왔으니 오죽하랴) 구석 테이블에 짱박혀 입가에 흘러내린 흥건한 타액은 닦을 생각도 않고 불쌍한 웨이터 오빠들만 부킹해달라구 괴롭힌다. 이런 애들은 LA 한국경제를 북돋아주는 고마운 존재들이다.

여자애들이 보통 거들떠두 안 본다. 가끔 또라이 같은 애들 때때 나이트에서 韓中전쟁 일어난다. 주로 남자친구가 조직에 몸담고 있는 여자를 쳐다보다 쌈박질하는데 이때 이 또라이가 '왕창파' 같은 데서 노는 애면 이날은 빨랑 집에 가야 된다... 쌈구경하다간 담날 조간신문에 자기 이름이랑 사진이 나온다.

• **중국나이트** – 중국영화에서 나오는 디립다 이뿐 눈들은 미국 들어올 때 무슨 협정같은 거 맺어서 다시 되돌려 보내나보다. 정말 중국 남자애덜 왜 구박바다가며 한국클럽 오는지 이해가 간다. 글구 한국

국제 8월 3일 (월)

클럽서 부킹 안 되는 한국딸네미들은 여기 가면 막바로 공주로 다시 태어난다. 남자물은 이에 비해 훨 낫다. 운좋으면 여명 같은 애덜도 자주 보인다.

• 미국나이트 - 독자분 중 남자덜은 이 대목을 주의해 읽으시길 빈다. 평소 펜티하우스, 플레이뽀이 등으로 상상하던 미국지지배들... 실상을 알면 까무러친다. 아무리 물좋고 잘나가는 미국클럽이라두 하마과, 코끼리과는 항상 산재한다. 거기다 멀리서 볼 때 잘 빠지구 이쁜 애덜도 가까이서 보면 그 휘황찬란한 조명발 아래 주름살, 주근깨, 기미가 선명하다.

또 여기까지 통과한 애들도 한두 번만 만나보면 실상이 파악된다. 온 몸이 털투성이에 체취가 장난 아니다. 한국 남자분덜... 정말 복받은 줄 아라라... 한국 딸네미들이 젤 짱이다. 남자물은 역시 훨 긍정적이다... 술 한두 잔 마심 탐 크루즈 같은 애덜도 많다. 근데 여기는 당근으루 부킹해주는 웨이터가 없기땜시 이 잘생긴 애덜도 타겟에 바로 접근해서 온갖 감언이설이 아닌 맨날 똑같은 말로 꼬신다.

이때 하는 말들을 한국어로 번역하면 남한 인구 전체는 바로 얼려버릴 수 있는 엄청난 썰렁권의 소유자들도 많다.

예) 당신은 정말 넘 아름다워요...
  저랑 한춤 추시겠어요? 아님
  맥주를 한 잔씩이나 사드릴까요?
- 울나라 클럽서 이랫다간 병원에 바로 사진 걸린다.

마지막으루 끝나구 나서 풍경을 볼 때

• 울나라나이트 - 설이랑 비슷하지만 여긴 청소부도 자가용 끌구가서 청소차로 갈아타는 나라므로 거의 머릿수대로 차가 나온다. 신기한 점은 다 줄서서 주차티켓 건네주는데 나오는 건 졸라 비싼 차부터 순서대로 나온다. 파킹보이들은 모조리 멕시코에서 열라 뜀박질해서 넘어온 놈덜인데 취직하기 전에 다 자동차 팔다 왔나보다.

영어는 쥐뿔도 모르는데 차종은 신기하게 잘 안다. 벤츠, 비엠따블유, 포르쉐 등이 한창 나오다 도요타, 혼다 구형 나옴 끝이다. 한국차는 절때루 엄따. 가물에 콩나듯 한국차 모는 넘들도 나이트 올 땐 친구랑 같이 오든지 아님 차라리 걸어온다. 마치 야밤에 자동차 쇼하는 풍경이다. 여기서 나온 애덜 쫌 있음 노래방 가서 또 보구 야식 먹으러 가서 또 본다. 정말 지겹다. 그러구 그 담날 교회 가면 또 본다. 심한 애덜은 옷까지 똑같은 거 입구 온다... 아...

여기서 왜 가장 중요한 부분 왜 빼놨냐고 의아해하시는 분덜... 거기 거기 손들어봐요. 당근으루 빼놀 수 없는 부분에 대해 알려드리겠다. 사실은 여기선 대부분 독립해서 살기 때매 숙, 장, 텔은 이용하지 않는다. 친구 말에 의하면 여자애 집이나 남자애 집 중에 비교적 깨끗이 청소해 놓은 데로 간단다. 진짜 그랬다. 내 친구가...

• 중국나이트 - 애네들도 끝남 거의 비슷하다. 단, 좋은 차가 별루 드물고 혼다가 엄청시리 많다는 것이다. 거기다 엔진 소리 크게 나게 바꾸고 차체 낮춰서 열라 시끄럽다. 짱깨들도 지네끼리 다 사라진다. 노래방은 가는지 안 가는지 모른다. 궁금한 사람은 한번 미행해봐라.

국제 8월 3일(월)

• **미국나이트** - 차 기다리는 거는 똑같은데 비엠따블유, 벤츠 이렁 거는 눈 씻고 찾아봐도 없다. 차들두 왕 오래되구 후지구 암두 안 타는 미국차도 보인다... 그리구 얘네들은 절때루 노래방 안 간다. 가고 시퍼하는 애도 없지만 갔다간 정말 지구종말의 그날이 오기를 진심으로 두손 모아 바라게 된다. 미국애들 노래 조~올~라 못한다.

끝으로 위 글은 어디까지나 저의 객관적인 느낌을 쓴 거시기 때문에 (그렇지만 절대 사실임) 누가 머라 그럼 사실 할 말은 없다... 이 말 바께는... 꼬우면 너두 특파원 해... 이만 안녕!

— LA 쉑쉬 특파원 지여니

섹녀홍 양은 아직도 첫번째 티꼬를 타고 있슴다.

섹녀홍 양은 티꼬를 타고 허벌 밟다가
갑지기 쏠렸슴다. 그래서 옆에 타고 있던
남자친구 조디에디 열나 키스를 했슴다.
막 딴 짓도 하려던 찰나...

중앙선을 침범하여 맞은편에서 달려오던
시커먼 자동차와 정면충돌을 하였슴다.
아저씨, 아줌마가 타고 있던 그 차는
아작이 났슴다.

그 차에서 아줌마가 내리면서
" 야! 난 가벼운 찰과상밖에 안 입었다 "
하면서 좋아했슴다. 아저씨도 내리면서
" 야 신난다. 나도 팔밖에 안부러졌다 "
면서 좋아했슴다.

우린 멀쩡했슴다.
우리으 티꼬도 멀쩡했슴다.
그래서 우린 졸라 뺑소니를 쳤슴다...

🐚 대우자동차

문화 · 생활

비아그라는 원래 우리의 것이었다

델마와 루이스 2탄 나와야 한다!

명랑사회는 어떻게 이룩될 것인가(1)

명랑사회는 어떻게 이룩될 것인가(2)

우리 형...

[감동실화] 오토바이를 탈 할부지...

광고/저두 가능할까여?

http://ddanji.netsgo.com

문화 · 생활

비아그라는 원래 우리의 것이었다

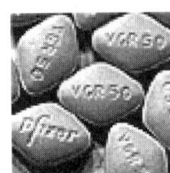

미국에서 발명되었다는 파란색 50mg짜리 약 한 알이 전 세계를 흥분의 도가니로 몰아넣고 있다. 몸보신이라면 세계 NO.1임을 자부하는 대한민국에서도 이러한 열풍이 몰아치고 있는데...

그런데, 전 세계 남성들의 아침밥상을 든든하게 해주는 화제의 성부전치료제 〈비아그라〉가 원래 한국에서 그 처방이 유래한 것으로 밝혀져 관심을 모으고 있다...

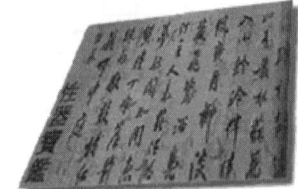

- 性器寶鑑 원문 -

델마와 루이스 2탄 나와야 한다

델마와 루이스라는 제법 크게 히트했던 페미니즘을 주제로 한 영화가 있었다. 이 영화를 리메이크해야 한다는 주장이 강력히 대두되고 있는데 그 주장을 따라 가본다. 과연 진짜 페미니즘이란 무엇인가. 아니 한국사회에서의 페미니즘은 과연 어떤 모습이어야 하는가...

명랑사회는 어떻게 이룩될 것인가(1) · (2)

암에푸로 명랑한 사회 분위기 형성이 잘 안되고 있다. 안타까운 일이다. 이런 때 딴지일보가 가만 있을 수 없다.
딴지일보는 암에푸로 사막처럼 메말라 가는 우리 나라를 구하기 위해 혼신을 노력을 다하다가 변사체로 발견되는 기자가 속출하고 있다.
특히 이 기사를 작성하기 위해 똥고가 헐어 버린 사회부 기자에게 감사를 보낸다. 왜 똥꼬가 헐었느냐... 기사를 보면 안다.
손쉬운 것부터, 가까이 있는 것부터 시작해서 차근차근 생활을 바꿔가다 보면 명랑사회가 그리 멀리 있는 것도 아니라는 것을 알게 될 것이다.

문화 · 생활

우리 형...

형...

이 사람의 형에 대한 추억을 통해 현대인들이 잃고 살아가고 있는 것이 무엇인지, 과연 우리는 올바르게 살고 있는 것인지... 겸허히 되돌아 보게 한다. 한편의 수채화도 같은 글이다. 통신 상에서 보기 힘든 대단히 감동적인 글로써, 마음을 정화시킨다...

명랑사회는 이런 마음으로도 구현될 수 있겠다...

감동실화

오토바이를 탄 할부지...

할무이가 돌아가신 후부터 갑자기 오토바이를 한 다 사시더니 그 이후론 매일 어디론가 오토바이를 타고 나가시는 할부지... 할부지는 과연 어디로 가시는 걸까... 우리 마음을 정화시키는 한 편의 감동실화를 여기 싣는다. 명랑사회는 이런 마음으로도 구현될 수 있겠다...

비아그라는 원래 우리의 것이었다

미국에서 발명되었다는 파란색 50mg짜리 약 한 알이 전 세계를 흥분의 도가니로 몰아넣고 있다. 몸보신이라면 세계 NO.1임을 자부하는 대한민국에서도 이러한 열풍이 몰아치고 있다.

그런데, 전 세계 남성들의 아침밥상을 든든하게 해주는 화제의 성부전치료제 〈비아그라〉가 원래 한국에서 그 처방이 유래한 것으로 밝혀져 관심을 모으고 있는데...

이러한 놀라운 사실은 조선시대 독보적인 性의학 전문서라고 알려진 〈性器寶鑑〉이 국립박물관 古文書실에서 발견됨으로써 밝혀졌다.

〈성기보감〉은 조선시대 중기 비뇨기 분야의 민간처방을 집대성한 책으로 의학서에 있어서 고려의 향약구급방과 조선 초기의 의방유치의 맥을 이으며, 동시대에 쓰여진 〈동의보감〉과 쌍벽을 이루는 저서였으나, 안타깝게 전란 중 소실된 것으로 알려졌다.

이러한 〈성기보감〉에 따르면, 부부관계가 부실할 경우에 가장 효과적인 처방책으로 태백산 깊은 계곡에서 동면 직전의 백사를 잡아 69가지 약재와 함께 3일간 탕을 다려내 그 엑기스를 뽑아 남편에게 복용토록 했다.

이러한 처방을 위 책에서는 〈배암고아〉라 했으며, 민간에서는 한 번 복용하면 효과가 대단해 일주일 동안 물건이 오그라들지 않는다고 해 속칭 〈비(非)오그라〉라 했으니 이것이 〈비아그라〉의 효시가 되었던 것이다.

당시 이 〈비오그라〉는 일반평민들뿐만 아니라, 사대부 안방마님에게도 폭발적인 인기를 얻었다. 그래서 당시 뱀 시세가 폭등하여 상평통보 200냥을 호가하고, 뱀 사재기가 성행하였다고 전해진다. 이 당시 한양 성내에는 가가호호 〈배암고아〉를 다리느라, 사대문 앞에서는 약탕내음이 진동했다는 얘기도 전하여진다.

이러한 신비의 처방은 급기야 궁궐 안에까지 소문이 퍼지게 되어 〈성기보감〉의 저자 '조시서'는 약탕감에 책봉되어 그 처방을 더욱 개발하여 조선이 확고한 가부장사회를 이루는 데 크게 기여했다고 한다. 이러한 우리 조상의 위대한 업적은 중국과 실크로드를 통해 전 세계에 널리 퍼지게 되었고, 〈배암고아〉의 뛰어난 성능을 전해 들은 서양인들은 결국 배를 타고 조선에까지 오게 이르렀다. 그러나, 당시 흥선대원군은 〈배암고아〉가 미개한 서양인들의 손에 넘어가 성도덕이 문란해지는 것을 막고자 강력한 쇄국정책을 펴고 있었다.

결국 프랑스는 1866년에 7척의 군함을 앞세워 강화도를 점령하였으나 대원군은 이들을 문수산성과 정족산성에서 격퇴하였으니 이를 병인양요라고 한다.

또한 미국상선 제너럴 셔먼 호는 대동강을 타고 와서 〈배암고아〉를 팔 것을 요구하다 평양주민과 충돌하는 일이 있었다. 이에 미국의 군함이 강화도를 공격하였으나 조선의 수비대가 이들을 광성보와 갑곶에서 격퇴하였으니, 이를 신미양요라고 불렀다.

이처럼 조상들의 뛰어난 의학기술과 굳건한 의지로 지켜낸 민족의 명약 〈배암고아〉는 일제 침략기의 어수선한 틈을 타 일본에 유출되고 말았으니 참으로 원통한 노릇이 아닐 수 없다. 결국 〈배암고아〉의 비밀제조술은 일본이 패망한 후 승전국인 미국에 또다시 전리품으로 빼앗기게 되었다.

이후 미국은 〈배암고아〉의 비법으로 연구하여 분무제를 개발하였으니 이를 일명 〈칙칙이〉라고 불렀으며, 미국의 포르노 산업이 전 세계를 주름잡는 데 크게 기여하였다.

이러한 〈배암고아〉의 탁월한 효능에 놀란 미국정부는 대대적인 투자와 연구개발 끝에 농축알약을 만들었으니, 이게 〈비아그라〉의 탄생이었던 것이다.

안타깝게도 한때 국력의 쇠약함으로 인해 우리 조상의 기술을 외국에 빼앗겨 버리고, 좋은 외화획득의 기회를 날려버렸으니 다시 한 번 국가안보의 소중함이 절실히 느껴지는 순간이다.

- 김도균 bluesens@netsgo.com

델마와 루이스 2탄 나와야 한다

많은 분들이 보셨겠지만 〈델마와 루이스〉라는 영화가 있었다.

남편의 폭력으로부터 탈출해 여행을 떠났다가 성폭력범을 죽이고 여자 둘이서 열나게 도망다니면서 남자들을 보기 좋게 무찌르는 일종의 로드무비였는데, 이게 우리 나라에서 제법 흥행에 성공했었다.

이걸 보러 갔을 때, 여자들이 영화관에 많았던 걸로 기억하는데 주인공과 같이 웃고, 같이 탄식하고 마지막에 같이 울고... 그랬던 걸로 기억한다. 근데 사실 이건 제대로 된 페미니즘 영화라고 할 수 없다. 본 기자는 무엇보다 그 영화의 결말이 도무지 꽝이었던 걸로 기억한다.

실컷 둘이서 남자들을 조롱하면서 용감무쌍하게 도피 행각을 벌이다가, 결국 경찰의 추격을 받아 도망갈 구멍이 없자 경찰에 잡히느니 죽자... 뭐 이런 게 라스트 씬이었는데,

도대체 저게 모야.
죽긴 왜 죽어?
뭐 저딴 게 페미니즘 영화야...

하는 생각이 무쟈게 많이 들었었다. 저걸 페미니즘 어쩌고 하면서 포장해 내는 언론이 정말 〈우끼고 안자써〉라고 생각했었다.

거기서 여자들이 왜 죽나. 무슨 그게 해결책인가.
그건 패배주의였다. 무쟈게 잔인한 패배주의였다.

문화·생활 7월 6일(월)

물론 이렇게도 해석할 수 있다. 남성위주 사회라는 커다란 벽이 아직도 너무도 견고하다는 걸, 그것이 아직도 깨지지 않았다고 하는 걸, 그게 그렇게 힘들다는 걸 죽음으로 상징한다… 뭐 이렇게…

그래도, 그건 졸라 패배주의다. 물론 그걸 패배주의라고 매도할 수 있다는 자체가 본 기자가 남성이란 기득권을 가지고 있기 때문일 게다. 그렇지만 만약 본 기자가 그 영활 만들었다면 마지막 씬 - 투항하라는 경찰을 뒤로 하고 델마와 루이스가 절벽을 향해 차를 전속력으로 몰고 간다 - 을 그렇게 처리 안 했다.

어터케?

차가 절벽 아래로 떨어지자, 갑자기 오픈카의 뚜껑이 닫히면서 〈델마! 루이스! 결합!〉을 외치자 심형래가 썼던 우레매 헬멧 같은 게 내려오고 양 옆에서 날개가 나오면서 다시 부웅 절벽 위로 올라온다. 그리고는 초강력 울트라 슈퍼 하이퍼 광선총 같은 게 차의 범퍼에서 튀어나와 경찰들을 향해 갈기면서 유유히 저 우주로 날아간다…
〈어디에서 나타났나 황금박쥐~〉하는 황금박쥐 주제가가 좌악 깔리면서…

뭐 이런 식으로 만들겠다. 여자들을 죽여 비장미를 노렸다면 그건 2류 페미니즘 영화다. 물론 여자들을 죽여 나름대로 무쟈게 멋진 페미니즘 영화도 봤다(갑자기 이름이 생각 안 나는데 주인공 여자 이름이 제목이었던 프랑스 영화…).

그렇지만, 비장미보단 〈팀 버튼〉식 블랙유머와 야유가 낫다고 본다. 그게 오히려 남성들을 향한 멋진 조소가 될 수 있지 않겠는가. 잉잉

짜지 말고 푸하하 맘껏 비웃는 거다.

왜냐... 아무런 해결도 없이 여성들을 죽이면, 여성들 스스로 불쌍해지니까... 스스로 불쌍히 여기는 것부터 벗어나야 한다.

그게 새로운 남녀관계 시작의 출발점이라고 본다. 스스로 궁휼히 여기는 것부터 벗어나는 것, 그게 출발점이라 본다.

물론 여성들은 억울할 것이다. 힘은 지네가 다 가지고 있으면서 〈한탄〉하고 〈자조〉할 자유마저 박탈하느냐... 니네도 이런 식으로 오랫동안 당해 봐... 그런 여유는 〈기득권〉이 돼야 생기는 거다... 그리고 어릴 적부터 〈여자〉로 길러져 봐... 너도 그렇게 돼 임마...

물론 옳으신 말씀이긴 한데...

그래도 그건 2류다. 어쩜 3류일지도 몰라. 절벽에서 떨어지면 안 된다니까...

그럼 뭐가 1류냐.

〈바그다드 카페〉라는 영화가 있다. 이것도 영화 좋아하시는 분들이야 다들 보셨겠지만, 비됴 가게에서 구하기 힘든 것이지만 뒤져볼 충분한 가치가 있는 영화다. 영화 음악도 따봉이다. 이 영화 방식이 1류다.

주인공이었던 뚱뚱한 독일여자... 그런 여자가 위대하고 사랑스럽다. 특히 3류 화가를 위해 누드 모델이 되어가는 씬은 정말 〈여자〉를 느끼게 했다. 못 보신 남자분들 이 영화 필독 권유다.

〈델마와 루이스〉의 한계를 〈바그다드 카페〉는 극복했다. 아무런 폭력도 절규도 한탄도 없이. 물론 전여옥 같은 여성이 전투적이 될 수밖에 없는 이유야 충분히 이해가 가지만, 그리고 그런 여자가 반드시 있어야 한다고 생각하지만, 그런 방식으론 적어도 이 땅에서 득실대는 남자들을 〈설득〉할 순 없다.

그래... 무쟈게 미안하다 여성들이여... 이 땅의 남자들은 〈설득당하기〉 전까진 별로 하는 일이 없을 게다. 지들은 별로 불편한 것 없다고 무쟈게 피동적으로 두손 놓고 있을 게다. 그렇지만 어쩌겠는가, 그게 현실인데. 현실에 다리를 박고 시작해야 뭐든 성공 가능성이 있는 법...

이게 어릴 적부터 남성 위주의 나라에서 쭈욱 자란 기자 같은 한국 남자가 갖는 어설픈 반쪽짜리 페미니즘의 한계다.

스스로 불쌍히 여기지 말고, 반쪽짜리가 현실이라고 인식하는 것, 그게 새로운 남녀관계의 출발이다.

여하간 〈델마와 루이스〉 같은 영화를 페미니즘 어쩌고 저쩌고 하고, 또 그걸 보고 여자들이 울고 그래선 절대로 이 세상 안 바뀐다.

남자들도 바뀌어야 하지만 여자들도 바뀌어야 한다니까...

〈델마와 루이스〉 2탄 나와야 한다.

— 딴지 문화부 기자

명랑사회는 어떻게 이룩될 것인가 (1)

암에푸로 명랑한 사회 분위기 형성이 잘 안 되고 있다. 안타까운 일이다. 이런 때 딴지일보가 가만 있을 수 없다. 전 세계적인 망을 구축하여 명랑사회 구현을 위해서는 어떻게 해야 할 것인지 연구에 연구를 거듭하고 했다.

명랑사회구현을 위한 딴지연구소의 객원 국제연구원들

그 비법은 어려운 것이 아니었다.
손쉬운 것부터, 가까이 있는 것부터 시작해서 차근차근 생활을 바꿔가다 보면 명랑사회가 그리 멀리 있는 것도 아니라는 것을 알게 될 것이다.

그 첫 번째로 '똥에 캐릭터 부여하기' 에 대해 알아보자.

똥을 그냥 똥... 이렇게만 부르는데 참으로 안타깝다. 똥에도 저마다 타고난 개성이 있고 나름대로의 성격이 있다.

똥...이란 단어는 가치중립적이다. 좋고 나쁨을 말할 수가 없다. 그냥 똥...이라고 한다면 똥은 그저 똥일 뿐이다. 우리가 그들의 이름을 불러주기 전까진...

▶ 이야기 속으로... 똥
분명 뭔가 배출되었다는 것이 감지되었으며, 휴지에서도 적출물을 확인했으나, 일어나 변기통을 보면 아무리 찾아도 덩어리를 찾을 수 없는 똥. '여고괴담' 똥으로도 불린다.

▶ 토요미스테리... 똥
분명 뭔가 배출되었다는 것이 감지되었으며, 변기통에서도 덩어리가 확인되었으나 휴지에는 아무것도 검출되지 않는 똥.

▶ 불사파 똥
약 10회 이상 반복하여 똥꼬가 헐도록 휴지질을 하였으나 여전히 잔해물질이 검출되어서 결국은 포기하고 빤스보호를 위해 한 겹의 휴지를 똥꼬 사이에 삽입하고 나오게 만드는 끈질긴 '빨치산' 형 똥.

▶ 소방수 똥
바지를 채 내리기도 전에 소방수가 뿌리는 물줄기처럼 '빠지직' 힘차게 분출되는, 조준을 잘해야 하는 똥.

▶ 찹쌀 똥
일을 끝내고 물을 내렸으나 변기면에 밀착, 10여 차례의 물세례에도 꿈쩍도 않고 붙어 있는 점도 높은 고밀도 초접착 똥.

▶ 아무래도... 나 애 낳나 바... 똥
직경이 건장한 청년의 팔뚝 굵기를 능가하고 길이가 맥주 큰 병을 초과하는 초대형 똥으로, 배출 후 마치 콜라병 입구를 손가락으로 막았다 순간적으로 빼면 '뻥' 소리가 나는 것처럼 배출과 동시에 똥꼬에서 '뻐엉' 소리가 나고 똥꼬 안쪽의 직장에 잠시 동안 진공상태 또는 공기회오리가 발생하는 경악을 금치 못할 똥.

▶ 브랜닥스 똥
마치 치약 짜듯이 나오는 유형으로, 계속 힘주면 끊임없이 가늘게 나오는 똥. 일명 '페리오' 똥으로도 불린다. 물을 안 내리고 계속 퇴적시킬 경우 계속 쌓여 똥꼬에 닿을 위험이 큰 똥.

▶ 화생방전 똥
자신을 제외한 다른 어떤 사람도 3초 이상 흡입할 경우 심각한 구토증세와 호흡곤란을 느끼고, 1분 이상 지속적으로 이 가스에 노출되었을 경우 환각증세를 동반하며, 5분이 경과되면 뇌사상태에 이르는 가스를 분출하는 똥. 일명 신경가스 똥.

▶ 나는 네가 그곳에 있는 것을 알고 있다 똥
대충 끝났다고 생각하고 섣부르게 행동해서는 안 되고 끈기를 가지고 지그시 앉아 떨어지길 기다려야 하는 마지막 한 방울의 똥. 이 똥을 과소평가하여 그대로 휴지질을 했을 경우, 예상을 뒤엎는 크기의 잔존 똥이 휴지에 적출되기 마련인데 그 적출물이 대부분 휴지조직을 뚫고 손꾸락까지 침투하는 무서운 똥.

▶ 완봉승 똥
가장 이상적인 형태의 똥으로서, 직감적으로 휴지질을 할 필요조차 없다는 것을 느낄 만큼 완벽하게 똑 떨어지며 깔끔하게 마무리가 되는 똥. 휴지회사가 가장 두려워 하는 똥으로, 이 똥누는 법을 전 국민이 연마해서 터득하게 될 경우 그들은 망하게 되기 때문. 일명 '똥토피아' 라고도 불리는, 모든 똥싸는 이들이 바라마지 않는 꿈의 똥.

문화 · 생활 7월 2ㅁ일 (월)

▶ 퇴적층 똥
한 번의 끊임도 없이 얇고 가늘게 방사형을 이루며 감기면서 쌓이는 똥으로 물을 내려도 자국을 반드시 남기는 유형의 똥. 통상 이런 똥을 이뤄낸 후에는 누군가를 불러 그 신기함을 목격케 하고 싶은 강한 욕구를 느끼게 하는 똥.

▶ 방군줄 알았지... 똥
앉자마자 그저 퍼퍼벅.. 방구를 한번 꼈다고 생각했는데 작업이 끝나버림은 물론이고 변기를 가아득~ 채워버리는 똥.

▶ 분수 똥
소방수 똥과도 유사하나 소방수 똥이 일직선으로 분출되는 데 반해 이 유형은 그 비행궤적이 비선형으로 전혀 예측할 수 없게 사방으로 힘차게 분출되면서 물이 튀고 똥꼬에도 튀는 엽기적인 똥.

▶ 오르가슴 똥
작업을 끝내고 나면 싸... 한 것이 노곤하면서도 뭔가 이뤘다는 뿌듯한 느낌을 주는 만족스런 똥.

▶ 코르크 똥
최소한 투척 직후 일단 가라앉았다가 뜨더라도 뜨는 대부분의 똥에 비해 투척하자마자 곧장 뜨는 똥. 일명 '공기방울' 똥

▶ 공작새 똥
일어나서 물을 내리기 전 그 화려한 문양에 화들짝 놀라게 되는 예술적인 똥.

▶ 국민체조 똥
너무 크고 딱딱해서 '이걸 과연 무사히 쌀 수 있을까' 하는 걱정이 일단 먼저 들고 그러다가 분출하기 전에 앉았다 일어났다 및 갖가지 포즈의 국민체조를 해줘서 체내에서 미리 적당한 모양으로 만들어 줘야 겨우 쌀 수 있는 무서운 똥.

▶ 불꽃놀이 똥
여름철 과일을 먹은 후 자주 출현하는 유형으로, 작업을 끝내고 그 정경을 볼라치면 갖가지 모양과 색깔의 과일 씨앗들이 마치 불꽃놀이 하듯이 변기에서 부유하고 있는 똥.

▶ 핵 똥
엄청난 폭발음으로 옆칸은 물론이고 옆의 여자화장실까지 그 파열음이 전달되는 똥. 기록에 의하면 건물의 다른 층까지 전달되는 경우가 있다고 하는 파괴적인 똥.

본 연구를 위해 수많은 두루마리 휴지가 사라졌다. 연구 막판, 암에푸로 스폰서가 끊겨 휴지가 모자라자, 타올로 대치하면서도 마침내 연구를 끝냈다. 박수!

▶ 너무 늦었어... 똥
설명생략.

▶ 아하... 그랬구나 똥
너무도 무서운 속도로 분출되기에 도대체 어떻게 된 거야 의아해하다가 작업을 끝낸 후 마지막으로 큰 방구가 나오면서 '아하 이거에 밀려 나왔구나' 하고 깨닫게 해주는 과학적인 똥.

▶ 맘모스 똥
으으... 아아... 악... 아아아아아아아악...

문화·생활 7월 2㎎일(월)

이상 몇 가지 해보았다.

이외에도 너무도 많은 똥들이 캐릭터가 부여되길 기다리고 있다. 즐겁고 명랑한 사회 구현이 힘든 것이 아니다. 가장 가까운 곳에서, 매일 반복되는 일상을 약간만 다른 시각에서 바라보기 시작하는 것으로도 명랑사회는 우리 앞에 성큼 다가올 수 있다.

똥 캐릭터 부여하기 국민운동에 참여하고픈 사람들은 이쪽에 와서 [똥]이란 말머리를 달고 자신만의 똥 캐릭터를 서술하기 바란다.

- 똥에 캐릭터 부여하여 명랑사회 앞당기기 운동 추진본부

명랑사회는 어떻게 이룩될 것인가 (2)

'명랑사회는 어떻게 이룩될 것인가'에 대한 그 연구의 결과물로 '똥에 캐릭터 부여하기'가 탄생했다. 지난 주에 이어 연구성과물 몇 가지만 더 샘플로 고찰해 운동취지를 되새겨 보고, 이 운동에 적극 참여하고자 나름의 캐릭터를 제안해 주신 애독자 여러분들의 똥들도 살펴보기로 하자.

이 운동을 본지를 통해 접한, 국제적인 건강 색조 똥쪼가리 싸기 운동조직인 'Green Piece'의 선임 연구원 닥터 퍼버벅 씨는 똥꼬 깊수칸 감동을 받았다는 찬사와 함께 'Green Piece' 산하기관 '국제 똥 표준화 협회'에서 오랜 연구 끝에 마련한 체계적인 똥 분류기법을 제공해 왔다.

명랑사회를 구현하고자 하는 모든 이들은 참고하기 바란다.

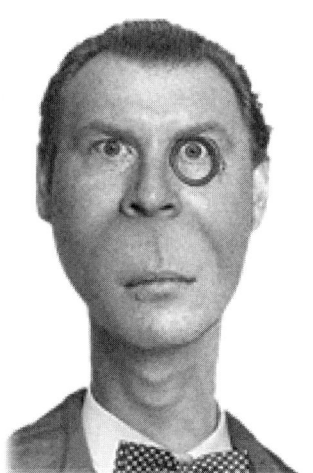

닥터 퍼버벅 씨

- 똥 분류기법

건강한 성인의 똥을 체계적으로 이해하는 기준을 살펴보자.

국제 똥 표준화 협회 분류에 의거 건강한 성인의 평균 똥 방출량

문화·생활 8월 3일(월)

을 최소 D20~20에서 D15~5로 추정하여, 피똥고라스 공식을 적용 계산하면 20~0대 성인 남성의 생애 평균 하루 분사량은

중량 : 150g~200g (달걀 크기 = 50g 기준)
부피 : 35.3㎤ ~ 62.8㎤이 되며

따라서 성인남성의 평균 생애 총 똥 생산량은 다음과 같다.
중량 : 1.642t ~ 2.19t
부피 : 386ℓ ~ 687ℓ
길이 : 1.642km ~ 2.19km
색상 : Golden Yellow (GB), Brown (B), Dark Brown (DB), Black Brown (BB) 등이 있다.
굵기 : 직경으로 표시, 즉 D40은 직경 4cm, D05는 직경 0.5cm
형태 : Stick (S)형, Gel (G)형, Spray (S)형
경도 : Hard (H), Mild (M) ~ Stick형을 세부 분류할 때만 표기
숙성 : 1일 이내, 2일 이내, 3일 이내...
길이 : cm로 표기
성분 : 이물질 포함 유무에 따라 없으면 Pure (P), 있으면 Alien (A) 또는 Blood (B)을 붙인다.

그러므로 국제 똥 표준 협회 분류에 의한 GBD30SM1-30B의 약호를 풀어서 설명하면 황금빛의 직경 3cm인 부드러운 막대기형 똥으로 숙성기간은 하루 이내며 길이는 30cm인 핏똥이라는 뜻이다.

그외에 점도, 낙하후 변형된 형태, 표면 무늬, 냄새, 똥 배출력의

근원 및 똥꼬에 영향을 주는지 여부에 의한 분류법이 있으나, 이는 전문가용이라 생략하기로 한다.

참고로 국제 똥 표준화 협회가 요구하는 우량똥의 최소 조건은 BD25SM1-20A이며 국제 똥 표준화 협회에는 산하기관으로 방구연구소가 있다

▶ 빈혈 똥
잘 나오지가 않아 떨궈내기 위해 똥꼬 쪽에 과도한 압력을 가하는 와중에 순간적으로 혈관이 수축되고 심장박동이 높아져 빈혈, 졸도 등을 유발하고 심하게는 뇌출혈까지 동반하는 공포의 똥. 이 똥의 휴유증으로는 똥고 과도 경색이 있다.

▶ 봉황 똥
의연히 길게 누운 황색 자태가 봉황의 모습을 연상케 하는 똥으로 그 기상으로는 똥 중 최고봉이며 어떠한 거센 물결에도 결코 물러섬이 없는 믿음직하기 그지없는 똥. 일부 봉황 똥의 경우 배수관 직경을 초과하여 잘게 썰어줘야 하는 번거로움이 있다는 것이 흠이다.

▶ 레감자 똥
아무 소리 없이 조용히... 스르륵 슬러덩 입수하는 똥. 일명 용각산 똥으로도 불린다. 특히 변중 독서에 열중할 경우 자신도 모르는 사이 자주 맞이하게 되는 똥.

▶ 조약돌 똥
작고 똥글똥글한 외형이며, 특징으로는 결코 혼자 나오는 법이 없고

반드시 무리를 지어 연속적으로 나오며 똥꼬에서 수면까지의 낙하거리가 가장 길고 입수각도가 거의 수직에 가깝기 때문에 입수시 "퐁당퐁당 돌을 던져라~" 하는 동요를 연상케 하는 효과음을 발생시키는 떼똥.

모든 운동이 그러하지만 대중으로부터의 호응이 없으면 말짱 똥이다. 이 운동을 시작한 첫주간이라서 그런지 참여해주신 분들이 아직은 그리 많지 않다. 먼저 참여하신 몇 분의 작품을 보자.

▶ 똥꼬매움 똥
이것은 브랜닥스 똥과 외형면에서 비슷하나 똥꼬에 심각한 통증(아주 매움)을 동반하는 것으로서 화장실 환기에도 상당히 힘을 써야 한다. 이 똥의 원인은 과학적으로 밝혀졌는지는 모르나 본인과 본인의 모친이 함께 연구한 바 장이 안 좋은 자가 매운 국, 전골이나 닭도리탕, 고추 등을 먹은 후 발생하는 것으로 본다. 〈똥꼬얼큰 똥〉이라고도 한다.

— anonymous

▶ 원산폭격 똥
나 애 낳나 바 똥이나 국민체조 똥이랑 유사하나 속에서 제련되고 퇴적되어 시작점(대가리)이 똥고의 한계를 넘는 똥으로 분출을 위해서는 눈물나는 인내심이 필요하며 앉은 자세에서 수없이 머리를 땅으로 내리고 똥고를 하늘로 올려 분출압으로 생기는 똥고의 고통을 덜어주어야 하는 아주아주 무서운 똥! 벗뜨!!! 두저미고 자세로도 분출은 어려우며 화학작용제(관장약)의 투척으로 비로서 선혈이 낭자한 결과물을 기대할 수 있다. 참고로 이 똥은 돌만큼 단단하다. 가히 똥의 제왕이다. 일명 피바다 똥 또는 왕돌 똥. — 주의사항 : 이 똥은 양

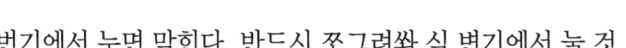

번기에서 누면 막힌다. 반드시 쪼그려쏴 식 변기에서 눌 것.

- dotong@gstel.com

▶ 가지 마 형 똥
똥을 다 눴다 싶어 일어나 휴지질하고 손까지 씻고 나오려는데 다시 나올 것 같아 변기에 앉을 수밖에 없는 똥.

▶ 환경운동연합 똥
술먹고 난 다음 날 속이 불편한 상태에서 갈기면 반설사로 나오는 똥인데 소화가 덜 된 짙은 녹색의 건데기가 둥둥 떠 다니는 똥.

- anonymous

이외에도 몇 분 참여하였으나 완성도가 부족하거나 지나치게 엽기적이라 지면에 싣지 못했다. 죄송하다.

너무도 많은 똥들이 애타게 캐릭터가 부여되길 기다리고 있으며 즐겁고 명랑한 사회 구현이 힘든 것이 아니고, 매일 반복되는 일상을 약간만 다른 시각에서 바라보기 시작하는 것으로도 명랑사회는 우리 앞에 성큼 다가올 수 있다. 똥 캐릭터 부여하기 국민운동에 참여하고 픈 사람들은 이쪽에 와서 [똥]이란 말머리를 달고 자신만의 똥 캐릭터를 서술하기 바란다.

- 똥에 캐릭터 부여하여 명랑사회 앞당기기 운동 추진본부

우리 형...

월말의 은행창구는 참 붐빈다.

오늘은 선명회 후원아동에게 후원금을 부치는 날이다. 그동안은 자동이체로 후원금을 냈었는데 지난 달에 자동이체에서 지로로 바꿨다. 대기표를 받고서 북적대는 사람들을 물끄러미 바라보며 조금은 지루한 시간을 보내고 있다. 물론, 자동이체가 편하긴 하지만... 형도 나처럼 이렇게 지루해 했을까?

아마 아닐 것 같다. 오늘에서야 나는 왜 형이 그 손쉬운 이체로 하지 않고 그렇게 고집스럽게 한 달마다 꼬박꼬박 지로용지를 썼었는지 형의 마음을 조금은 알 것 같기도 하다.

우리 형은 언청이였다. 어려운 말로는 구개열이라고도 하는데 입천장이 벌어져서 태어나는 선천성 기형의 한 종류였다. 세상에 태어난 형을 처음으로 기다리고 있던 것은 어머니의 따뜻한 젖꼭지가 아니라 차갑고 아픈 주사바늘이었다.

형은 태어나자마자 수술을 받아야 했고 남들은 그리 쉽게 무는 어머니의 젖꼭지도 태어나고 몇 날 며칠이나 지난 후에야 물 수 있었다. 형의 어렸을 때 별명은 방귀신이었다. 허구헌 날 밖에도 안 나오고 방에서만 시간을 보냈기 때문이었다. 하기는 밖에 나와봐야 동네 아이들의 놀림감이나 되기 일쑤였으니 나로서는 차라리 그런 형이 그저 집안에만 있어주는 게 고맙기도 했다.

나는 그런 형이 창피했다. 어린 마음에도 그런 형을 두고 있다는 사실이 부끄럽게 느껴졌다. 형은 초등학교에 입학하기 전에 두 번째 수술을 받았다. 비록 어렸을 때였으나 수술실로 형을 들여보내고 나서 수술실 밖 의자에 꼼짝 않고 앉아 기도드리던 어머니의 모습은 지금도 잊혀지지가 않는다. 형을 위해서 그렇게 간절한 기도를 올리고 있는 어머니를 보니 은근히 형에 대한 질투심이 들었다. 어머님이 그렇게 기도드리던 그 순간만큼은 저 안에서 수술받고 있는 사람이 형이 아니라 나였으면 하고 바랬던 것 같기도 하다.

어머니는 솔직히 나보다 형을 더 좋아했다. 가끔씩 자식들의 어린 시절을 회상하시는 어머니의 말씀 속에서 항상 형은 착하고 순한 아이였고 나는 어쩔 수 없는 장난꾸러기였다.
"그네를 태우면 형은 즐겁게 잘 탔었는데 너는 울고 제자리에서 빙빙 돌다가 넘어지고 그랬지…"

형은 나보다 한 해 먼저 초등학교에 입학했다. 수술 자국을 숨기기 위해 아침마다 어머니는 하얀 반창고를 형의 입술 위에다가 붙여 주시곤 했다. 나 같으면 그 꼴로는 도저히 창피해서 학교에 못 갈 텐데 형은 아무 소리도 않고 매일 아침 등교길에 올랐다. 형이 학교에서 어떻게 지냈는지는 잘 몰랐지만 아마 고생깨나 하고 있었던 것 같다.

언제부턴가 형에게는 말을 더듬는 버릇이 생기고 있었다. 나는 그런 형을 걱정해주기는커녕 말할 때마다 버벅거린다고 '버버리'라고 놀리고 그랬다. 형이라는 말 대신 버버리라고 불렀고 내딴에는 그 말이 참 재미있는 말로 생각되었다. 어머니가 있는 자리에서는 무서워서 감히 버버리란 말을 못 썼지만 형하구 단둘이 있는 자리에서는 항상 버버라 버버라 이렇게 부르곤 했다.

형은 공부를 잘했다. 항상 반에서 1등을 하였다. 비록 한 학년 차이가 나긴 했지만 형의 성적표는 나보다 항상 조금 더 잘 나오곤 했다. 어쩌면 그런 형을 질투하고 시기하는 마음에서 더 그런 말을 쓰고 했었는지도 모른다.

언젠가 형이 어머니에게 무진장 매맞은 적이 있었다. 그러니까 내가 초등학교 2학년 때였다. 그때 나는 그 당시 내 또래의 다른 아이들과 마찬가지로 한창 만화와 오락에 빠져 있었는데 항상 용돈이 부족했다. 그래서, 매일밤 어머니의 지갑에서 몇 백원 씩을 슬쩍 하고는 했었는데 그러다 어느 날은 간 크게도 어머니의 지갑에서 오천 원이나 훔쳐서 (그 옛날 오천 원은 참 큰돈이었다) 텔레비전 위의 덮개 밑에 숨겨 두었는데 그게 그만 다음날 아침에 발각이 되고 말았다.

어머니는 당연히 나를 의심했다. 어머니는 무서운 분이었다. 게다가 그 며칠 전부터 돈 문제로 고민하고 계셨던 어머니였던지라 두려운 마음에 나는 절대 그런 적이 없었다고 철저하게 잡아뗐다. 다음에 어머니는 형을 추궁했다. 형은 처음에는 무슨 영문인 줄 몰라 했다. 찰라의 순간이었지만 나는 염치없게도 형의 대답에 한가닥 희망을 걸고 그 위기를 빠져나오기를 고대하고 있었다.

그런 나를 잠시 바라보더니 형은 어머니에게 잘못했다고 말했다. 어머니는 믿었던 형이었기에 더욱더 화가 나셨고 나는 죽도록 어머니에게 매맞고 있던 형을 그저 바라보고 있을 수밖에 없었다. 형이 그렇게 매를 맞는 모습을 보니 철없던 내 마음에도 형에게 그렇게 미안할 수가 없었다.

어머니가 방을 나가버리고서 방 한구석에 엎드려 있던 형에게 가까이 다가가 보았더니 형은 숨조차 고르게 쉬지 못하고 사시나무처럼 몸을 떨고 있었다. 그후 얼마 동안은 형에게 버버리라는 말도 안 하고 고분고분 지냈다. 그러던 어느 날 우리 동네에 젤루 쌈 잘하던 깡패 같은 녀석이 형을 괴롭히고 있는 것을 보았다.

그 녀석은 형하구 나이가 똑같았는데 질 나쁘기로 소문난 녀석이었다. 나는 형에게 빚진 것도 있던 만큼 형을 위해서 그 자식과 싸웠다. 싸우다가 보니 그 녀석의 코에서 피가 흐르고 있었다. 원래 애들 싸움은 먼저 코피나는 쪽이 지는 것인지라 나는 기세등등하게 그 녀석을 몰아붙이기 시작했는데 형이 갑자기 나를 말리는 것이었다.

나는 한창 싸움이 재미있던 판에 형이 끼어들자 화가 버럭 났다. 하지만, 지은 게 있던지라 아무 말 하지 않고 물러서고 말았다. 그런데, 웬일인지 그 후로 그 깡패녀석과 형이 아주 친해지기 시작했다. 형은 사람을 아주 편하게 해주는 구석이 있었다. 사실 나는 형의 그런 면이 마음에 안 들었다.

그런 면 때문에 내가 어머니한테 귀여움을 더 못 받고 있었다고 생각했기 때문이었다. 형과 그 깡패녀석의 집에 놀러간 적이 있었는데 그 녀석이 장롱 밑에서 담배갑을 꺼내더니 형하고 나한테 권하는 것이었다. 그때 담배라는 걸 처음 피워 보았다. 형과 나는 콜록콜록 대며 피웠는데 그걸 본 그 깡패자식이 좋아라 웃던 기억이 난다.

형은 초등학교 5학년 때 세 번째 수술을 받았다. 그후로는 입술 위에 반창고 붙이는 짓은 그만두게 되었다. 그래도 여전히 말더듬는 버릇은 잘 고쳐지지 않았다. 언제부턴가 나는 다시 형에게 버버리란 말을 쓰기 시작했다. 그러다가 TV에서 '언청이'란 말을 처음 듣게 되었다. 처음에는 그 말이 무슨 뜻인지 잘 몰랐는데 얼마 후에 그 말이 바로 우리 형과 같은 사람을 뜻하는 것이라는 걸 알게 되었다. 나는 그런 희귀한 단어를 알게 된 게 참 신기했다.

그리고, 며칠 후 형에게 버버리 대신 언청이라는 말을 썼다. 그 말을 들은 형은 마치 오래 전부터 그 말을 알고 있었던 것처럼 담담한 표정으로 듣고 있더니 내 머리에 꿀밤을 먹이면서 "그 말을 이제 알았구나?" 하며 웃어주었다. 왠지 그런 형에게 조금은 미안한 마음이 들어 형에게 다시는 언청이라는 말을 쓰지 않았다. 그러고 보면 나도 그렇게 나쁜 놈은 아니었나보다.

내가 초등학교 5학년 다닐 적 어버이날이었다. 학교를 파하고 집에 돌아왔는데 어머니가 방 안에서 소리없이 울고 계시는 모습을 보았다. 무슨 편지 같은 걸 읽으시면서 울고 계셨다. 어머니는 잠시 후 그 편지를 조금은 초라하게 생긴 어느 핸드백 안에 넣으셨다. 나는 어머니가 방을 나가신 후 몰래 들어가 그 핸드백을 열어 보았다.

그 안에는 조금 빛바랜 편지부터 쓴 지 얼마 안 되어 보이는 편지까지 있었다. 나는 어머니가 지금 막 읽으셨던 듯한 편지를 꺼냈다. 형이 쓴 편지였다. 형이 매해 어버이날마다 썼던 편지를 어머니는 그렇게 모아놓고 계셨던 것이었다.

편지 내용을 읽어보고는 나는 왜 그토록 어머니가 형을 사랑하고 형에게 집착하는(그때 나에게는 어머니의 형에 대한 사랑이 집착으로 느껴졌다)지 조금은 이해하게 되었다. 만약 내가 형처럼 태어났다면 나는 나를 그렇게 낳은 부모를 원망하고 미워했을 텐데 형은 그 반대였다. 오히려 자기가 그렇게 태어남으로 해서 걱정하고 마음 아파하셨을 어머니에게 용서를 빌고 또 위로하고 있었다.

어느덧 한 해가 또 지나고 형은 중학교에 입학하게 되었다. 그 다음 해 나도 중학교에 올라갔는데 한집에서 살고 있음에도 형과 나는 다른 학교를 배정받았다. 형은 중학교에 올라가서도 항상 1등을 했다. 나도 공부를 꽤 잘하는 편이었는데 항상 형보다는 조금 못했다.

그런데, 언제부터인가 형이 일기를 쓰고 있다는 사실을 알게 되었다. 가끔씩 형의 일기를 훔쳐보곤 했는데 형은 시인이었던 것 같다. 형이 지은 시는 이해하기가 참 쉬웠다. 교과서에 실린 시들처럼 복잡한 비유나 은유 같은 것도 없었고 아무리 무식한 사람이 읽어도 무슨 뜻인지 알 수 있을 그런 시를 많이 썼다. 그런데, 읽고 있으면 나도 모르게 눈물 한방울이 맴도는 그런 시들이었다. 나는 형이 썼던 시들을 참 좋아했던 것 같다.

형의 영향으로 나는 고등학교에 진학해서는 '쌍밤'이라는 문학써클에 가입하게 되었다. 연합써클이라 여학생들도 참 많았다. 한집에 사는데도 불구하고 중학교는 형과 다른 곳을 다녔는데 고등학교에서는 형과 한 학교를 다니게 되었다. 나는 또 고등학교 때 갑자기 키가 부쩍 자라 형보다 10cm는 더 크게 되었다.

게다가 나는 얼굴도 어디를 가도 빠지지 않을 정도로 잘생겨서 여학생들에게 인기가 많았다. 나는 형이 불쌍했다. 키도 작지, 그렇다고 얼굴이 잘생겼기를 하나, 말을 잘하나, 형을 보며 나는 무언가 우월감 같은 것을 느끼기 시작했다. 하지만, 그런 거에 형은 전혀 무감각했다. 마치 이 세상 사람이 아닌 것처럼 보였다.

어느 맑은 가을날이었다. 집을 나서는데 참새 한 마리가 대문 앞에 죽어 있었다. 나는 얼굴을 잔뜩 찡그리고 다시 집안으로 들어가서 착한 일 한답시고 빗자루와 쓰레받기를 들고 나왔다. 참새를 쓸어 담아 쓰레기통에 버리려고 했다. 그때 형이 대문을 나왔다.

나는 형이 칭찬을 해줄 것으로 알고 잔뜩 기대했는데 형은 모처럼 착한 일 하려고 하는 나를 만류했다. 그러더니, 손수건을 꺼내 그 죽은 새를 담더니 집 뒤의 야산으로 올라가는 것이었다. 나는 학교에 늦을까봐 미리 집을 나섰다.

형은 그날 지각을 해서 운동장에서 기합을 받았다. 팍팍한 다리를 두드리며 올라오는 형에게 참새는 어떻게 했냐구 물어보니까 뒷산 양지바른 곳에 묻어주고 왔다고 했다. 그러면서, 참새를 묻고 나서 기도를 했다고 했다. 나는 내심 그깟 죽은 새 한 마리 땅에 묻고 나서 기도는 무슨 기도냐며, 그래도 궁금해 형에게 뭐라고 기도했냐구 물었더니 형은 슬픈 얼굴로 대답했다. '만약 이 다음 어느 생엔가 내가 오늘의 너처럼 어느 집 앞에 쓸쓸히 죽어 누워있으면 그때는 니가 나를 거두어주렴...'

형은 고등학교 2학년 겨울에 또 수술을 받았다. 정말 그놈의 수술은 끝이 없는 것 같았다. 어머니 말로는 형의 수술비로 집 한 채 값이 날아갔다고 한다. 우리집은 가난했었다. 초등학교 때까지는 일 년에 두 번씩 이사를 다녔다. 우리집을 가지는 게 소원이었다. 거기다가 형의 수술비까지 대느라 언제나 쪼들렸다. 아버지가 벌어오시는 것으로는 어림도 없었다.

어머니는 언제부터인가 돈놀이에 관심을 가지기 시작하셨다. 쉽게 말해서 고리대금업이었는데 어머니는 악착같이 돈을 모으셨다. 채무자들을 어쩔 때는 참 심하다싶게 몰아세우시기도 했다. 부동산에도 손을 대셔서 지금 있는 집도 장만하시고 그러셨다. 어머니는 참 지독하셨다. 그리고, 너무 돈에 집착하고 그랬다. 극장도 한번 안 가셨다. 극장가서 영화볼 돈 있으면 차라리 맛있는 걸 사먹는 게 낫다는 주의셨다.

그런 어머니를 보며 형은 항상 마음 아파했다. 자기 때문에 어머니가 저렇게 되셨다는 것이었다. 형은 어머니에게 누가 될 만한 일은 한 번도 해본 일이 없었다. 적어도 내 기억에는 그랬다. 하지만, 그런 형에게도 어머니에게 마음에 들지 않는 점이 하나 있었다. 형은 거의 돈을 쓰지 않았는데 그런 형도 돈을 쓰는 곳이 한 군데 있었다. 길에서 거지를 보면 없는 돈에도 항상 얼마씩을 주고는 했다. 그냥 지나치는 법이 없었다.

내가 옆에서 아무리 저런 사람들 도와줘 봤자 하나 소용없는 짓이라고 설교를 해도 소용이 없었다. 그런 형에 대해서 어머니에게 이르면 어머니는 형을 참 걱정스러운 눈으로 바라보고는 하셨다. 돈이라는 게 얼마나 피나게 모아야 하는 건데 저느냐는 것이었다. 어머니는 형에게 항상 무서운 세상에 대해서 말하시곤 했다. 그러시면서, 말끝머리에는 항상 이런 말을 붙이셨다.
"너는 공부 못 하면 시체야..."

형은 시체가 되지 않기 위해서 그렇게 공부를 열심히 했던 것일까...? 그랬던 것 같지는 않다. 지금까지 형이 자기 자신 때문에 뭘 걱정하는 걸 본 적이 없었으니까...

나는 여자들에게 인기가 많았다. 곁에 항상 여자가 많아서 용돈이 부족하고는 했다. 좀 부족하긴 했지만 어렸을 적처럼 어머니 지갑을 뒤지진 않았다. 형이 나 때문에 그렇게 모진 매를 맞았었는데 어떻게 그런 짓을 또 할 수 있겠는가?

그 다음해 겨울 우리집에 경사가 하나 났다. 형이 대학에 합격한 것이었다. 그런데, 형은 서울의 좋다하는 대학을 다 마다하고 지방에 있는 P공대를 지망해서 합격했다. 나는 참 알 수가 없었다. 서울이 얼마나 놀기가 좋은데 그 외진 데까지 찾아가는지 이해가 안 되었다.

형이 서울을 떠나던 날... 나는 그때까지 어머니가 그렇게 많은 눈물을 보이시는 건 처음 봤다. 형이 떠난 아침부터 저녁 때까지 손수건이 눈에서 떨어지지를 않았다. 그런 어머니가 보기 싫어 그날은 혼자서 시내를 배회하다가 집에 돌아왔다. 있을 때는 잘 몰랐는데 형이 없어지니까 집안이 텅 빈 듯한 느낌이 들었다.

형은 자주 편지를 썼다. 그리고, 어버이날마다 선물을 들고 집에를 찾아오곤 했다. 그런데, 재미있는 점은 형은 어머니 생일날에는 선물을 하지 않았다. 꼭 어버이날에 그렇게 선물을 들고 오곤 했다. 참 아직까지 말하지 않은 게 하나 있는데 형하고 어머니는 생일이 같다. 어머니 말로는 예정일을 보름이나 당겨서 태어나면서 어머니의 생일에 태어났다고 한다.

그리고, 띠까지 같았다. 그렇게 되기도 참 힘들 거 같은데 어쨌든 형하고 어머니는 전생의 인연이 참 깊었었나보다. 형은 어머니 생일날 태어난 걸 항상 어머니에게 미안하게 생각했다. 즐거워야 할 어머니의 생일날 자신이 그렇게 끔찍한 모습으로 태어나 어머니를 슬프게 한 것이 그렇게 마음에 못이 되었었나보다. 그러고보니 형에게는 백일 사진도 없고 돌 사진도 없다.

언젠가는 형이 어버이날, 어머니 선물로 비싼 지갑을 사온 적이 있었다. 어머니도 참 그 선물을 보시고는 대뜸 하신다는 말씀이 "지갑은 벌써 하나 있는데 가서 다른 걸루 바꿔올 수 없나?" 그런 말을 하시는 어머니를 보며 형은 그저 빙그레 웃기만 했다. 하지만, 어머니는 그 후 그 지갑을 항상 지니고 다니셨다. 마치 형의 분신이라도 되는 것처럼...

형은 대학교 2학년 겨울에 또 수술을 받았다. 정말 끝이 없을 거 같던 형의 수술도 그게 마지막이었다. 그때는 집안도 넉넉해져서 형의 수술비용이 별로 부담이 되지 않았다. 그런데, 수술 일자가 개강과 이상하게 맞물려서 형은 할 수 없이 한 학기 동안 휴학을 하게 되었다. 어머니는 무척 기뻐하셨다. 형의 얼굴도 많은 수술 덕분인지 약간의 수술 자국을 제외하고는 어느새 정상이 되어 있었다.

하지만, 솔직히 말해 형과 20년 넘게 살아 오면서 형의 얼굴이 이상하다는 생각을 해본 적은 별로 없었던 것 같다. 한편, 학력고사에 한번 낙방했던 나도 힘든 재수 끝에 용케 Y대에 입학할 수 있었다. 그해 3월부터 8월까지 우리집은 참 행복했다. 나는 어머니에게 어렸을 적 형이 매맞았던 사건에 대해 사실대로 말씀드렸고 어머니는 마치 그럴 줄 알았다는 듯이 웃으시며 형과 나를 바라보셨다.

형은 밤마다 어머니가 잠드실 때까지 어깨며 팔다리를 주물러 드리고는 했다. 어머니는 나보다 형이 주물러 드리는 걸 더 좋아하셨다. 형이 안마를 해주면 그렇게 편하고 좋을 수가 없다는 것이었다. 아마 어머니는 사하라 사막 한가운데라도 형만 옆에 있으면 행복해 했을 것이다. 매일같이 웃음꽃이 피었다.

8월이 되자 형은 복학을 했다. 어머니는 떠나는 형을 보내기가 못내 아쉬웠던지 한 학기 더 휴학하면 안 되느냐고 말했다. 형은 어머니의 손을 꼭잡고 언제까지나 어머니 곁에 있을 거라고 말했다. 그러더니 포항으로 떠나버렸다. 그렇게 몇 달이 흐르고 있었다. 날짜를 세어보니 조금 있으면 어머니의 생일이자 형의 생일이겠구나 싶었다.

어머니의 생일이 일주일 정도 남았을 때 그날은 왠지 기분이 참 안 좋았다. 어머니는 나보다 더 심하게 느끼시는 것 같았다. 어머니 말씀이 마치 심장이 위로 올려붙는 것 같은 느낌이 든다고 말하셨다. 그리고 숨을 거칠게 몰아쉬셨다. 나는 어머님이 어디가 편찮으셔서 그러는가 생각했는데 어머니는 형을 걱정하고 계셨다.

아무래도 형에게 무슨 일이 생긴 것 같다는 것이었다. 그렇게 하루 종일 초조하게 보내시던 어머니가 전화 한 통을 받으시더니 금세 얼굴이 새하얗게 변해버렸다. 형이 교통사고를 당했다는 것이었다. 어머니와 나는 부리나케 형이 있는 포항으로 내려갔다.

의사선생님 말이 머리에서 피를 너무 많이 흘려 소생할 가망이 없다는 것이었다. 오히려 지금까지 숨이 붙어 있는 게 기적이라고 말했다. 하얀 시트를 가슴 위까지 덮은 형이 얼굴에 산소마스크를 하고 누워 있는 모습이 보였다. 형의 머리맡에 놓여진 오실로스코우프에는 간신히 이어지고 있는 형의 맥박이 보였다.

어머니는 초점이 흐려진 눈동자로 하염없이 눈물을 흘리시면서 한걸음 한걸음 형에게 다가가셨다. 그러시더니 떨리는 두손을 모아 누워 있는 형의 손을 꼭 잡으셨다. 그 순간이었다. 연약하게 뛰던 형의 맥박이 조용히 긴 수평선을 그리기 시작했다. 마치 사랑하는 어머니를 여태 기다리다가 그제서야 안심하고 떠나는 것처럼…

차도를 무단 횡단하던 어떤 어린 여자아이를 트럭이 덮치려는 순간, 형이 그 앞에 뛰어들었다는 것이었다. 다행히 여자아이는 팔을 조금 다치고 말았는데 형은 트럭에 치이고 나서 머리를 땅에 부딪히고 말았다고 한다. 어머니는 슬픔에 넋이 나가버렸는데 나는 그 순간 묘하게도 '참 형다운 최후였구나…' 하는 생각이 들었다. 하느님이 천사를 그렇게 오랫동안 지상에 내버려 두지는 않을 테니까 말이다. 그런 말도 안되는 생각을 한동안 하며 통곡을 하고 계신 어머니 옆에 넋이 나간 채 서 있었다.

그 다음 며칠 동안 우리집은 무덤과도 같았다. 어머니는 음식은커녕 물조차 드시지 않았다. 그런 어머니의 모습을 보니 한편으로는 그렇게 떠난 형에게 한없이 원망하는 마음이 생기기도 했다. 어머니는 사흘째 되던 날부터는 온몸에 열꽃이 피기 시작했다. 참 지독한 열병이었다. 급히 의사를 불렀지만 의사는 영양제를 놓아주면서 환자 스스로 일어나야지 별다른 수가 없다는 말을 했다.

나는 어머니에게 산사람은 어쨌든 살아야할 거 아니냐고 설득했지만 어머니는 못 듣는 것 같았다. 시간이 흐르자 이제는 지쳐서 더 우시지도 못하고 그냥 멍하니 누워만 계셨다. 그리고, 밤이 되면 다시 고열에 시달리시고는 했다. 나는 두려운 생각이 들었다. 어머니는 마치 자신의 생일날, 아니 형의 생일날에 맞춰 돌아올 수 없는 저 먼 곳으로 형을 따라 가시려는 것 같았다. 어떻게 할 도리가 없었다.

드디어 어머니의 생일날이, 형의 생일날이 돌아왔다. 그날 아침 눈을 떠보니 밤새 눈이 내렸었는지 온 세상이 하얗게 반짝이고 있었다. 그리고, 어머니와 평소 친했던 동네 아주머니들이 어머니를 위로하려고 한분 두분 모여들었다. 아주머니들은 다들 한마디씩 위로의 말을 건네지만 어머니는 눈조차 감으신 채 아무말도 못 듣는 것 같았다. 나는 거의 자포자기 상태로 빠져들었다. 그러던 그날 오후였다. 초인종소리가 들렸다.

나는 또 어느 동네아주머니겠거니 하고 대문을 열어주었다. 그런데 정말 태어나서 그런 광경은 처음 보았다. 수백 송이의 꽃들이었다. 이제껏 그렇게 많은 꽃을 본 적이 없었다. 배달하는 사람들도 이렇게 많은 꽃을 배달해 보기는 처음이라는 말을 했다. 하얀 눈밭 위에 수백 송이의 아름다운 꽃들이 펼쳐져 있었다.

정말 황홀하도록 아름다운 풍경이었다. 누가 보냈는가 보았더니 바로 형.이.었.다. 어머니가 어느새 나오셔서 그 광경을 보시고 계셨다. 어디서 그런 기력이 다시 생기셨는지 애써 문틀에 의지하며 서 계셨다. 나는 형이 남긴 짤막한 생일축하 메시지를 어머니에게 보여드렸다.

"어머니, 오래오래 행복하게 사셔야 돼요. 언제까지나 언제까지나 어머니 곁에서 함께 할 겁니다."

어머니의 눈가에 마른 줄 알았던 눈물이 다시 조용히 번지기 시작했다. 언제 꽃배달을 시켰는가 보았더니 자신이 교통사고를 당하기 바로 전날이었다. 생일에는 절대 선물을 하지 않던 형이... 꽃 같은 것은 관심에도 없으셨던 어머니에게 이렇게 많은 아름다운 꽃들을 어머니의 생일 바로 자신의 생일에 보내온 것이었다. 그때 문득 마당에서 맴돌고 있는 참새 한 마리를 보았다.

언제부터 그러고 있었는지는 모르고 있었는데 참새 한 마리가 마당에 앉아 있었다. 내가 자신에게 관심을 보이는 걸 알았는지 참새는 날갯짓을 파닥거리며 날아올라 마당을 한 바퀴 휘 돌더니 하늘 높이 날아오르기 시작했다. 여태까지 나는 그렇게 높이 나는 참새를 본 적이 없다. 그렇게 아득히 날아오르더니 하늘 끝으로 사라져버렸다.

그날 이후 어머니는 조금씩 기력을 다시 찾기 시작하셨다. 그런데, 어머니의 눈빛이 바뀐 걸 알게 되었다. 옛날에는 항상 돈에 얽매이고 근심이 가시지 않던 어머니의 눈빛에 한없는 평화가 감돌고 있었다. 그리고 어머니는 결혼하시고는 나가시지 않았던 성당을 다시 다니시기 시작하셨다.

원래 어머니는 결혼하시기 전에는 독실한 천주교 신자였다고 한다. 세례명인가 영세명인가 잘은 모르겠지만, 어머니의 세례명이 '아네스'였다는 것도 그때 처음 알았다. 아참! 형의 유품을 정리하다보니 형이 선명회라는 단체에 가입하여 한 어린이를 돕고 있었다는 것을 알게 되었다. 지금 그 아이의 후원자는 바로 나다. 평생에 내가 누군가를 돕는 거 같은 걸 하게 될 줄은 몰랐다.

한 달에 한 번씩 지로로 후원금을 부쳐주고는 한다. 그동안은 자동이체로 했는데 그러다 보니까 내가 누군가를 후원하고 있다는 사실조차 까맣게 잊고 지내기가 일쑤였다. 그애하고 만나봤는데 그애 말이 형은 크리스마스나 그애 생일뿐만 아니라 새학기가 시작하면 학용품도 사서 부쳐주고 편지도 자주 써주고 그랬단다.

그애는 형이 참 보고 싶다며 지금 형은 어디 있느냐고 물었다. 나는 차마 형이 죽었다는 말은 할 수 없었다. 사정이 있어서 저 하늘 너머 먼 나라에 가 있다고만 말해 주었다. 이런 저런 이야기를 나누다 다음에 다시 만나기로 약속하고 뒤돌아 걸어가는데 뒤에서 그애의 목소리가 내 귓전을 때렸다.

"그렇게 좋은 형과 한집에서 매일같이 사시니 얼마나 행복하세요?"

바보같이 그제서야 나는 깨닫게 되었다. 형과 지낸 지난 20여 년간의 시간이 얼마나 행복했었는가를...나는 왜 그렇게 어리석었던가... 아이에게 무어라 대답을 해주어야 할 텐데 갑자기 목이 메여오기 시작했다. 그 순간 언제나 나에게 따뜻한 미소를 보내주던 형의 다정한 얼굴이 떠올랐다.

내가 매일같이 동네 아이들과 어울렸을 때 혼자서 방을 지키던 우리 형은 얼마나 외로웠을까? 학교에서 아이들에게 괴롭힘을 당해 말까지 더듬어대던 우리 형에게 위로의 말은커녕 그보다 더 괴롭히기만 했던 나는 나쁜 동생이 아니던가? 그런 못된 동생을 위해서 매까지 대신 맞아주던 착한 우리 형...

아이에게 눈물을 보이지 않으려 애쓰며 천천히 돌아서서 아이에게 이렇게 말했다.

"그럼 얼마나 행복했는데... 그렇게 좋은 형이 있어서 나는 참 행복하단다."

하지만, 아이와 눈이 마주친 순간 눈앞이 부옇게 흐려지고 말았다.

드디어 전광판에 내 대기번호가 찍혔다. 나는 천천히 앉아 있는 은행원 앞으로 걸어가서 선명회 지로용지와 후원금을 내밀었다. 은행원은 사무적으로 도장을 몇 번 쾅쾅 찍더니 영수증을 나에게 건네주었지만 영수증을 받아든 순간 나는 왠지 형의 따뜻한 체온이 느껴지는 듯해서 몇 번이고 영수증 종이를 어루만져 보았다.

은행문을 나서니 토요일 오후의 따뜻한 햇살이 나를 반겨주고 있다. 나는 솔직히 이 애한테 형이 했던 것처럼 할 자신은 없다. 그래도 한 번 열심히 노력해볼 생각이다.

그래야 천사의 동생이 될 자격을 갖게 될 테니까…

- 임영윤 / 하이텔 글맛사모 시삽

오토바이를 탄 할부지...

세상에서 제일 존경하는 커플이다. 맞벌이 하시던 부모님 대신 어린 시절 나를 거의 키우신 분들이라 내겐 더욱 각별한 분들이다.

할무이와 할부지, 도대체가 이 두 분이 싸우시는 걸 한 번도 본 적이 없길래 언젠가 엄니한테 물어본 적이 있었다.

"난 아직 한 번도 두 분이 싸우시는 거 못 봤는데, 나 태어나기 전에 두 분이 싸우신 적 있어요?"

"나도 못 봤다... 아무도 못 봤을 껄..."

"그래서 직접 할무이께 여쭤 본 적이 있다.

"할무이 두 분이 싸우신 적 없습니꺼?"

"아무리 싸울라 케도 저 영감이 실실 웃으면서 상대를 안 해준다..."

참 기가 막히게 사신 분들이다. 50년 이상을 같이 사시면서 어째 단 한 번도 큰소리로 싸우신 적이 없으실까... 나도 결혼해 살아보니까 알겠는데 그건 정말 기적이다. 결혼하신 분들은 다들 동감하시리라.

그런 할무이가 3년 전에 돌아가셨다.

돌아가시기 전 3개월 동안은 아무도 못 알아보시고 알아듣지 못할 말씀만 하시더니 한 달 넘는 출장 출발 바로 전날 뵈러 갔더니 그 날 만은 신기하게도 날 알아보시는 거였다.

"주니 아이가... 어데 가나..."

그 말씀을 하신 5초 동안이 지난 3개월 동안 의식이 돌아오신 유일한 순간이었다. 그리고 출장 떠난 바로 다음날 돌아가셨다.

나한테 작별 인사하신 것이었다...

선산은 너무 멀어 자주 찾아갈 수 없다고 바로 뒷산에 묻어야 한다고 부득부득 우기신 할부지 덕분에 산소는 가까웠다. 출장에서 돌아와 혼자 할무이 산소를 찾았을 때...

정말 원망스러웠다.

하루만 일찍 가시지... 아님 좀만 기다리시던지... 좀만 더 있으면 나 결혼하는데... 결혼할 때 업어드린다고 내가 어릴 적부터 노래를 불렀는데...

씨발 씨발... 그러면서 막 울었다. 누구를 향한 욕인지 원망인지... 근데 산소 바로 옆에 웬 철제 의자가 하나 있었다. 좀 이상하긴 했지만, 그냥 그런가 보다 하고 넘어갔다.

그 이후 할부지가 갑자기 오토바이를 한 대 사셨다. 참내... 팔십줄의 노인네가 웬 오토바이냐고 다들 말렸지만 워낙 똥고집으로 유명하신 분이라 결국 사셨다.

그리고 하루에 한두 번씩 그 오토바이를 타고 어딘가를 갔다 오시는 거였다. 여쮜봐도 대답도 안 하시고 말이다. 팔십대 노인네가 오토바이를 끌고 어디론가 휑하니 가셨다 한 시간쯤 있다 오고 그러시는 것이었다. 경로당에 장기두러 가시나 했다...

그러다 올해 초 하던 일이 하도 잘 안 되고 답답하길래 혼자 기차 타고 내려와 할무이 산소를 찾았다. 워낙 날 좋아하셨기 때문에 답답할 때 할무이 산소를 찾으면 마음이 편해지곤 했기 때문이다. 집에 안 들리고 산소부터 가서 한 10분쯤 있다가 내려가려는데 갑자기 오토바이 소리가 들리는 것이었다.

이상하다... 했는데 아니 할부지인 것이다.

나무에 가려 그때까지 날 발견하지 못하신 것 같았는데, 오토바이를 보자마자 나도 모르게 나무 뒤로 숨었다. 왜 그랬는지는 나도 잘 모르겠다.

여하간 나무 뒤에 숨어 있는데 오토바이를 타고 와선 그 철제 의자에 털썩 앉으시는 거였다. 그러더니 후두암으로 성대 제거 수술을 해서 잘 나오지도 않는 목소리로 중얼중얼 이야기를 시작하셨다.

무슨 말씀을 하시나 가만히 듣고 있자니, 그날 있었던 일들을 하나하나 들려주고 계신 것이었다. 마치 할무이가 살아계신 것처럼...

"오늘 아 글쎄 이런 일이 있었어... 내가 그래서 이렇게 했어..."

간혹 웃기도 하시면서, 그렇게 한 30분을 '보고' 하시더니 기지개를
한번 펴시고는 오토바이를 다시 끌고 내려가셨다.

주저앉아 얼마나 울었는지 모르겠다. 오늘 낮에도 오토바이를 타고
가시는 할부지 뒷모습을 봤다...

씨발...
왜 욕이 나오는지는 나도 모르겠다...
지금도 눈물이 난다...

할무이든, 부모님이든, 마누라든, 애인이든...
옆에 있을 때 잘하자...

— 딴지 문화부 기자

저두가능할까여?
함 해봅시다.

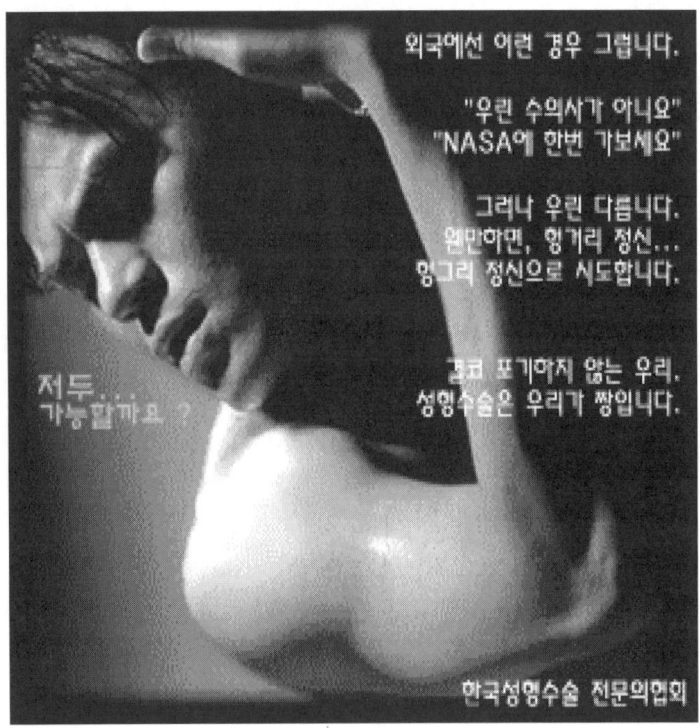

정보통신·과학

[과학연재] Mazinger Z에 대한 考察 (1)

폭로! TITANIC의 眞實 (上)

폭로! TITANIC의 眞實 (下)

광고 / 일찍 일찍 잡아줘야 함다

http://ddanji.netsgo.com

과학연재
Mazinger Z에 대한 考察 (1)

무쇠팔, 무쇠다리 로켓트 주우먹~ 목숨이 아깝거덩 모두 모두 비켜라~ 마징가~ 쇠돌이~ 마징가아아~ 젯!

마징가 Z와 쇠돌이, 그리고 젖통이 미사일로 발사되는 엽기적인 필살기를 가졌던 여성 로봇 아프로디테 A...

IMF시대를 맞아 에너지 교육상 몇 가지 문제점이 발견되어 이 마징가 Z를 에너지관리공단과 함께 철저 해부한다...

정보통신 · 과학

폭로! TITANIC의 眞實 (上)

전 세계를 휩쓴 대작 타이타닉...

우리 나라에선 금모으기와 비교해서 외화 유출을 염려, PC통신상에서 영화 안보기 운동까지 벌어지게 만들었던 바로 그 타이타닉의 숨겨진 비밀을 하나 하나 밝힌다.

놀라지들 마시라...

지구상에 거의 아는 사람이 없는 타이타닉에 얽힌 몇 가지 엄청난 비밀이 있다. 그 비밀을 본지가 과감히 밝히는데...

폭로! TITANIC의 眞實 (下)

은폐된 진실은 여차하면 인류번영을 가로막고 우주 평화를 해치는 결과를 초래할지도 모른다는 사명감에 불탄 본지는 타이타닉의 숨겨진 비밀들을 파헤쳐 신기로 했다.

오싹, 소름, 경악을 금치못할 그 비밀이란...

Mazinger Z에 대한 考察 (1)

고찰 1.

마징가 제트는 항상 출동하는 곳이 수영장이다. 수영장이 반으로 쫘아아악~ 갈라지며 마징가 제트가 나온다. 여기서 몇 가지 문제점이 노출된다.

a. 마징가 제트의 그림을 보면 쇠돌이는 마징가 제트의 발 높이 정도밖에 되지 않는다. 이때 쇠돌이의 키를 우리 나라 남성들의 표준키인 172cm로 잡는다면 마징가 제트의 키는 약 20미터 내외로 추정할 수 있다.

이때 아파트 한 층의 높이를 3m로 잡으면 마징가 제트의 키는 대략 7층 정도 된다. 마징가 제트를 넣으려고 지하 7층까지 팠단 소린데... 이는 엄청난 국고 낭비가 아닐 수 없다. 어차피 그렇게 숨겨놓는다고 적이 모르는가?

마징가 제트 18편을 보면 연구소가 적한테 열라 깨지는 장면이 나오는데, 연구소 위치를 아는 적이 마징가 제트 숨겨놓은 곳을 모를 리 없다. 그냥 지상에다 놔두고 자동차에 씌우는 천 같은 걸로 덮어놓으면 엄청난 돈이 절약될 것을... 통탄할 일이다.

b. 마징가 제트가 나올 때 수영장이 갈라지면 그 물은 어디로 가겠는가. 당연히 밑으로 떨어지는데 자세히 보면 마징가 제트에는 물 한 방울 안 묻어 있다. 이는 마징가 제트가 완전 방수처리되었음을 의미하

는 것 아닌가. 그런데 마징가 제트의 주제가를 자세히 들어보면 "무쇠팔 무쇠다리" 라는 말이 나온다. 즉 무쇠로 만들어졌다는 얘긴데...

"무쇠는 주철이라고도 한다. 연성 전성이 매우 적고 녹이 슬기 쉽다."

— 중학교 3학년 실과 교과서

여기서 보듯이 주철은 녹이 슬기 쉬워서 수영장의 물이 그렇게 떨어지는데 방수처리를 안 한다면 마징가 제트는 출동하다 녹슬어서 볼장 다 볼 것이다. 그런데 왜 무쇠로 만들었단 말인가. 왜 솥뚜껑과 같은 재료로 만들었단 말인가. 그때는 솥뚜껑이 남아 돌아서 그걸로 녹여서 만들었다는 기록은 어딜 찾아봐도 없다. 알루미늄을 썼으면 방수처리구 뭐구 안 해두 될 것을...

아니... 그보다 수영장에서 출동 안 하구 그냥 지상에서 천 덮어쓰고 있다가 달려나가면 될 것을. 아마도 김박사는 수영장에서 출동하게 하면서 그 공사비의 일부를 비자금화한 것이 아닐까 하는 심각한 문제가 제기된다.

c. 수영장은 수영하라고 있는 곳이다. 그런데 마징가 제트가 수영장을 가르고 나온다면 그 수영장에서 누가 수영을 하겠는가. 비키니를 입고 오랜만에 폼 좀 재려고 다이빙을 할 때 풀장이 갈라진다면... 다음날 조간신문에 "비키니 입은 이모양(24) 마징가 제트에 철퍼덕 부딪혀 사망..."

고찰 2.

마징가 제트의 주무기는 로켓 주먹과 입에서 나가는 허리케인이다. 여기서도 몇 가지 문제점이 노출된다.

a. 마징가 제트의 주무기 로켓 주먹을 살펴보자.

로켓 주먹은 추진력을 주먹 뒤에서 나오는 로켓에 의하여 얻는다. 이때 주의할 점은 수직으로 올려주는 힘은 전혀 존재하지 않는다는 점이다. 그러므로 결국 앞으로 나갈 때 점점 고도가 떨어진다는 얘긴데...

우리가 만화에서 보다시피 로켓 주먹은 고도가 떨어지지 않는다. 그럼 눈의 착각이라고 가정하고, 약 1m 정도 떨어진다면 눈으로 알 수 없고 주먹에 맞은 적도 알 수 없을 테니까 이 정도로 떨어진다고 가정하면 적과 마징가 제트의 거리를 많이 잡고 약 500m 떨어졌다고 가정하자.

그럼 마징가 제트의 주먹 무게를 약 1t이라고 한다면 1m 자유낙하 하는데 걸리는 시간은 중력가속도를 10m 퍼세크 제곱이라 하면 0.5×10×t×t=1에서 대략 0.45초가 걸린다. 그럼 이 시간 동안 로켓 주먹은 500m를 가야 하므로 그 주먹의 속력은 500/0.45=1111m/s가 나온다.

이를 시속으로 계산하면 4,000km/h이고 음속으로 계산하면 마하 4 정도 된다. 1t의 주먹을 마하 4로 발사하는 데 드는 에너지는 정확히 617,160,500j(주울)이고 이는 60kw짜리 전구 3천만 개를 1시간 동안 켤 수 있는 에너지이다. 왕 심각한 에너지 낭비가 아닐 수 없다.

그냥 달려가서 때리지 왜 주먹을 발사하는가... 주먹 한 번 발사 안 하면 우리 나라 전 인구가 전구 잔치를 벌려도 될 터인데...

"로켓 주먹 발사! 조또... 안 맞았네. 맞을 때까지 발사! 또 발사!"

한 번 빗나간 주먹에 전구 3천만 개가 날아간다는 걸 쇠돌이 알까...

b. 허리케인은 강한 산화력을 가진 바람을 폭풍처럼 내뿜어 적을 그냥 날려버리는 무기이다. 이는 마징가 제트의 입에서 발사되는데... 여기서 자세히 보면 이 정도의 강력한 바람을 내뿜으려면 당연히 엄청난 에너지와 무지 강력한 송풍기를 필요로 할 것이다.

그런데 만화를 보면 연구소에서 여름인데도 덥다고 하는 대사가 하나도 없는 것으로 보아 에어콘을 틀고 있음이 분명하다. 마징가 제트를 이럴 때 쓰지 않고 뭐하는가. 허리케인을 제일 약하게 연구소에다 불어도 김박사의 가발은 날아갈 것이고 애리의 미니스커트가 찰랑일 텐데 왜 이럴때 마징가 제트를 사용 안 하고 에어콘을 트는가...

마징가 제트의 다양성을 무시한 처사라 아니 할 수 없다. 적이 나타나지 않을 때는 근처의 논에 가서 보리밟기를 해 준다든지, 공사장에서 노가다를 하면 얼마나 나라의 발전에 이바지함이 클 것인가.

– 에너지 관리공단 파견 기자 양진호

정보통신·과학 8월 3일 (월)

폭로! TITANIC의 眞實 (上)

지구상에 거의 아는 사람이 없는 타이타닉에 얽힌 몇 가지 엄청난 비밀이 있다. 그 진실이 규명되는 순간 몰아닥칠 충격파가 다소 걱정이 되었으나 무엇보다 중요한 것은 진실규명이기에 본지는 이제 그 비밀들을 낱낱이 밝히고자 한다.

은폐된 진실은 여차하면 인류번영을 가로막고 우주평화를 해치는 결과를 초래할지도 모른다는 사명감에 불탄 본지는 희한하게 관찰력이 뛰어난 백수 몇 명으로 구성된 특별조사단을 구성, 전 세계의 자료를 뒤져 타이타닉의 숨겨진 비밀들을 파헤쳐 싣기로 한다.

1. 타이타닉 원본 사진의 조작

오른쪽 사진은 유명한 Belfast에서의 타이타닉의 건조 사진이다. 그러나 이 사진을 확대해 보면 배의 표면에 'TITANIC' 이라고 쓴 부분이 나중에 사진이 조작된 것임을 알 수 있다.

옆 사진에서 화살표가 가르키고 있는 사람이 전원주나 이봉걸이 아니라고 전제할 때 사람의 크기와 비교해 보면, 'TITANIC' 글자 크기는 적어도 1.5m는 될 것이다.

자 이제 'TITANIC' 글자 부분만 확대해서 보자. 사진에서 보다시피,

a. 첫 번째 T 자가 두 번째 T 자에 비해 매우 퍼져 보인다.
b. N 자가 오른쪽으로 많이 누워 있다.
c. 마지막 I 자와 C 자 사이 간격이 다른 것에 비해 넓고, 첫번째 I와 마지막 I의 모양이 상당히 차이가 난다.

1.5m나 되는 커다란 글을 이렇게 삐뚤빼뚤하게 썼을 리도 없고, 배의 이름을 써넣는 작업이라면 매우 중요한 것인 만큼 이렇게 함부로 했을 리가 없는 것이다. 더구나 배가 오래돼서 그런 것은 더욱 아니다. 배는 처녀 출항에서 가라앉았으니까. 즉 사진의 글자는 누군가 나중에 써넣은 조작인 것이다.

누가 그랬는지... 왜 그랬는지... 아무도 모른다. 이 사진 이외에도 원본 사진이라고 돌아다니는 사진이 있는데 그것 역시 조작되었으며, 그 사진은 위 사진보다 더욱 더 조악하게, 확대해 보면 더욱 티가 나게 조작되어 있다.

과연 이게 지구 이상기온 현상의 주범 엘리뇨와 관련이 있는 걸까...

2. 얍삽한 짜가 굴뚝

타이타닉은 4개의 졸라 큰 굴뚝이 있었는데 그 중 마지막 굴뚝은 짜가, 일종의 사기였으며 불특정 소비자를 대상으로 한 '구라' 였던 것이다.

완성 후 Belfast를 떠나고 있는 타이타닉

마지막 굴뚝은 주방의 환기용으로만 쓰였는데, 주방의 환기에는 실제로는 직경 1.5미터 정도의 환기 구멍만 있으면 되었음에도 그렇게 졸라 큰 굴뚝을 또 하나 맹글어 달았다.

왜?

우선 미적으로 그게 더 균형 잡혀 보이고 배가 커 보인다는 이유에서이고, 또한 당시 배를 타고 미국으로 가려던 사람들이 배를 선택할 때 가장 중요시한 것 중 하나가 바로 속도였는데, 당시 사람들은 굴뚝이 많을수록 배가 빠를 것이라고 막연히 생각했기 때문이다.

즉, 굴뚝이 4개면 3개보단 빠르지 않겠냐는 사람들의 기대심리를 이용해 장사를 해먹을려고 짜가 굴뚝을 단 것이다. 헉...

세계 금융계를 뒤흔들고 아시아의 경제 위기에 크게 한몫을 한 국제투기 자본, 소위 핫머니를 굴리는 족속들의 선조들 아니랄까 봐 얍삽하기 그지없다... 씨바...

3. 여주인공...

1975년생이라는 케이트 윈슬렛(Kate Winslet)이 로즈로 분했던 여자 주인공. 그 여자 주인공은 실제 타이타닉을 탔다가 구사일생으로 살아난 실존인물 몰리 브라운(Molly Brown)을 모델로 했다.
이제는 고인이 된 그녀의 사진을 어렵게 어렵게 구한 본지의 조사팀은 그녀의 실제 사진을 보는 순간 경악을 금할 수 엄써따.

몇 년간이나 철저한 고증을 통해 완벽하게 과거를 재현했다고 하더만 어터케 이러케까지 여자 주인공을 미화시킬 수 있단 말인가. 본사 조사팀이 구한 사진 중 그나마 가장 근사하게 나온 실존인물 몰리 브라운의 사진과 영화 속의 여주인공 케이트 윈슬렛의 가장 못 나온 사진을 비교해 보길 바란다.

 VS

Molly Brown   Kate Winslet

위 몰리 브라운 사진은 가장 잘 나온 것이란 사실을 명심해달라.
몰리 브라운의 다른 사진은 사회적 파장을 고려, 차마 게재 못함.

카메룬 감독은 관객을 이토록 우롱해도 좋은가. 윈슬렛처럼 생겼을 줄 알고 그녀와 상상 속에서 사랑에 빠져 있는 전 세계 수많은 젊은 가슴에 이토록 못을 칠 수 있단 말인가. 차라리 진실을 알려주고 비록 주인공은 이렇게 생겼지만 하여간 용감했다... 이렇게 나가든지... 정말 발키기 망설여진 비밀이지만 진실을 위해 본지는 발키고 말아따... 다만 허탈할 따름이다...

그러나 위의 몇 가지 비밀은 이제 시작에 불과하다. 더 놀라운 이야기가 기다리고 있다.

- to be continued

- 타이타닉 음모 발키기 한국 지부 조사단

폭로! TITANIC의 眞實 (下)

4. 타이타닉의 진짜 대표 생존자는 그녀가 아니었다...

타이타닉 영화가 실존인물이었던 'Molly Brown'을 모델로 한 것이라는 이야기는 전편에 했다. 그러나 본 조사단의 집중 취재에 의하면 영화의 모델로 삼아야 했던 것은 'Molly Brown'이 아니라 'Violet Jessop'이라는 처자였음이 밝혀졌다.

왜 그러냐...

세계에서 가장 거대했던 타이타닉의 처녀 출항 침몰 야그는 모르는 사람이 없을 것이다. 밧트, 그 타이타닉에게는 비슷하게 생긴 두 척의 형제 선박이 있었으며 마치 무슨 저주를 받은 것처럼 이 세 척의 배가 모두 제 명을 다하지 못하고 충돌 또는 침몰사고로 생을 마감했다는 것을 아는 사람은 드물 것이다.

더욱 놀라운 것은, 영화 타이타닉의 주인공 모델이 되었던 실존인물 'Molly Brown'은 처녀 출항에서 침몰했던 타이타닉호에만 승선했었지만 타이타닉뿐 아니라 충돌, 침몰했던 세 척의 배 모두에 승선했다가 구사일생으로 매번 구조된 기괴하고 똥꼬 서늘한 사연을 가진 여성이 있었다는 것이다.

그 여성이 바로 'Violet Jessop', 오늘 이 기사의 주인공이다.

본 조사팀의 지난번 추적으로 밝혀진 바와 같이 실제 인물 'Molly

Brown'이 영화주인공 'Kate Winslet'을 닮기는커녕 칠공주파의 보스처럼 한터푸하게 생겨 타아타닉이 열 번 침몰해도 다른 사람 다 밀치고 일착으로 탈출할 것 같은 외모를 가진 반면, 'Violet Jessop' 이야말로 갸냘프고 자그마한 체구를 가지고도 세 번이나 죽을 고비를 넘긴 불가사의하고도 아리따운 여성이었다.

자, 그럼 그녀의 출생부터 거슬러 올라가 보자.

Violet은 1887년 아르헨티나에서 태어나 18세 되던 해 부모의 고향인 영국으로 돌아갔는데 21세가 되던 해 그녀는 '스튜어디스'가 (스튜어디스란 말은 부자승객의 뒤치닥거리를 해주는 여자승무원을 일컫는 말로 뱅기가 아니라 배에서 첨 쓰였다) 되었다.

Molly Brown

그녀가 스튜어디스가 된 즈음, 'White Star' 사는 당대 최고의 투자가였던 J.P Morgan으로부터 자금을 지원받아 역사상 최대의 선박을 제조할 계획을 세웠으니 그것이 바로 비운의 삼형제, Olympic, Gigantic 그리고 Titanic이었다.

최고의 선박에는 당연히 최고의 스태프가 필요한 법. 'White Star' 사는 자사에 근무하던 승무원 중 최고의 승무원을 한명 한명 면접을 통해 엄선하여 뽑았는데 이때 우리의 헤로인 'Violet'이 치열한 경쟁을 뚫고 발탁되었다. 그녀가 처음 탔던 배는 삼형제 중 처음으로 진수된, 당시까지 최대 최호화 - Titanic에 의해 기록이 경신되지만 - Olympic 호였고 'Violet'

Violet Jessop

정보통신·과학 8월 3일(월)

Olympic호의 구멍

은 일등칸의 스튜어디스로 승선했다.

그런데 이 배는 일년 남짓 운행되다가 1911년 9월 20일, 영국함선 'HMS Hawke'와 충돌을 하고 말았다. 'HMS Hawke'호는 Olympic호 배꼽 부위에 마빡을 들이박고 14미터 정도 되는 졸라 큰 구멍을 뻥 뚫어버렸다.

이 충돌로 배는 수리공장에 처박혔고 'Violet'은 부상없이 구조되었다(당시 이 배의 선장은 E. J. Smith. 이 사람이 누군가. 이 사람이 바로 Titanic 선장이었다... 헉...). 여기까지만 해도 뭐 그럴 수 있겠다 싶다. 밧트... 야그는 이제 겨우 시작...

Olympic 호에서 탁월한 서비스 정신을 발휘해서 인정받은 그녀는 Titanic이 완성되자 이번에는 Titanic에 배치되었다. 1912년 4월 15일 대침몰 당시 그녀는 Titanic호가 빙하에 충돌하여 배가 가라앉기 시작했을 때 승객들이 전부 구명정에 오르기 전까지는 전혀 구명정에 오를 생각이 없었다고 한다. 승무원이었기 때문이기도 하지만 몇 마일 안 떨어져서 항해하고 있는 배의 불빛도 보여서 그들 모두가 결국 구출될 것으로 믿었기 때문이다(이 배는 Californian 호였던 것으로 알려졌으나 왜 Titanic을 못 보고 그냥 지나쳤는지는 지금까지도 미스테리다).

그런데, 승객들 구조과정에서 배에 타고 있던 외국인들과 의사소통이 제대로 이루어지지 않아 구명정에 여자들을 태우는 데 애를 먹고 있던 갑판장이 우리의 Violet에게 시범으로 구명정에 타라고 한 것이다. 그녀는 배를 탔고 다른 여자들이 그녀의 뒤를 따라 배를 타자 그녀는 배 뒤로 밀려 다시 내리기가 힘들었고 촌각을 다투는 당시 상황에서 구명정은 그냥 밑으로 내려졌다. Violet은 물론 당시에는 아무도 몰랐다. 그녀 뒤에 남아 있던 대부분의 사람들이 결국 죽을 것이라는 것을...

또한 그녀가 탔던 배는, 구조신호를 듣고 달려 온 Carpathia호가 구출한 구명정 중 가장 마지막에 발견된 배였으며, 구조선 Carpathia가 뉴욕에 도착하자마자 Violet은 바로 첫번째 배로 영국으로 돌아갔다고 한다. 공식적으로 어떤 말도 남기지 않고...

영국으로 돌아간 그녀는 무섭지도 않았는지 이번에는 수리된 Olympic호를 다시 탄다. 보통 사람 같으면 아예 배 근처에도 가기 싫었을 텐데 그녀는 한번 사고를 당했던 그 배에 또 탔다. 배짱인가 찐따인가... 하여간 Olympic호를 타고 다니다 세계 1차대전이 터지자 그녀는 이번에는 종군간호원을 지원하게 된다.

그즈음 세 번째이자 마지막 형제인 Gigantic이(원래 Gigantic이라고 했다가 Gigantic이 Titanic이랑 너무 이름이 비슷하다해서 나중에 Britannic으로 배이름을 바꿈) 완성되었는데 이 배는 1915년 영국국무성의 요청에 의해 병원선으로 개조되게 된다.

Britannic호 역시 일 년을 넘기지 못하고 침몰

정보통신・과학 8월 3일(월)

앗... 병원선... 그렇다면... 간호원...
그렇다... 상상한 대로...

나폴리 항구에서 출항한 Britannic의 6번째 항해날... 그날 그녀가 이 배에 탔던 것이다. 간호원으로... 그리고 그 배는 또 사고를 당한다. 이번에는 독일군이 설치해 놓은 수중 기뢰를 건든 것이다. 당연히 배는 가라앉기 시작했고 승무원들은 구명정에 올라탔다. 당시 그 배에는 환자가 아무도 없었기 때문에 탈출은 쉬웠다고 한다(만약 환자들이 탔었다면 Titanic 이상의 희생자가 났을 거라고 함).

그런데... 배는 침몰할 망정 인명피해는 거의 없을 뻔했던 이 사고가 끔찍한 사태로 돌변한 것은 그 배의 선장이 배가 가라앉기 전 조금이라도 더 얕은 물 쪽으로 배를 몰고 가기 위해 엔진을 작동시킨 시점부터였다. 물 위로 내려졌던 구명정들이 거대한 프로펠러 쪽으로 마구 빨려들어갔기 때문이다.

프로펠러에 사망한 사람 수는 28명에 불과했지만 거의 대부분의 생존자들이 빨려들어가는 구명정에서 뛰어내려 어떻게 해서든 프로펠러에서 벗어나려 하는 과정에서 팔이나 다리를 잃었다고 한다.

그렇다면... 우리의 Violet은 어떻게 됐을까...

그녀 역시 배에서 뛰어내릴 수밖에 없었는데 문제는 그녀가 수영을 할 줄 몰랐다는 것이다. 더구나 프로펠러로 소용돌이치는 물속에서...

그녀는 물속으로 빨려들어가 그 소용돌이에 따라 돌다가 프로펠러에 의해 박살난 구명정의 바닥에 몇 번이나 머리를 부딪혀 거의 정신을 잃어갈 무렵 갑자기 물 위로 튕겨져 올라갔는데 배에서 한참 떨어져 있었고 바로 옆에 구명조끼가 떠 있었다는 것이다. 그 주변에는 시체와... 팔 다리가 둥둥 떠 있고... 그리고는 잠시 후 저 멀리서 배가 완전히 가라앉았다고 한다. 물로 뛰어내렸던 대부분이 죽거나 팔 다리를 잃었지만 그녀의 상처는 찰과상 정도...

이렇게 해서 그 세 형제는 모두 생명을 다했고 그녀는 그 세 배에 모두 승선했다가 모두 구조된 유일한 사람이 되었다. 기가 막힌 스토리가 아닐 수 없다. 그런데 도대체 왜 이토록 똥꼬 화끈거리도록 기가 막힌 스토리를 냅두고 Molly Brown의 이야기를 영화화했을까...

본 조사팀은 여기서 막히고 말았다. 이번 호에선 차렷하고 심각하게 조사에만 열중했음에도 불구하고 도저히 그 이유를 알 수가 없었다. 독자 여러분의 지혜가 필요한 시점이다. 도대체 왜 그랬을까... 그 이유를 아시는 분은 관제엽서에 정답을 써서 보내주시면 추첨하여... 추첨만 한다...

- 타이타닉 음모 발키기 한국 지부 조사단

일찍 일찍 잡아줘야 함다

일찍 일찍 잡아줘야 함다
일찍 일찍 잡아줘야 함다

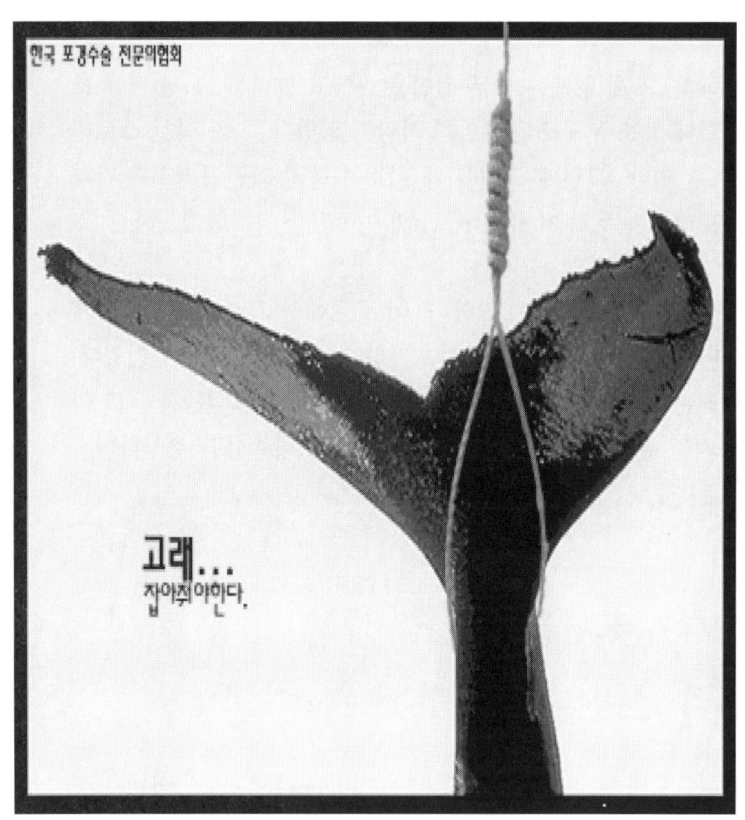

스포츠·연예

▶ 정치 경제 사회 국제 문화/생활 정보통신/과학   ▶ BEST 스포츠 테마신문

박찬호를 욕하지 마라
2002 월드컵과 숙소 문제
박세리 태권도 훈련에 돌입하다!
월드컵 대표 새롭게 구성!
박세리와 삽질
한국 훌리건 창설!
호나우도 애인 집중분석!

연예

고소용 벗었다…
양아치들은 이제 고만!!
이숭연 벗는다!

광고/석두홍 씨는 이제 세번째 SM 파이브를 타고 있습다

http://ddanji.netsgo.com

박찬호를 욕하지 마라

박찬호는 우리 '상품'이다. 누워서 침뱉지 말자.

올 시즌들어 박찬호가 예년의 위력을 못찾자 기다렸다는 듯이 욕들이 튀어나오고 있는데...

2002 월드컵과 숙소 문제

이렇다 할 숙박시설을 갖춰 놓지 않는다면 중급호텔을 사용하는 건 불 보듯 뻔한 일... 그럼 불륜족 및 속도위반 커플들의 여가선용은 어떡하라고...

박세리, 태권도 훈련에 돌입하다!

골프계 돌풍을 몰고 온 박세리가 갑자기 태권도 훈련에 돌입했다.
이 희한한 사건에는 미 영부인 힘나리 여사도 관여된 것으로 알려졌다...

월드컵 대표 새롭게 구성!

'98월드컵에서 충격의 참패를 당한 월드컵대표팀이 새롭게 팀을 개편했다.

박세리와 삽질

박세리가 US OPEN에서 우승하면서 보여준 장면을 여기저기서 비판하는 소리가 들리고 있는데...

한국 훌리건 창설!

2002년 월드컵개최를 앞두고 유럽의 훌리건에 대한 대책이 시급한 현안으로 떠올랐다. 이번 월드컵에서 이들 훌리건의 난동으로 인해 프랑스경찰이 숨지고, 파리 시내는 거의 전쟁터를 방불케 했다는 소식...

호나우도 애인 집중분석!

월드컵 당시 브라질 경기를 보던 지구촌의 수많은 남성들이 평소보다 3배 이상의 침을 분비했다는 연구결과가 FIFA산하 '과학축구연구소'에서 발표되어 학계의 비상한 관심을 모았었다.
유독 브라질 축구를 관전시에서만 그와 같은 현상이 발생하였는데...

연·예

고소용 벗었다!

더 이상의 설명이 필요없다. 고소용이 벗었다... 으... 고소용 너마저...
게다가 이 소식을 듣고 놀란 배영준은 감춰진 본 모습을 드러내는 엄청난 실수를 하고...

양아치들은 이제 고만!!

요즘 가요계를 주름잡는 카쑤들을 보면 그 나물에 그 밥... 이름만 다르지 노래고 춤이고 모두가 똑같다.

이승연, 나도 벗는다...

이승연도 벗는다. 콧대 높기로 유명하고 거울을 보면 스스로 뿅간다는 이승연이 화끈한 베드씬을 예고하며 드뎌 벗기로 했다고 전격 발표를 했는데 그 속사정을 알고 보니...

박찬호를 욕하지 마라

축구 전용구장을 짓느니, 그냥 올림픽 경기장을 보수해서 쓰느니 말이 무지 많았다. 다행히 전용구장을 짓는 것으로 결정되었지만 전용구장 문제 있어서 가장 중요한 것은 당장 얼마나 들어가느냐가 아니다. 그것보다 더 중요한 것은 그만큼 투자해서 과연 투자액 이상의 효과를 거둘 수 있느냐 없느냐이다. 원래 장사가 그런 게 아니던가.

그러니까, 우리 나라의 스포츠 마케팅 능력이 과연 그 정도가 되는가... 하는 것이다. 사실 여지껏 우리의 스포츠 마케팅 능력은 똥이었다.

미국 같은 나라야 말할 것도 없고, 중국만 해도 스타디움을 하나 지으면 1층엔 전문식당가, 2층은 호텔, 그 위에 층은 아예 고급 빌라처럼 분양... 등등 여러 가지 방안을 복합적으로 적용해 돈을 오히려 남겨가며 경기장을 짓고 또 경기가 없을 때도 충분히 그 경기장을 활용한다. 뽕빨나게 본전 뽑는 거다.

우리가 얼마나 이 스포츠 마케팅 부분에서 아무런 개념도 없는가는 박찬호의 경우를 보면 알 수 있다. 박찬호가 한국 왔다 가고 나서 열나게 열나게 씹혔는데, 사실 그를 씹어댈 이유 하나도 없다.

씹어대는 이유 중 일제차를 탄다느니 발음이 꼬였다느니 하는 것은 사실 치사한 것이다. 그러나 상당한 설득력이 있었던 것은 〈돈〉 문제였다. 중계료니 광고료니 뭐 이것 저것 합쳐 놓으면 〈박찬호〉라는 상품이 우리 나라로 보면 소위 적자라는 거다.

들어오는 달러보다 나가는 달러가 많다 이거다. 그래서 이야기가 박찬호는 미국의 상품일 뿐, 그는 운동 선수일 뿐이니 그에게 필요 이상 흥분할 필요도 없고 그가 미국 사회 내에서는 전국적으로 부상한, 뭐 커다랗게 성공한 인물도 아니고... 하는 식으로 냉소적으로 변했었다.

근데 이건 미국이란 장사꾼들에게 우리가 또 당하는 있는 것이라는 자조가 섞인 근시안적이고 감정적인 발상이다. 만약 적극적인 스포츠 마케팅 마인드를 가지고 〈박찬호〉라는 상품을 본다면, 이 〈상품〉은 매우 효용가치가 높다.

단순하게 그가 우리 나라에서 얼마를 벌어 갔네... 이렇게 따질 것이 아니다. 〈박찬호〉라는 상품은 미국에서 키워주고 있지 않은가. 이 얼마나 유리한 조건인가. 우선은 그를 미국 주류 사회에서 인정받는 전국적인 스타의 자리에 오를 수 있도록 우리도 함께 적극적인 이미지 마케팅을 하고 키워가야 한다.

이 상품을 왜 죽이려고 하는가? 이 박찬호라는 상품이 정말 크게 성장했을 때 창출해낼 수 있는 부가가치를 한번 생각해 보라. 그를 얼마나 유효적절하게 우리 기업들이 미국이란 시장에서 활용할 수 있겠는가.

마이클 조단이 미국에서 창조해내는 시장의 크기가 도대체 얼마인

가. 〈상품〉의 가치를 키워 활용할 생각을 해야 한다. 프로스펙스는 맨날 우리 나라에서 징징 짜지 말고, 박찬호가 정말 크게 자라고 나서 그의 이미지를 이용해 미국에서 광고 한번 때려봐라. 정신대 광고로 우리 국민들 애국심 자극해 치사하게 살아남으려 하지 말고, 좀 크게 보고 길게 투자하면 나이키로부터 안방이라도 지키지…

다른 기업들도 마찬가지고, 한국이란 상품도 마찬가지다. 그를 더 키워서 활용해 미국 시장에서 써먹으면 되잖는가.

그 방법을 찾아 더 큰 부가가치를 창출해내려고 해야지, 미국 넘들이 우리 돈 가져간다… 이런 소리나 하고 있으면 뭐하나. 아무런 해결책도 되지 못할 뿐 아니라, 우리 상품을 우리가 스스로 죽이는 꼴이다.

박찬호 선수가 작년만 못하다.

돈 맛을 알아서 광고에 너무 많이 출연하느라 연습을 제대로 못해서 그렇다느니, 혀 꼬부라져서 잘난 척 하더니 그럴 줄 알았다느니, 이제 박찬호는 한물 갔다느니 하는 소리가 기다렸다는 듯 나오고 있다.

또 결국 해프닝으로 끝났지만 미국 CNN 방송을 타고 트레이드설까지 등장해 팬들 속을 아프게 했었다(이것은 아마도 대언론재벌이자 CNN 사주이며 애틀랜타 브레이브스 구단주 테드터너 쪽에서 그의 라이벌이자 앙숙인 또 다른 언론 재벌이며 다저스 새 구단주인 루퍼트 머독 진영을 음해하기 위한 것이거나 미확인된 루머를 얼씨구나 하고 뻥튀기 보도한 결과로 보여진다).

그의 성적 부진 원인이 어디 있든지 간에 박찬호를 욕하지 마라. 결국 기대가 컸던 만큼 실망하는 순수한 팬들의 목소리도 많이 섞여 있겠지만, 아이구 잘됐다며 고소하게 생각하는 사람들 있다면 맘 고쳐먹자.

그는 우리가 미국 시장에서 비벼볼 가능성을 열어줄 수도 있는 몇 안 되는 교두보 〈상품〉 중 하나다. 지금은 미국만 박찬호를 우리에게 팔아먹고 있다. 박찬호를 미국에서 팔아먹자. 박찬호를 욕하지 마라. 조또 못난 짓이다.

— 스포츠 담당 기자

스포츠·연예 8월 3일(월)

2002 월드컵과 숙소 문제

드뎌 2002년 월드컵 주경기장이 서울의 상암동에 신축키로 결정됐다. 상암동 전용구장 건설은 그동안 소외됐던 서울의 서북부지역의 발전을 기대할 수 있다는 점에서 환영할 만하다. 하지만 상암경기장 건설에 따른 여러 가지 문제점 또한 우려되고 있다.

가장 걱정되는 부분은 숙소문제이다. 그동안 낙후를 면치 못해 온 서북부지역에는 특급호텔 등 이렇다할 숙박시설을 제대로 갖추지 못했다. 따라서 기존의 중급호텔을 개조하여 사용하는 것이 불가피한데 이에 따른 문제점이 우려되고 있다.

상암동 인근의 숙박시설은 성산대교 건너편에 있는 염창동 일대의 나이아○○호텔 등의 몇몇 중급호텔과 홍대 근처의 소규모 모텔, 그리고 신촌지역의 유일한 러브호텔인 ○라보호텔 등이 있다.

그런데 이 호텔들이 월드컵 관광객들에게 제공될 경우, 기존의 이 호텔의 주고객이었던 불륜족 및 속도위반 커플들의 여가선용에 지장을 주는 결과를 가져오게 되는 것이다.

그렇잖아도 서부지역에는 이렇다 할 러브호텔이나 모텔촌이 형성되지 못해 이러한 몇몇 중급호텔로는 넘쳐나는 수요를 감당하지 못하는 형편인데, 이런 러브호텔마저 외화획득을 위해 강제징발당한다면 기존고객과의 마찰과 불만이 불가피하게 된다.

염창동의 러브호텔촌의 경우 영등포지역의 낙후된 여관들에 실망한 불륜족들의 욕구에 발맞춰 형성된 고급상권이며, 강서지역에서 유일하게 러브호텔촌이 형성된 곳이라는 점에서 더욱 안타깝게 한다.

특히 신촌의 유일한 러브호텔인 ○라보호텔마저 월드컵 관광객들에게 빼앗길 경우, 욕정과 불만이 쌓인 이 지역 젊은이들이 세력화하여 반사회조직을 형성할 경우 사회적 혼란이 야기될지도 모른다.

더욱 큰 문제는 이러한 불륜족 및 속도위반 커플이 이 지역에서 밀려나 장거리원정을 떠날 경우 일어나게 된다. 이들이 부근의 김포나 장흥으로 원정을 떠날 경우 불필요한 유류 소비와 차량정체를 유발하여 에너지 파동이 일어나게 될 뿐만 아니라 김포와 송추지역에 주둔하는 팔팔한 군인의 사기문제에도 영향을 미치기 때문이다.

또한 원정지까지 운전을 해야 함으로써 남자들이 제대로 힘을 쓰지 못해 파경을 맞는 불륜족들이 속출하고, 원정에서 돌아오는 도중에 과로운전 및 졸음운전에 의한 교통사고 증가도 예상되고 있다.

따라서, 정부는 이 지역 숙박문제 해결에 보다 적극적으로 나서야 하며 즉각적인 처방에 나서야 할 것이다. 이에 마지막으로 몇 가지 해결책을 제시하고자 한다.

첫째, 이 지역 러브호텔에서 낮 동안 쉬었다 가는 경우(일명 숏타임... 쉬었다만 가는지 힘쓰고 가는지는 모르게씀) 그 시간을 2시간으로 제한하고, 위반하는 업소는 강력한 형사처벌에 처해야 한다. 이러한 조치는 초과수요를 해결할 수 있는 좋은 방안이라 생각된다.

둘째, 이 지역의 비디오방은 불투명유리와 철저한 방음벽 설치를 의

무화하여 젊은이들이 불안에 떨지 않고, 여가선용을 할 수 있도록 해야 한다. 또한 각 방마다 휴지를 비치하도록 하여 일을 마친 커플들이 당황하지 않도록 해야 할 것이다.

셋째, 이 지역 놀이터 및 공원에는 일몰 후 아베크족을 제외한 어린이 및 노약자들의 출입을 철저히 통제해야 한다. 특히 이 곳의 가로등은 가급적 없앰으로써 이들이 안심하고 제 할 일에 몰두할 수 있게 하는 세심한 배려가 필요할 것이다. 또한 부근의 가로수는 잎이 많고 넓은 수종을 선택하여 이들에게 가능한 많은 은폐, 엄폐물을 제공해야 한다.

이런 입체적이고 세심한 해결책이야말로 온 국민에게 사랑받는 월드컵을 치를 수 있는 조치라고 생각되는 바이다.

— 스포츠 담당 기자 BLUESENS

박세리, 태권도 훈련에 돌입하다!

미 LPGA투어 2연승으로 방방뜨고 있는 박세리가 난데없이 태권도 훈련에 몰두하고 있다.

그녀는 현재 국기원에서 급파된 사범으로부터 2단 옆차기 및 업어치기 등을 필사적으로 연마하고 있으며, 태권도 훈련이 끝난 후에는 미국 여성협회에서 보내준 여성 프로레슬러로부터 새우꺾기, 풍차돌리기 등 고난도의 레슬링 기술을 배우기에 여념이 없다고 한다. 투어대회참가에 바쁜 박세리가 태권도 훈련을 하는 이유는 무엇일까?

본지는 집중취재를 통해 그녀가 태권도 훈련을 하는 이유를 살펴 봤다.

얼마전 미국 대통령 꼴려떤이 박세리에게 골프라운딩을 제의했다. 원체 골프광이며 유명한 프로 골퍼들과 라운딩을 즐기는 꼴려떤이 박세리의 플레이에 감명받았다고 한다. 미국 대통령이란 자리가 무언가... 전용뱅기 타고 보무도 당당히 날아간 우리 나라 대통령도 사진 한방 찍고 빠빠이하고 마는 게 미국 대통령이란 자리다.

이런 미국 현직 대통령이 동양에서 온 신인 골퍼에게 라운딩을 제의했다..? 박세리로선 거절할 명분도 이유도 없는 거다. 그러나 꼴려떤 대통령의 과거행적을 함 보자.

자기 비서며 백악관 직원이고 가리지 않고 여러 여자들 아작낸 화려한 경력이 있는 인물이다.

스포츠·연예 8월 3일(월)

문제의 발

박세리로선 당근 긴장하지 않을 수 없는 거다. 꼴려뗜은 박세리가 연장 18번홀에서 러프에 빠진 볼을 물속에서 맨발로 퍼팅할 때 박세리의 흰 발에 강한 욕구를 느꼈다는 확인되지 않는 소문이 흉흉히 백악관을 떠돈다고 한다. 따라서 그녀는 꼴려뗜의 음흉한 야심을 막기 위해 열심히 호신술연마를 하고 있다는 거다.

확인되지 않은 소식통에 따르면, 언론에 보도된 것 외에 수많은 현장을 직접 목격하고도 그넘의 대통령이 뭔지 입 꾹 다물고 있었지만, 실제 백악관 내에서는 현장에서 잡힌 꼴려뗜 대통령을 바지 벗겨 벌 세우는 것으로 알려진 미 대통령 부인 힘나리도 박세리에게 전화를 걸어 태권도 연마를 독려했다고 한다.

골프라는 게 원체 구멍에 송송 공 넣는 자극적인 스포츠인지라 순간적인 흥분을 유발시킬 수 있으므로 각별한 주의를 당부했으며, 특히 그린 위에서 퍼팅시에 엉덩이를 뒤로 빼고 각도와 거리를 잴 경우 특히 후방공격을 조심해야 한다고 충고했다고 한다.

한편, 박세리는 태권도와 레슬링 훈련이 끝나면 골프채를 이용한 검도 연마를 할 예정으로 알려졌다.

이상 AP 연암에서 줏어들은 소식이었슴.

- 김도균 bluesense@netsgo.com 기자

월드컵대표 새롭게 구성!

'98월드컵에서 충격의 참패를 당한 월드컵대표팀이 새롭게 팀을 개편했다. 이번 대표팀 구성은 2002년 월드컵에 주최국다운 실력과 위상을 갖추기 위해 신진선수를 대거 기용한 것으로 나타났다.

축구협회 허공차 전무에 따르면 이처럼 신속한 대표팀구성은 빨리 베스트 11을 확정해 팀웍을 높여 2002년 월드컵에서 최상의 성적을 거두려는 의도라고 말했다. 축구협회에서 발표한 2002년 월드컵대표팀 감독 및 선수의 프로필과 선정배경은 다음과 같다.

◆ 감독 - 정태수(전 한보그룹회장) : 축구협회는 '98년 월드컵 참패는 감독의 전술실패가 주원인으로 보고, 새로운 감독으로 정태수를 임명했다. 이에 따라 정태수는 오늘 오전 서울구치소에서 특별 가석방되었다. 많은 이들이 정태수의 감독임명에 의외라는 반응이었고, 선정위원회에서도 많은 논란이 있었던 것으로 알려졌다. 그러나 정태수는 알려진 대로 청탁 및 매수, 사바사바의 명수이므로 심판매수 및 상대팀선수의 회유에 타의추종을 불허할 강한 위력을 보일 것이라는 점에서 임명된 것으로 알려졌다. 이에 따라 축구협회는 정태수에게 월 10억의 비자금을 지원한다고 밝혔다.

◆ 코치 - 김종필(현 국무총리서리) : 축구협회는 대표팀의 효과적인 운영을 위해서는 코칭스태프의 조화와 화합이 필수적이라고 밝혔다. 따라서 코치에는 만년 2인자 역할 전문인 김종필 국무총리가 제격이라는 것이다... 그러나 김종필 코치의 능력이 아직 검증되지 않았으므로 김코치는 당분간 코치서리로서 활동한다고 알려졌다.

◆ 골키퍼 - 김병지(현 대표선수) : 유일하게 재기용된 월드컵대표로서, 2002년 월드컵에도 좋은 활약이 기대된다... 개인적인 바람이 있다면 골 막을 궁리만 할 게 아니라, 안방에서 멋지게 한 골을 성공시켜 떡두꺼비같은 아들을 낳길 기원해 본다.

◆ 최종수비(DF) - 잠수함 잡은 강원도어부 : 새로운 대표선수 중에서 가장 탁월한 능력을 가진 선수라고 보여진다. 망망대해에서 잠수함을 낚아올린 솜씨로 저인망식 그물수비를 펼친다면 그라운드에서 공 막는 거야 일도 아닐 거라는 평가다. 현재 그는 휴대용 그물을 손질하고 있으며, 손질이 끝나는 대로 대표팀에 합류해 투망 연습에 들어갈 것이라고 한다.

◆ 수비수(DF) - 백골단 1개 소대 : 이번 월드컵에 가장 큰 헛점을 보인 위치로 선정 막판까지 많은 고심 끝에 백골단 1개 소대가 선정됐다. 백골단의 강한 조직력으로 평소 갈고 닦은 원천봉쇄, 토끼몰이 진압의 기술을 발휘한다면 세계최고의 수비군단이 될 것으로 보인다. 상대 선수가 수비를 제칠 경우 공격수의 빤스에 잽싸게 사과탄을 넣어 꼬추를 얼얼하게 맹그는 필승의 전법을 연습중이라고 한다.

◆ 미드필더(MF) - 강호동, 김형곤, 이대근 : 튼튼한 허리진을 만들기 위해 전비협(전국비만인협회) 회장인 김형곤을 뽑았으며, 강한 허리힘을 가진 강호동과 허리힘이라면 빠질수 엄는 이대근도 가세했다. 이들은 수비에 가담할 때는 두 명이 공격수를 에워싸고 양쪽에서 허리살로 압박함으로써 호흡을 곤란하게 만드는 전술을 연마하고 있다. 또한 공격시에는 뱃살에 공을 끼기고 드리블하는 신기술을 개발 중이라고 한다. 이로써 월드컵대표팀사상 가장 강력한 허리진을 구성했다는 평가다.

◆ **전방공격 투톱(FW)** - 김일(전 레슬링선수), 박세리(프로골퍼) : 이번 대표팀 구성에서 가장 의외의 인물이 선정된 포지션이다. 특히 김일 선수의 경우 나이가 많고, 박세리는 여자라는 점에서 많은 논란을 가져왔다. 그러나 이번 월드컵에서 원톱이라는 최용수가 벨기에전에서 몇 번의 헤딩골 챤스를 놓쳤기 때문에 강한 헤딩력을 가진 김일 선수가 뽑히게 되었다.

이번 월드컵 대표팀 개편소식을 들은 축구전문가들은 단군 이래 최고의 진영을 갖춘 대표팀이 구성되었다고 반기고 있다. 또한 〈벌건 앙마〉들도 이러한 훌륭한 대표팀이 열씸히 싸워준다면 2002년 FIFA컵은 우리의 차지가 될 것이라고 흥분했다…

- 딴지 스포츠 기자 bluesens

스포츠・연예 8월 3일(월)

박세리와 삽질

박세리가 US OPEN을 최연소로, 그것도 최장연장까지 가는 피를 말리는 접전끝에 우승하는 것을 방송으로 지켜본 사람이라면 몇 가지 잊지 못할 장면이 있을 것이다.

워터 해저드에 빠져서 아... 이젠 졌나보다 했던 18번 홀에서 거의 20분을 고민하며 포기하지 않고 공을 쳐내던 모습... 우승을 결정짓는 순간 그녀의 아버지가 뛰어나와 포옹하고 세리는 울던 모습... 교민들이 태극기를 흔드는 모습...

그것은 감동적인 그림이었다. 밤 새며 경기를 직접 지켜본 사람이라면 아마 쉽게 잊혀지지 않을 벅찬 순간이었을 것이다.

그런데...

그 감동의 우승 후... 비실비실 비판의 소리가 삐져나오기 시작했다.

우승 직후 같이 조를 이뤘던 골퍼와 캐디에게 먼저 악수를 청하고 자신의 기쁨을 표출하는 것이 예의인데 바로 아버지가 뛰어나오고 가족끼리 껴안고 했는데 그건 골프의 예에 어긋난 것이며 볼썽 사나운 것이다. 국가대항전도 아닌 개인경기인 골프시합에서 교민들이 태극기를 흔들어댄 것은 오버액션이며 촌스럽다... 사실 18번 홀에서 슈아지리폰이 이긴 것이나 마찬가지다. 박세리가 이긴 것이 아니라, 슈아지리폰이 스스로 진 게임이다...

뭐 이런 이야기들이다.

얼핏 듣고 보면 그럴 듯하다. 국내통신망에서도 위의 내용을 가지고 갑론을박을 하더니 통신뿐 아니라 일간지 몇 군데에서도 골프전문가라는 사람들이 그런 내용을 써 제끼고...

음... 조또 못난 짓하고 있다.

1. 박세리 아부지...

위와 같은 비판의 진원지는 미국이다. 박세리와 슈아지리폰이 결투를 벌였을 때, 미국넘들은 누굴 응원했을까? 신인으로 메이저대회 2연승의 대기록을 작성할 기회가 온 박세리, 우리의 딸네미 박세리를 응원했을까?

생긴 걸로 봐도 오랑우탄 비스무리하게 생기고 바나나로 추정되는 먹이를 줄기차게 섭취하던 그 아마추어를 응원하느니 박세리를 응원하진 않았을까? 천만에... 미국넘들은 열이면 열 슈아지리폰을 응원했다. 왜? 미국넘이니까.

의심가면 골프관련 웹사이트의 토론방이나 뉴스그룹 한번 가보시라. 그녀의 외모는 동양인이지만 그녀는 미국에서 교육받고 자란 미국시민이다. 타이거우즈를 누가 태국인이라고 하는가 그는 미국넘이다. 슈아지리폰도 미국넘이다. 완벽한 네이티브 영어를 구사하는 미국넘이었단 말이다.

그래서 미국방송에서 중계를 할 땐 철저히 슈아지리폰을 중심으로 중계를 했다. 슈아지리폰이 보기를 하면 안타까워하고 버디를 잡으면 즐거워하고... 그렇게 중계를 했다. 우리가 철저히 박세리를 중심으로 중계한 것과 마찬가지로... 박세리가 우승을 하고 나서도 미국에선 아마추어로서 선전한 슈아지리폰에 더욱 많은 스포트라이트를 비췄다. 아까웠던 것이다. 아까웠겠지... 그러면서 박세리에게서 못마땅했던 점들이 슬그머니 흘러나왔다.

그 소식을 접한 후 국내에서도 그런 이야기들이 돌기 시작했고...

과연 그럴까? 과연 그녀가 그렇게 예의에 어긋난 짓을 했는가? 슈아지리폰이 이긴 게임이었으며 태극기 흔드는 것은 경우에 어긋나는 것이었나?

우선 슈아지리폰과 악수도 하기 전에 아버지가 튀어나와 포옹을 하고 그녀가 울고 했던 장면... 결론부터 말하면, 그게 뭐 어떻단 말인가.

물론 모든 스포츠에는 그 스포츠만의 관례와 예가 있다. 축구에서 상대편 선수가 부상을 당해 공을 밖으로 차냈을 경우, 그 공을 다시 상대편으로 드로잉해주는 것은 룰엔 없지만 같은 스포츠맨으로서의 예의고 하나의 관례이다.

골프는 예의를 갖추는 걸 기본으로 하는 스포츠다. 우승을 했을 경우, 자신의 기쁨을 먼저 표출하기보단 같이 플레이 했던 골퍼와 자기를 도와준 캐디에게 먼저 악수를 청하고 비로소 두 손을 높이 들고 기쁨을 만끽하는 그런 관례, 예의... 그런 게 있다.

평상시에 이런 것 당연히 지켜야 한다. 지가 이겼다고 상대 선수는 거들떠 보지도 않고 기뻐 날뛰며 골프 깃대를 뽑아들고 입에 물고서는 3단 제비를 돌며 괴성을 지르고 그러면 욕먹어 싸다. 물론 그런다고 우승자가 벌점 먹어 우승 박탈당하는 것은 아니지만, 기쁨을 표하는데도 예가 있는 것이며 그것이 골프의 관례이며 예의이다.

사실 골프만 그런 것은 결코 아니다. 축구 게임이 끝나면 보통 상대방 선수와 유니폼을 바꿔 입는 그런 장면을 자주 보았을 것이다. 룰엔 없지만 관례적으로들 한다. 특히 국가대항전인 A매치에선 어김없이 그렇게들 한다. 그때 보통 이긴 선수나 진 선수들이 사사로운 감정없이 웃기도 하고 상대를 툭툭 치면서 농담도 위로도 하고 뭐 그런 시간이다.

그런데... 무승부로 비긴 후, 그것도 월드컵처럼 중요한 게임에서 연장까지 하고서도 비껴서 피를 말리는 승부차기까지 한 다음 이겼을 때 곧장 만면에 미소를 머금고 유니폼부터 갈아입는 것 봤는가. 그땐 미친 듯이 흥분해서 그라운드를 뒹굴며 좋아하는 것이 우선이다. 그게 자연스럽고 인간적인 순서이다.

박세리의 경우도 마찬가지였다. 만약 박세리가 연장까지 가지 않고 그냥 우승을 했다면 아마 같이 라운딩하던 선수와 악수도 하고 캐디와도 포옹하고 뭐 그런 관례를 충실히 따랐을 것이다. 그러나 그날

스포츠 · 연예 8월 3일(월)

연장게임을 본 사람들은 모두 동의하겠지만, 그 우승의 순간에는 흥분하지 않을 수 없었다.

본게임을 비겨서 하루종일 피를 말리는 연장전을 펼쳤다. US OPEN 역사상 최장 연장전이라고 하지 않는가... 기적적으로 승리를 했는데 그 정도도 흥분하지 않으면 그게 사람인가. 박세리의 US OPEN을 지켜본 수많은 골프전문가들이 그 게임을 골프 역사상 가장 박진감 넘치고 드라마틱한 게임 중 하나로 꼽는다. 지금 당장 골프관련 사이트의 토론방을 찾아보시라. 그 게임 이후 LPGA 팬이 되었다는 사람들의 글을 무수히 발견할 수 있을 테니까.

그런 게임 후 그 정도의 흥분도 허용되지 않는다면 그게 오히려 더 비정상이다. 그런 정도의 기쁨도 포용 못한다면 포용 못하는 쪽이 옹졸한 것이다. 관례는 관례일 뿐 모든 경우에 절대적일 수는 없는 것이다. 필드에 갤러리가 들어오지 못하는 관례는 미국방송도 어겼다. 그들도 우승 직후 박세리를 필드에서 인터뷰하지 않았는가.

프랑스가 월드컵 우승하고 바로 브라질한테 귀엽고 예쁘게 총총총 걸어가 유니폼부터 갈아입을 수는 없다. 20살밖에 안 된 어린 나이에 세계에서 가장 큰 골프대회에서 그렇게 극적으로 우승하면 울음부터 터져 나오는 것이다. 미국놈들의 섭섭하고 아쉬운 시각에서 나온 말에 우리까지 아이구... 할 필요없다.

슈아지리퐁이 이겼다면 그것보다 더하면 더했지 결코 덜하지 않았을 것이니까. 그녀가 이겼다면 기쁨을 감추고 다소곳이 걸어와 박세리와 악수부터 했을 것 같은가. 본게임 마지막 퍼팅을 버디로 잡고 좋아서 입을 다물지 못하며 펄쩍펄쩍 뛰었던 그녀가 말이다. 그리고 슈아리스폰이 이겼다면, 그래서 기뻐 날뛰는 모습을 우리가 TV로 봤다면 우린 그녀가 곱게만 보였겠는가.

박세리 아부지 잘 튀어나왔다. 덤블링하며 안 나온 게 아쉽기까지 하다.

2. 태극기...

국가대항전도 아닌데 교포들이 태극기를 흔들며 응원했다고 잘못했단다. 이건 우리가 지레 '저 잘못 했나봐여... 반성하께여...' 하는 항목인데 우낀다. 태극기 흔드는 것이 뭐 잘못됐나. 국가 대항전도 아닌데 국기를 흔들었다...

그럼 미국넘들은 왜 슈아지리폰 응원했나. 개인경기인 골프를 중계하면서 미국방송은 왜 슈아지리폰의 편이 되어서 중계를 하고 미국넘들은 왜 슈아지리폰이 이기길 바랬냐는 말이다. 왜? 슈아지리폰이 미국넘이니까. 그게 당연한 거다. 우린 박세리 이기길 바라고 미국넘들은 슈아지리폰 이기길 바라고. 그러니까 국가 대항전도 아닌데... 이딴 소린 하지 말자.

그런 큰 승부에서 단둘이 남았을 때 자국민이 이기길 바라는 것은 당연한 것이고 아무런 흠 될 것 없다. 국가대항전이 뭐 별것인가. 그런 심리상태되면 실질적인 국가대항전이지. 그리고 교포들이 태극기 흔든 것이 국가대항전이기 때문인가? 아니다. 그들은 고국에서 온 20살도 안 된 작은 여자아이가 세계에서 가장 큰 골프대회에서 세계의 강자들을 물리치고 승리하는 것을 지켜보며 가슴이 벅차고 자랑스러웠던 것이다. 그래서 먼길 달려와 그녀의 선전을 바라고 승리하길 기원하며 응원을 하는 것이다. 이때 태극기 흔들지 그럼 뭘 흔드나. 빤스 흔들랴. 마이클잭슨은 이만기랑 국가대항 씨름해서 한국공연 때 객석에서 성조기 나부꼈나...

3. 박세리가 이긴 것이 아니라 슈아지리폰이 진 것...

웬만하면 생긴거 가지고는 뭐라 않는 본지이나 슈아지리폰... 좀 심했다..

이것이야말로 택도 없는 소리.

전문용어로 삽질. 연장 18홀에서 워터해저드에 빠졌을 때... 이때 우리는 너무도 안타깝고 조마조마했겠지만 미국넘들 입장에선 우승이 눈앞에 다가온 것으로 기분 캡이었을 것이다.

그러나 박세리는 위기를 극복했고 슈아지리폰은 눈앞에 왔던 승리를 날려버렸다. 미국넘들은 거기서 승부가 끝날 수도 있었는데 거기까진 슈아지리폰이 이겼는데... 마지막 한 타를 실수하는 바람에 다시 서든데쓰까지 가게 되었고 그래서 결국 졌다... 뭐 이렇게 생각하고 싶을 것이다.

밧트,

위기에서 동요하지 않고 포기하지 않으며 침착할 수 있는 것, 승리가 눈앞에 와도 흥분하지 않고 쉽게 생각하지 않고 들뜨지 않을 수 있는 것... 그게 바로 실력이다. 그게 바로 실력차란 것이다. 그때 그것만 성공했어도 그때 그 실수만 하지 않았어도... 백날 해봐야 뭐 하나.

실력이 뭔가, 그럴 때 이기는 게 실력이다. 슈아지리폰이 진 것이라고? 택도 엄는 소리.

삽질하지 마라.

- 딴지 스포츠 기자

한국 훌리건 창설!

2002년 월드컵개최를 앞두고 유럽의 훌리건에 대한 대책이 시급한 현안으로 떠올랐다. 이번 월드컵에서 이들 훌리건의 난동으로 인해 프랑스경찰이 숨지고, 파리 시내는 거의 전쟁터를 방불케 했다는 소식 때문이다. 2002년에 영국, 네덜란드 등의 훌리건이 몰려올 경우 월드컵이 난장판이 되어버릴 우려가 점점 커지고 있는 것이다.

한편 국내에서는 이들에 대항할 '한국판 훌리건'인 〈뻘건 악동〉이라는 난동조직이 창설되었다. 이 조직은 유럽의 훌리건에게 한국의 매운 맛을 보여주자는 취지로 탄생했으며, 각계의 난동꾼 3,000여 명으로 구성되었다고 한다.

〈뻘건 악동〉은 구케의원, 아줌마부대, 철거반원 등으로 구성되었으며 한총련으로부터 가두투쟁과 몸싸움에 대한 교육을 받고 있는 중이라고 밝혔다. 이들 구성원 중에서 특히 주목받는 인물은 299명의 구케의원들이다. 구케의원들은 평소에도 여의도에서 날치기 등을 통해 몸싸움과 소리지르기가 일상화되었기 때문에 많은 활약이 기대되고 있다.

특히 이들은 여야의원들을 적당히 섞어 놓았을 경우 그 위력이 배가되기 때문에 여야동수로 조를 짜서 넥타이 잡고 자빠뜨리기, 의사봉 빼고 고함지르기 등을 부단히 연습중이다. 평소 하는 일 엄씨 세비만 꼬박꼬박 타 먹어 국민의 지탄의 대상이 되었던지라, 이번 기회에 그 오명을 떨치기 위해 맹훈련중이라고 한다...

아줌마부대의 경우 유럽의 훌리건들이 버스나 지하철 등에서 소란과 난동을 필 경우에 대비해 뽑혔다는 소식이다. 평소 아줌마들은 버스 좌석에 대한 강한 집착력과 날쎈 행동을 보이는 특징을 가졌기 때문이다. 따라서 훌리건이 버스나 지하철에서 난동을 부릴 경우 아줌마 부대가 즉각적으로 투입되어 특유의 무대포정신으로 자리를 뺐고 강력한 수다로써 정신을 산란하게 만들어 무력화시킬 것이라고 한다.

한편 철거반원들은 포항제철에서 특수 주문한 강철쇠파이프로 무장하고, 훌리건들이 시내에서 폭동을 일으킬 경우 강력한 진압에 나설 것이라고 한다. 이들의 평소 특기인 진단 안 나오는 데 때려서 골병들게 만들기를 활용할 경우 아예 훌리건의 씨를 말릴 수 있을 것으로 기대된다. 이들 〈뻘건 악동〉들은 지난 7월 15일 잠실 주경기장에서 발대식을 가졌다.

그런데 행사 도중 구케의원들이 떡값을 요구하고, 아줌마들은 공짜 선물이 없다고 난동을 부렸으며, 철거반원은 일당 대신 조명등을 떼내어 엿바꿔 먹어버렸다... 그래서 결국 그날 행사는 개판 오분 전에서 끝나 버렸다. 끝.

- 김도균 bluesense@netsgo.com 기자

호나우도 애인 집중 분석!

월드컵 당시 브라질 경기를 보던 지구촌의 수많은 남성들이 평소보다 3배 이상의 침을 분비했다는 연구결과가 FIFA 산하 '과학축구연구소'에서 발표되어 학계의 비상한 관심을 모았었다.

유독 브라질 축구를 관전할 때만 그와 같은 현상이 발생하였는데 축구관전과 내분비계 이상현상의 상관관계를 파악하고자 저명한 스포츠 과학자들이 떼거리로 연구에 몰두했으나 결국 침이 3배 이상 분비되었다는 현상만 확인하고 그 원인을 파헤치는 데는 실패하고 말았다.

그러나 본지는 연구고 나발이고 한큐에 그 원인을 파악했다. 딱 본지 수준에 맞는 현상이기 때문이다. 바로 경기 중간중간 화면에 비춰진 호나우도 애인 수잔나 베르너 때문이었다.

그녀 자신 한때 축구를 했던 여자 축구선수였고 현재 브라질의 TV 탤런트이자

모델이며, 브라질에서 호나우도와 함께 찍은 CF만 해도 여러 개 되는 여인네...

월드컵을 전후해 쏟아지는 매스컴의 플래시를 받으며 이탈리아 영화계까지 진출하게 된 이 여인네의 모든 것을 알려달라는 본지 남성독자들의 아우성에 본지가 똥꼬 바짝 힘주고 분연히 나섰다.

근데...

나서긴 나섰는데 이 여인네한테서 까발릴 게 별로 엄따는 것이 문제다... CF해서 소득세 누락신고해서 떼먹은 것도 없고... 운전면허 불법 취득한 사실도 없고... 정치인이나 재벌회장이랑 니나노~ 놀다가 베이뷔 메이킹한 전력도 없으니...

있는 거라곤 오로지 호나우도랑 사이가 좋았다... 나빴다... 요번에는 호나우도랑 무슨 CF를 준비중이다... 담에는 무슨 영화를 찍을지도 모린다... 뭐 이런 뉴스밖에 엄는 거시다.

본지의 독자 특성은 저런 거 절때로 안 궁금해한다는 것을 모를 리 없는 본 기자는 고민하지 않을 수 없었다. 그렇다고 신체 싸이즈 달랑 적어놓고 할 일 다했다믄 또 딴지일보가 아니니... 혹은 남들 하는 대로 출신 학교나 가족 사항 읊조리고 있으면 본지 문닫아야 한다.

기러나 본지가 무슨 신문인가... 싼데이 신문을 유일한 경쟁지로 하는 도색 저널리즘을 지향하는 초절정 황색 싸이비 저널.

스포츠・연예 8월 3일(월)

세계 유일하게 본지가 독점계약한 펜티하우스 제공의 야리꾸리한 포즈 사진 갤러리로 기사를 마친다.

분석은 니네 늑대 독자여러분들께서 사진 보믄서 직접 침흘리며 해보기 바란다. 그리고 나서 분석 끝나면 감상평이나 수잔나 베르너에게 바라는 바가 있다면 독자투고 바란다. 이상.

- 딴지 스포츠 기자

8월 3일 (월) **스포츠・연예** 221

고소용 벗었다...

MBS 문와방송 일일 연속극 '내맴을 쎄비바'에서 열연 중인 인기탤런트 고소용 양이 촬영 도중 양말을 벗어던져 연예계와 그녀를 아끼는 팬들에게 커다란 충격을 던져 주고 있다.

"아무리 덥더라도 어떻게 양말을 벗을 수 있느냐, 양말까지는 그렇다 치더라도 신발까지 벗었다..."

면서 아무리 인기를 먹고 살고 일부러 스캔들을 일으키는 연예인이라지만 백주대낮에 촬영 도중 양말을 벗는 엽기적 행위는 나이 어린 청소년들에게 큰 영향을 주는 공인으로 할 짓이 못 된다며 MBS 문와방송 환락부장은 분노를 감추지 못했다.

이 사건 후 고소용 양은 현재 잠적, 비등하는 비난 여론이 잠잠해질 때까지 잠시 은둔해 있겠다고 했다고 그녀의 측근은 전했다.

또한, 그녀의 팬클럽 'Go Go 용!'은 당혹감을 감추지 못하고 긴급대책회의를 갖고 어제 오전 대국민성명을 발표했다.

"물론 부라자라든가 빤스라면 몰라도 양말을 벗은 가공할 행위 자체를 잘했다고 할 수는 없지만 음주운전, 뺑소니한 후에도 영화 '갈보'에 주연으로 발탁되고 아무도 용서해준 사람 없건만, 지 혼자 용서해줘서 감사하다고 인사하고 다시 활동을 시작한 신웅갱보단 백 배 낫다"면서 팬들의 아량을 부탁했다.

배영준의 본 모습...

한편...

그 자신이 평소 런닝구를 입지 않아 국내 메리야스 업계로부터 끊임없이 지탄의 대상이었던 배영준은, 그녀가 양말을 벗는 뇌쇄적인 자태를 훔쳐보다 하반신에 힘이 빠지면서 멍해져서 자기도 모르게 풀썩주저앉았는데, 이 모습을 포착한 본지 기자는 사진을 현상하는 과정에서 그동안 연예계에서 끊이지 않던 루머를 확인하는 개가를 올렸다.

순간적으로 얼굴의 긴장을 풀리면서 숨기고 있던 자신의 본모습이 나온 것이다.

그동안 인기를 위해 자신의 출생 비밀을 숨기고 맘 고생했던 배영

준... 이제 속 편하게 다 밝혀라...

― 연예담당기자

배영준... 그는 배영만의 동생이었다...

양아치들은 이제 고만!!

기사 내용은 위 인물들과 상관없을 수도 있고 있을 수도 있습다...

요즘 가요프로그램을 보면 대충 옆의 사진과 같은 모습이다. 가수들 이름만 다를 뿐이지... 시청자의 80% 이상이 보기엔...

그 노래가 그 노래고,
그 춤이 그 춤이고,
그 옷이 그 옷이고,
그 녀석이 그 녀석이다.

1) 전주가 조용하게, 그리고 장엄하게 흐른다.
2) 무대 위에는 얼라들이 정지동작으로 잔뜩 인상을 쓰고 서 있다.
3) 강한 이펙트음이 터지며 음악이 빨라진다.
4) 전부 똑같은 동작으로 에어로빅 하듯이 춤을 추기 시작한다.
5) 갑자기 얼라 하나가 튀어나와서 뭐라고 졸라 떠든다.
6) 손가락은 연신 E.N.G 카메라를 향해 삿대질을 해댄다.
7) 떠들던 녀석이 들어가자마자 딴 녀석이 인상을 팍팍 쓰면서 튀어 나온다.
8) 어설픈 고음으로 노래를 해댄다.
9) 간주가 흐른다.
10) 브레이크 댄스로 난리를 죽인다.
11) 얼라들이 돌아가면서 한마디씩 주절거린다.
12) 다시 딴 녀석이 튀어나오면서 숨을 헐떡거리면서 노래를 한다.

13) 음악이 끝남과 동시에 죄다 자빠진다.
14) 객석을 향해 인사를 하고 쪼르르 사회자 있는 데로 달려간다.

이때, 사회자가 꽃다발을 준다. 얼라들은 땀을 허벌나게 흘리면서 건들거리고 서 있다. 사회자가 묻는다.

"팬들에게 한마디 하실래요?"

그들 중 한 녀석이 숨을 씩씩 거리며 대답한다.

"팬 여러분 – 사랑해요."

(사회자들은 이들에게 대답이 길어질 것 같은 질문은 하지 않는다. 꽁부라고는 해 본 일이 없는 양아치들이 대부분이라 어휘가 딸려 버벅되기 때문이다.)

어린 계집아이들이 꽥꽥거리면서 돼지 멱따는 소리를 낸다. 요즘 가수라는 녀석들의 대부분은 거의 다 오토바이 뒤에 깨스통 달고 다니는 폭주족들같이 생겨 먹었다. 말투는 완전히 중딩 양아치 수준이다. 이런 쓰레기 같은 녀석들이 우리의 소중한 청소년들의 우상이 되고 있다.

이런 쓰레기들이나 쫓아댕기면서 자신의 본분을 잊어버린 어린 청소년들이 안방의 채널권을 독점하고 있다. 이것을 간파한 방송국 관계자들은 국민정서는 제쳐놓고 시청률 올리기에 혈안이 되어 있다. 방송인으로서의 자긍심이라고는 눈을 까뒤집고 봐도 없다.

스포츠·연예 7월 2무일(월)

가장 먼저 반성하고 각성해야 할 족속들은 - 방송국 쇼 프로그램 관계자들이다.

아니 어쩌면 시청률 올리기에 혈안이 되어 똥인지 오줌인지 못 가리는 방송국의 높으신 양반들일 수도 있지...

방송에서만 바람잡지 않아도 양아치 가수들은 존재하기 힘들다.
지금은 진짜 가수들이 존재하기 힘들다.

어쨋든...
이대로는 안 된다.

대중문화는 그 시대의 거울이다.

유럽의 하우스 테크노 음악과 ~
한국의 뽕짝 ~
그리고 일본풍의 의상 ~
미국흑인 그지쉐이들의 깽스터 랩 ~
이미 한물간 브레이크 댄스 ~
그리고 어설픈 알엔비가 ~
대책없이 버무려진 비빔밥 가요

이런 건 세계 어느 나라를 가도 없다.

일본이 저질문화라고 ???
푸하하 ~ 그런 소린 하덜마라 ~

우리 나라는 일본의 저질문화를 들여다가 데치고 삶고 썩혀서 지구 상에서 그 유례를 찾아보기 힘든 유치찬란한 최악의 저질문화를 만들어 나가고 있다.

이런 점에서 보자면 현재 일본의 대중문화는 우리 나라에 비하여 대략 천 배는 훌륭하다.

다가오는 21세기를 문화의 시대로 예견하는 학자들이 많다. 그렇다면... 우리는 또 실패다... 우리의 문화가 흔적도 없이 사라지게 될 가능성이 있다.

손가락으로 막아도 될 구멍이 훗날 나라를 집어삼킬 날이 도래할 것이다. 문화를 잃어버린 민족은 절대 살아남을 수 없다.

대중가요계... 비록 작은 분야일지라도 거기가 바로 뚫린 구멍이다. 지금 저질 가요에 광란하는 10대들이 바로 우리 나라를 짊어지고 나갈 이 나라의 주인들이다.

가장 찬란해야 할 청소년기가 저질 양아치 문화 속에서 오염되고 있다. 방송국들이여, 돈과 시청률에 눈이 먼 방송국들이여, 양아치들은 제발 이제 그만!!

- 연예담당기자 HAZA

이승연, 나도 벗는다!

이승연도 벗는다. 콧대 높기로 유명하고, 거울을 보면 스스로 뽕간다는 〈자뽕클럽〉의 멤버인 이승연이 드뎌 벗기로 했다고 전격 발표했다.

이러한 사실은 이승연의 매니저 학버서 씨가 기자회견을 자청, Buseri영화사의 관계자가 배석한 가운데 세계적 감독 암권택 감독의 〈娼 2〉에 주연으로 출연할 것이라고 밝힘으로써 알려졌다.

현재 이승연은 운전면허 불법취득 혐의로, 검찰에 불구속 수사를 받고 있으며 이러한 사실이 뉴스로 보도되고, 그녀가 이 사실을 보도한 케이비에수 방송국에 출연하지 않겠다고 말한 것이 알려지면서 통신망을 뒤흔드는 지탄을 받게 되자 이러한 출연 결정을 하게 되었다고 한다.

그녀는 통신망의 반응을 보고 "그렇담, 나도 〈娼〉에 출연하면 될 꺼 아녀요..." 라고 했다면서, 이승연은 화끈한 영화 〈娼 2〉를 통해 국민에게 온몸으로 사죄할 것이며 이미 홍보용으로 포스터와 스틸 몇 컷 촬영을 마쳤다고 매니저 학씨는 말했다.

학씨는 또 기자회견을 통해 신은갱이 음주 뺑소니사고 이후 화끈한 온몸 연기를 통해 국민들에게 지맘대로 용서를 받은 만큼, 그녀도 이번 사고를 땜빵하는 의미로 똥꼬 땀띠날 정도로 열연할 것이며 이번

영화는 전편 영화에서와 같은 화끈한 베드씬과 함께 그녀의 운전 솜씨가 문제 없음을 보여주기 위해 국내 최초로 고속도로상에서 운전중 카섹스씬이 포함될 것이라고 한다.

또한 전편이 세계적인 임권택 감독 덕택에 청룡영화상 등 각종 상을 휩쓸며 신은갱 재기에 정당성을 부여한 만큼, 이번 〈娼 2〉에서는 해외배급 및 아카데미상 등 각종 해외영화제를 노려 영어로 더빙을 할 것이라고 영화관계자는 밝혔다. 이에 따라 이승연은 요즈음 〈Oh,!Ye~~~ee~~〉 〈ah~umm~um~~〉와 같은 영어대사를 익히기에 전력을 다하는 중이라고 한다.

이러한 사실이 전해지자 국민들은 다양한 반응을 보였는데, 가양동의 관음중 氏(29세)는 "이번 영화출연은 잘못을 저지른 여자연예인들이 공인으로서 해야 할 당연한 의무이며, 개인적으로는 김히썬이나 김해수 씨의 운전면허도 한번 조사해 줬으면 좋겠다"고 했으며 대표적인 에로영화배우인 찐도히 씨(28세)는 "지지배들이 잘못 저질러 논 다음에 땜빵할라고 벗는다는 건 에로영화를 말살시키는 몰지각한 발상이며 이 바닥을 우습게 여기는 작태"라고 분노했다.

영화는 담주까지 여론 눈치 살피다가 크랭크인 할지 안 할지 결정될

스포츠 · 연예 8월 3일(월)

것이라 한다.

이상.

— 김도균 bluesense@netsgo.com 기자

위 사진들은 신은경 씨가 출연한 영화 〈창〉의 장면을 합성한 것임. 보는 분들의 오해가 없으시길...

석두홍 씨는 이제 세번째 SM 파이브를 타고 있슴다.

첫번째 사고 일주일 후,
석두홍씨는 자신의 두번째 SM파이브를 타고
조심 조심 운전을 했슴다.
그러나...

또 다시 중앙선을 침범하여 맞은편에서
달려오던 지난주 바로 그 티코랑 정면충돌 하였슴다.
지난 주 그 여자랑 그 남자랑 타고 있었슴다.
그 여자는 이번엔 가벼운 타박상을 입었슴다.
그 남자는 팔이 부러지는 골절상을 입었슴다.
티코는 아작이 났슴다.

SM 파이브도 허벌 깨졌슴다.
그래도 석두홍씨는 또 골절상만 입었슴다.

.
.
.

석두홍씨는 이제 세번째 SM 파이브를
두번째 아내와 탐다.

앞으로 평생 SM파이부만 타기로 했슴다...

테마신문

딴지일보 테마신문
『레인부츠』

[건강] 1년 이상 묵은 콩자반이 인체에 미치는 영향과 그 사회적 파장은... 주의) 기사 내용 중 적나라한 표현이 있는 관계로 임산부, 점심시간대의 직장인, 학생들은 각별한 주의...
충격적 사건이 수면에 미치는 영향을 다룬 보고서.

[영화] '타이타닉'을 능가할 속편 촬영 장소가 국내로 전격 결정.
[영화평] 국산 영화 '바이준'을 말한다...
'타이타닉'이 몰고 온 국내 직배영화 논쟁. 과연 직배영화가 국내 경제에 미치는 영향은...
[영화가 산책] 올 여름에 개봉한 한국 영화들... 우리 영화도 돈내고 들어가 앉아 있으면 똥꼬에...

[요리] 단백하고 영양가 높은 닭, 소주를 이용한 닭요리 법을 소개. 요리의 단점은 손님이 왔을 때 급하게 할 수 없다는 것...
[가정] 가정은 남녀가 어떠케 조화를 이루느냐에 따라 행복 여부가 결정된다. 근데 남녀가 서로 어떠케 다른지 모르면 조화롭게 사는 건 애초에 꽝!

[웃음이 있는 여행] 암에푸로 해외여행이 줄어드는 요즘, 지 맘대로 이집트를 취재하고 돌아온 김어준 기자의 생생한 취재 파일 공개...

[인물탐구] 이 여자가 사는 법... 남편의 생생한 육성 증언을 통해 IMF 시대를 힘차게 살아가는 한 여성의...

광고/어머, 너 좋겠다, 얘

http://ddanji.netsgo.com

무서운 콩자반

아침에 먹은 썩어 문들어진 콩자반 때문이었다.

쓰벌... 이 콩자반은 되도 안 한 게 역사가 되단히 오래다. 작년에도 이 콩자반이 식탁 위에 자리잡고 있지 않았나 싶다. 정확히는 몰라두 아마 97년도산은 아닌 것 같다. 냉장고에서 1년을 넘게 썩었으니 콩의 맛이나 나면 다행이었다. 냉장고 속의 가지가지 음식들의 냄새를 다 빨아 당겨 엄청나고 희한하고 진기한 맛을 뽐내고 있는 9X년도산 콩자반이었다.

글타구 냉장고 속에 들어 있는 음식들이 정상적인 것이라면 말을 안 하겠지만... 이들 다른 반찬조차도 제조년이 수 년이 넘은... 그래서 이제 색이 바래 거의 노란색에 가까운 우리집 김치들... 그리구 며르치가 얼마나 오랫동안 안 먹히고 식탁과 냉장고 사이를 오가며 퉁퉁 불었는지... 그 모습이 마치 붕어와도 같다.

그런 보기 드문 반찬들의 냄새를 다 흡수한 무서운 9X년도산 콩자반으로 아침 끼니를 때운 뒤 가벼운 발걸음으로 학교로 향했다. 평소 먹던 것이라 당연히 아무 문제 없겠지... 하는 생각으로 내 내장들을 믿어 의심치 않았는데 학교가는 버스에서부터 이상하게 신호를 알리는 가스가 쉴틈없이 뿜어져 나왔다.

평소 비슷비슷한 곳에서 내리던 낯익은 애들 몇몇이 일찌감치 내리는 사태도 벌어졌다.

수업시간엔 드디어 속에서 전쟁이라두 일어난 듯이 뒤틀리고 꽉 조이고 땡기고 난리였다. 앞이 노래지구 그 색깔에 나두 모르게 순간 우리집 노란김치가 생각이 나자 오바이트가 날려구도 했다. 괴롭다... 무지 괴롭다... 화장실을 수도 엄씨 들낙날락 거렸고... 갈 때마다 앉아서 작은 거 보는 듯한 느낌이 들었다.

보통 땐 으~~윽 부들부들... 쓰~~으윽. 툭! 풍덩. 인데. 이건 완전 첨부터 끝까지 쏴~~아...다.

수업이 덜 끝났음에두 불구허구 학교 뒷산에 애들이랑 모여서 술빤다고 하길래 아픈 몸을 이끌고 그리로 향했다. 마시던 도중에... 또 설사병이 도졌다. 쓰벌... 구찮아 죽것네...

"쓰발노마 냄새나니까 빨리 꺼지구 깨끗이 닦아... 알았어?"

그 중 한 명... 옛날 우리집에 놀러와서 밥을 하루종일 굶던 놈이 있었다... 그 콩자반이랑 다른 진기한 우리집 반찬을 보구... 굶고 말았던 놈이다.

"아직 너네 집 그 콩자반 먹냐? 저 자식 안 죽고 있는 게 신기해..."

그때 은현이란 지집이 물 사러 간다고 같이 가자고 했다. 화장실이 가까워지고 있을 무렵.

"아차... 휴지... 은현. 너 물 사러 가지? 가는 김에 휴지도 사와라. 애들 있는 데는 너무 멀어서 가기 전에 나오지 시프다... 알았지?"
"응 알았어. 기다려. 잘 누고 있어..."

쓰벌 잘 누란 말은 왜 하고 지랄이야. 어쨌든 더이상 못 참을 정도가 되어서 그대로 화장실로 튀어 들어갔다. 쏴아... 우와... 시원하다. 쓰벌... 일로 다 나오는지 오줌은 나올 생각도 안 하네. 아... 근데 은현이... 여자잖아. 여긴 남자 화장실인데 들어올 수 있을까. 에이... 못 오면 친구놈들한테 시켜서라두 오겠지...

그렇게 다 누고 일어서지도 못한 채 앉아서 담배 한 대 푸며 지달리고 있는데...

갑자기...
갑자기...

"꺄르르르, 얘 축제준비 어떻게 되었어?"
"갸갸갸(증말 이렇게 비슷하게 웃었다... 변태지집년). 몰라 대충 된 거 같애."

어... 쓰벌... 뭐야 저년들... 변태 아냐? 왜 남자 화장실에 들어오고 지랄이야.

"야... 여기 이상한 냄새 안 나? 욱...."
"어... 뭐지 이건? 똥냄새 같진 않은데... 생선 썩고 있나?"

이 쓰벌년들... 이건 내 똥이다. 내가 생선을 싸냐? 잠깐... 순간 번뜩 한 게 내눈에 보였다. 쓰레기통에... 화이트 빈 봉다리가 있는 게 아닌가... 어... 그... 그럼 여기가 여...여자 화장실? 아... 이때까지 이런 변태적인 실수는 한 적이 없이 23년을 살았건만. 우찌 이런 일이... 그래 곧 나갈거야 저년들은... 잘만 넘기면 완전범죄다.

우리 학교는 화장실구조가 좀 사악하게 되어 있다. 남자,여자 들어가는 입구는 한 입구고 들어가서 남녀로 나눠는... 벽 하나로... 이런 화장실에서의 첫 희생자가... 왜 하필이면 나란 말인가....

"야 냄새 재수 없어. 빨리 씻구 나가자."
"그래 여기 있다간 죽겠어...나가버리자."

하하하. 구여운 것들... 그래 그래 빨리 나가라 빨리... 씻는 소리가 들리더니 이내 두 지집들의 소리가 사라지고... 이제 슬슬 다른 고민이 시작되었다. 은현이 고지집이 틀림없이 남자 화장실에 내가 있을 줄 알껀데...

휴지... 휴지...

다른 정상적인 x도 아니고 물로 만들어진 거라서... 안 닦고 그냥 일어날 수 있는 문제도 아니었다. 제길할... 왜 내게 이런 더러운 시련이... 한참을 있으니까 다리가 저리고 그 앉은 자세로 담배도 엄청 꼽어서 어지럽고 난리였다. 그렇게 무모하게 아무것도 하지 못한 채 몇 십 분 있으니까, 두 번째 시련이 닥쳤다. 그 두 변태 지집들이 다시 방문한 것이다.

"야... 맥주 마시니까 너무 빨리 마려워서 짜증난다. 그지?"
"몰라 이 쌍년아..."
으... 말투도 젠장 내 똥만큼이나 더럽게 하는구나.
"어... 근데 아직 생선 썩고 있나봐."
"아... 이제 거의 시체 썩는 냄새야... 아...구역질 나."

저거 딴엔 안 들리게 할려고 작게 말하는 거 같지만 사람도 워낙이 없는 시간이고... 화장실 안이라 울려서 내 귀엔 생생히 들렸다. 가슴 아팠다...

"야... 여긴가봐. 아까부터 누가 있었는데... 아직 문이 닫혀 있어."
"씨... 내가 여기 자주 사용하는 칸인데...어떤 년이지?"

난 놈이다... 제발 그냥 가 줘... 제발...
그때 내 뒤통을 울릴 정도의 발언을 그 두 지집 중 한 명이 했다.

"야. 우리 옆칸으로 해서 한번 보자..."
"그래. 혹시 누가 똥누다가 죽었는지 어떻게 알아. 이건 분명 시체 냄새일꺼야..."

악... 안 돼... 보면, 보면 난 이 학교 못 다닐꺼야... 제발... 살려줘... 그러나... 드디어 옆문이 열리는 소리가 나고... 지집 둘이서 먼저 올라간답시구 작은 소리도 다투는 소리가 났다. 난 일단 얼굴을 가리기 위해 고개를 팍 숙이고 두 손으로 온 얼굴을 감쌌다.

그 두 지집들이 옆 변기에 올라서서는 벽 위로 고개를 내밀고 날 내려다보며 나의 가슴을 때리는 아픈 말들을 이제 막 해대기 시작했다.

"저거봐... 증말 똥 누다 죽었나봐."
"야... 똥 색깔 좀 봐... 저건 뭐야... 파충류 아냐?"
"어... 변색이... 초록색이다... 무서워..."
년들 무섭다면서도 계속 보고 있냐? 너네들도 9X년도산 콩자반 먹어봐... 살아있음 다행이다. 이년들아... 이러다가 나 증말 죽겠다. 나쁜년들아... 가 줘... 이렇게 죽으면 무슨 개망신이냐...

장례식장에서...
하객 : 안 됐습니다... 근데 아드님 어떻게 돌아가셨는지?
아부지 : 그 자식 여자 화장실에서 초록색 똥 누다 쪽팔려서 죽었습니다...

안 돼... 그렇겐 안 돼... 그때... 누가 한 명 더 들어왔다.

"어...가연아...여긴 웬일..?"
"아... 은현이구나...여기 좀 바바... 파충류가 똥누다가 죽었나 봐."

뭐? 은현이? 순간 반가웠지만 한편으론 더더욱 몸서리가 쳐졌다. 안 돼... 은현인 내 옷을 알기 때문에 이렇게 숙이고 있어도 날 알아볼거야... 순간 난 은현이의 한마디에 그대로 퍼질고 앉을 뻔했다.

은현 : "승빈아! 너 왜 거기 있어?"
가연 : "어... 남자였어? 어머 왠일이니..."
아직 이름도 모를...년 : "사람이구나... 쯧쯧..."

난 슬며시 고개를 들어서 벽 위로 고개만 내고 있는 세 년들의 얼굴을 봤고 나두 모르게 인사까지 했다. 은현이두 내가 인사하는 걸 보구 엉겹결에 소개까지 해주는 게다.

은현 : "어... 얘는 내 친구 가연이구 얘는 뭐뭐시기야..."

상상해보세요. 여자 화장실에서 초록색 똥을 누고 엉덩이는 톡 까진 채로 벗겨진 상태로... 옆 벽 위에 여자들이랑 인사하는 미친 승빈의 모습을... 난 은현이가 던져주는 휴지를 받아서 뒷처리를 하고 나왔다. 그년들이 아직 있었다... 외계인 보듯이 세수를 하고 있는 날 뚫어져라 쳐다보고 있었다...

가... 이 사악한 년들아... 이제 볼 꺼 다 봤잖아... 또 뭘... 이년들이 계속 안 가고 거기 있는 거다... 쪽팔린 거도 쪽팔린 거지만 열받아서...

나 : "왜요? 왜 자꾸 안 가구 쳐다봐요?"
가연 : "어머 웬일... 여기 여자 화장실인데... 우리보구 나가라네... 거참..."
아차... 내가 나가야 되는 거였구나... 이런 또 개쪽...
이름 모를 년 : "그리구 저거 물 안 내리고 가요? 저거... 초록색 똥...진기해서 그냥 놔둘려구요?"

그 후 일주일...
여전히 녹색임을 알 수 있다.
최근 학교당국은 이 화장실 폐쇄조치를 내렸다.

이런 쓰벌... 말도 증말 정나미 떨어지게 해대는구나. 난 다시 물을 내리고... 그때 난 봤다. 내 똥을... 증말 초록색이었다. 그것도 더러운 초록색... 은현이에게는 친구놈들한테 비밀로 해줄 껄 신신당부하고. 그냥 아무 이유 없이 만원을 줬다. 아무 이유 없이... 무서운 은현이...

집으로 향하면서 97년도산 콩자반을 없애버리려는 각오를 단단히 한 난 도착하자마자 냉장고 문을 활짝 제쳤고... 어김없이 우리집 진기한 반찬들이 날 반겼다... 헌데... 그 콩자반놈이 없어진 게다.

어디 갔지? 어... 식탁 위에 있네... 다 없어졌잖아... 누가 먹었지? 그 때... 화장실에서 신음 소리가 들렸고... 우리 형은... 며칠간 설사병을 앓았다...

형이 나온 변기통엔 물을 내렸음에도 불구허고 안 내려간 초록색 찌꺼기들과... 둥둥 떠다니는 콩이 몇 개 보였다....
무서운 콩자반...

— 본지 맘대로 기자 HiTEL 유머란의 승빈

최초 조리일로부터 1년 이상 숙성된 콩자반이 인체에 과연 어떤 물리적 영향을 미치며 그 결과 사회적 파장은 어떻게 우리 삶을 규정하는가를 체험적으로 밝힌 보기드문 현장 르뽀이다. 승빈 기자의 투철한 기록 정신에 치하를 보내는 바이다.

일부 과격하고 지나치게 사실적인 묘사가 있으나 독자들에게 최대한 현장감을 전달하기 위해 과감히 무삭제로 처리했으므로 독자들은 괜히 시비걸지 말기 바란다.

나는 그녀가 화장실에서 한 일을 알고 있다

나는 요번에 대학에 들어간 98학번 새내기다.

이 야그는 대학교에 들어가서 처음 가본 엠티에서 일어난 일이다. 햇볕이 무척이나 따사로워진 4월 우리과는 1, 2학년이 같이 만리포로 엠티를 갔다.

첫 엠티라서 나로선 상당히 기대가 되었다. 움하하하하... 2박3일 동안 한번 떡이 되도록 놀아보자. 하지만 첫날은 밍숭맹숭하게 지내고, 사건이 일어난 둘째날...

오후가 되고, 울과 사람들은 방에 옹기종기 모여 건전한 야그를 나누며 시간을 보냈다. 하지만 우리 조는 달랐다. 우리 조에는 남자 선배가 두 명 있었는데, 한 명은 얌전한 범생이었고 또 한 명은 이번 사건의 발단이 된 일명 '샤프심'이라 불리는 사내아였다.

여기서 이 형이 왜 '샤프심'이라 불리는지 짚고 넘어가자. 이유는 간단하다. 그 형의 그것이 샤프심처럼 아주 얇고 가늘기 때문이다. 그리고 이 형은 다른 사람들과는 생각하는 사고방식이 거의 180도 다르다. 쉽게 말해서 싸이코다.

암튼, 다른 조가 그렇게 건전하게 노는 동안 우리의 위대한 샤프심형은 평범하게 놀 수 없다는 판단을 내리고는 어디서 쥐도 새도 모르게 소주 5병을 째벼 왔다. 우리조는 샤프심형이 목숨을 걸고 째벼온 소주를 안주도 없이 방문을 걸어 잠근 채 순식간에 해치웠다.

모두 술빨이 올라서 헤롱거리고 있는데... 우리의 샤프심형이 폭탄선언을 했다.

"야, 니들 이 형아가 좋은 구경시켜 주랴?"
"무슨 구경요???"
"흐흐흐흐흐... 내가 어제 봐둔 곳이 있다. 이따 날이 저물면 여자애들 몰래 나와라. 마음 단단히 준비하고."

샤프심형의 얼굴. 이미 인간의 얼굴이 아니었다. 악마의 사악함과 세상 어느 곳에서도 찾아보기 힘든 능글능글함으로 뭉쳐져 있었다.

날이 어둑어둑해지고 우리는 샤프심형 말대로 방 앞에 모였다.

"지금부터 나를 따라서 한 명씩 30초 간격으로 따라와라."

그리고 샤프심형은 유유히 어둠속으로 사라졌다. 30초 후 한 명씩 주위를 살피며 샤프심형을 따라서 어둠속으로 사라졌다. 드뎌 내 차례가 되었다.

'도대체, 어딜루 가는고야?'

내가 다다른 곳은 다름아닌 여자 화장실. 그런데 샤프심형과 애들이 안 보였다. '쩝..... 장난친 건가 보네...' 하며 뒤돌아서려는 순간,

"야, 어디가 임마, 빨리 들어와!!!"

허헉!!!

난 내 눈을 의심하지 않을 수 없었다. 화장실 뒤에 있는 아주 좁은 틈 사이로 남자 5명이 들어가서 쭈그려 앉아 있는 것이 아닌가!!! 그들은 이미 인간이 아닌 한 마리의 늑대들이었다. 하지만, 나도 역시 죽을 힘을 써서 그 틈을 삐집고 들어가 좋은 자리를 꽤차고 앉았다.

내 가슴속에서 고요한 울부짖음이 들린다.

아~~~~~~~~~~~~~~~~~~~욱 !!!

우리 6명은 화장실 뒤쪽 창문을 중심으로 독수리 대형으로 쪼그려 앉았다. 우리는 비장한 각오로 조금 있으면 어떤 일이 벌어질까 하는 상상을 하며 얼굴을 붉히고 있었다. 그때 샤프심형이 지금도 기억에 남는 명언을 했다.

"니들 나를 믿고 여기까지 따라와줘서 정말 고맙다. 그런 일은 없겠지만 만약 돌발사태가 발생해 우리는 개죽음을 당할지도 모른다. 하지만 우리는 살아도 같이 살고 죽어도 같이 죽는다. 이 작전이 성공한다면 우리의 업적은 후손들에게 길이길이 남을 것이다. 자 모두들 심호흡 크게 한번씩 해라!"

샤프심형은 이미 인간의 경지를 넘어선 듯했다. 우리가 긴장을 가라앉히며 몇 분을 기다린 끝에... 누군가 화장실 불을 켜고 들어왔다. 난 누구인지 확인하려고 눈을 부릅떴다.

뜨아... 조양이다.

이제 조양에 대해 말해보자. 조양은 우리 과에서 순위로 따지자면 두

번째로 이쁜 녀자였다. 하지만, 조양의 내숭과 공주병은 거의 상상을 초월해서 많은 남자들이 조양에게 프로포즈했다가 울고 갔다는 전설이 내려오고 있었다. 그런 조양이었기에 우리는 더욱 흥분하지 않을 수 없었다.

심장이 멎을 것 같은 고요한 정적이 흐르고... 이내 이 깨질 것 같지 않던 정적을 가르는 샤프심형의 외침이 들려왔다.

'꿀 ... 꺽'

조양이 바지를 벗는다. 조양의 분홍색 팬티. 그리고 팬티마저... 조양의 밀가루처럼 하야디 하얀 엉덩이가 드러났다.

한 치의 오차도 없는 정확한 좌우대칭의 쌍바위. 마치 삼립호빵 두 개를 붙여놓은 듯 했다.

허어어헉... 난 통일호 열차처럼 고동치는 내 심장을 주체할 수 없었다. 샤프심형을 바라보았다. 어두운 밤하늘의 북두칠성보다 빛나는, 한여름 뜨거운 태양보다 이글거리는 그런, 바로 그런 눈빛이었다. 그 눈빛은 내가 죽을 때까지 잊을 수 없을 것 같다.

조양은 아무것도 모른 채 자신의 거대한 분신들을 뿜어내고 있었다.

푸지직... 푸직... 푸지지지직...

그 여리디 여린 몸에서 저런 막대한 양을 뿜어내다니... 조양의 분신들은 갓 구어낸 피자처럼 뜨거운 김을 내뿜으며, 우리의 후각을 강하게 자극했다. 아쉽게도 조양이 일을 다 보고 일어나려는데 바로 그 때, 그 누구도 예상치 못한 일이 벌어지고 말았다.

"어... 아까는 휴지 있었는데... 누가 다 가지고 갔나? 아 씨볼... 어떡하쥐... 아 재수 디럽게 없네!"

그렇다. 조양에게는 자신의 몸에 붙은 건더기를 닦아낼 휴지가 없었다. 난 가서 도와주고 싶었지만, 조양은 얼굴만큼이나 슬기롭게 이 사건을 해결할 것이라고 굳게 믿었다.

한참을 망설이다가 조양의 시선이 한 곳에 멈췄다. 조양의 강렬한 시선이 다다른 것은...

며칠 전에 누가 먹다 버린 수박 껍데기. 빨간 부분은 다 먹어 아주 가늘고 앙상하게 뼈만 남은 삼각형 수박 껍데기.

조양은 서슴없이 그것을 낚아챘다. 그리고는 그것으로 자신의 그곳을 아주 힘차게 닦아내었다.

'우워워우워어'

앙상하게 뼈만 남은 그것에 묻은 황금색 건더기들. 차마 눈 뜨고 볼 수 없는 장면이었다.

그러나, 워낙 깔끔한 조양이었기에 조양은 그것의 다른 쪽으로 다시 한번 힘차게 닦아내었다.

'쓰윽... 쓰으윽...'

우리 모두 눈을 질끈 감았다.

조양은 그제서야 만족했는지, 그것을 쓰레기통에 버리고는 유승준의 '사랑해 누나'를 부르며, 물도 안 내리고 나가버렸다.

다시 정적이 흐르고..... 난 다시 샤프심형을 바라보았다. 이미 달아오를 만큼 달아올라 새빨개진 얼굴, 반쯤 벌린 입, 거기서 흘러내린 침, 이마에 맺힌 땀방울... 이내 샤프심형은 고개를 떨구었다.

자신이 생각했던 것과는 너무도 다른 현실에서 오는 괴리를 이겨내지 못했는지 그는 고개를 떨군 채 잠시 사색에 잠기었다. 그런 그가 잠시 후 입을 열었다.

"이제부터 저 년, 내 앞에서 내숭떨고 깔끔한 척하면 내가 족친다. 내 이름을 걸고 맹세한다. 얘들아 더 흉한 꼴 보기 전에 그만 가자."

나는 보았다. 그런 말을 하고 있는 그의 입술은 떨리고 있었다. 그 역시 상당한 충격을 먹은 듯했다. 우리는 자리를 일어나 한 명씩 다시 그 좁은 틈을 빠져 나갔다. 나는 가기 전에 쓰레기통을 바라보았다. 수많은 휴지들과 함께 처박힌 수박 껍데기.

'다음 세상에서는 부디 깨끗한 티슈로 태어나길...'

우리는 그날 밤, 악몽같은 일을 잊고자 술파티를 벌였다. 분위기가 무르익을 무렵, 조양과 애들 몇명이 우리 조에 놀러 왔다. 우리 조원

테마신문-건강 7월 2□일(월)

들 그 누구도 조양에게 눈길조차 돌리지 않았다.

그러나, 조양이 술먹으면서도 계속 내숭과 깔끔을 떠는 것이다. 여기서 다시 우리의 샤프심형의 싸이코 기질이 발동되었다.

"아이고, 아까부터 배가 아프네. 야, 휴지 좀 줘."

한 친구가 휴지를 꺼내려 하자,

"야, 됐어. 그냥 거기 수박 껍데기 하나만 줘!"

하지만, 조양은 아직도 그게 뭔소리하는 건지 모를 것이다. 그리고, 샤프심형은 그 사건이 생긴 후에 아직도 밤만 되면 똥묻은 수박 껍데기가 나오는 악몽을 꾼다고 한다.

– 딴지 맘대로 천란특파원 연희남편

타이타닉 속편 촬영지 한국으로 결정!
– 〈20번 쎄게 팍큐사〉 긴급 발표

타이타닉의 빅히트에 힘입어 이번에 속편을 만들기로 하고 장소물색을 한 결과 한국으로 긴급 결정했다고 전격 발표했다. 촬영장소는 수중 태릉지하철역!

이번 속편에서는 침수된 지하철역에서 벌어지는 인간 군상을 리얼하게 재현하고 휴머니즘에 바탕을 두고 촬영에 임할 생각이라 한다. 제목은 이례적으로 '타이타닉'에 이어 한국어로 '차디차니'로 결정. 중랑천의 차가운 물을 감각적으로 표현한다는 홍보전략.

줄거리는 대략 다음과 같다.

한가한 백수 재순(잭슨)은 친구들과 지하철 패스를 걸고 짤짤이를 하다 이기게 되자 기분이 째져 비교적 고급스로운 7호선을 타게 된다. 거기서 그는 여성전용칸에 탑승한 선보러 가는 여자를 우연히 보게 된다. 재순은 부모의 강요로 선보러 가는 것이 죽기 보다 싫다고 지하철 맨 앞 칸의 조종실에 들어가려 조종실 뒷벽에 머리 박고 몸부림치는 이 여자를 거기 왜 들어가려냐면서 말린다.

여자는 맨 앞 칸에서 두 팔을 벌리라고... 라고 대답하면서 이윤 지도 모른다고 한다. 재순은 그녀의 허리를 뒤에서 껴안고 그렇게 소원이면 두 팔 함 벌려 보라고 사람들이 이상하게 쳐다보는 것에 아랑곳하지 않고 지하철 연결통로에서 〈껴안고 두 팔 활짝 벌리기〉를 시도하는데, 이때 둘은 말없이 이심전심으로 마음이 통한다.

그러나, 하필 그때 중랑천의 범람으로 지하철 안으로 물이 쏟아지기 시작한다. 둘은 아수라장이 된 지하철에서 손을 잡고 맨 뒤칸으로 뛰어간다.

점점 다가오는 물살을 바라보던 그들은 갑자기 웃긴 얘기로 서로를 웃긴다. 그러자 그들은 허파에 바람이 들어갔고 이내 물위로 떠오른다. 하지만 우리의 긴급구조 119는 사건발생 10시간 후에 도착하는 기민함을 보이면서 우리의 재순은 퉁퉁 불어서 그만 숨을 거둔다는 애처롭고 로맨틱한 이야기.

누가 그들의 사랑을 욕하겠는가?
우리는 이 영화의 곳곳에 숨어있는 감동적인 장면을 여러 번 볼 수 있다.

지하철 안으로 물이 들어오는 급박한 상황에서도 결코 당황하지 않으며 끝까지 하모니카를 연주하는 장님 앵벌이의 진정한 예술혼!

거친 물살에도 아랑곳하지 않고 자리가 생겼다고 날아가서 앉는 아줌마!

이 모든 것이 영화 요소요소에 스며 있다.

특수촬영팀은 말한다.

"이렇게 완벽한 세트는 처음 봤다. 한국에 이런 곳이 있다니 다만 놀라울 뿐이다. 한국의 지하철공사 관계자들에게 감사한다."

태릉 지하철역... 정말 놀랍다.
자랑스럽다... 태릉지하철역...

– 본지 맘대로 HiTEL 특파원 석정균 paradox9

영화 '바이준'을 말한다

우리가 이것을 '영화'라고 부를 때 비로소 공익근무요원은 '용사'의 칭호를 얻을 수 있을 것이고 파리와 모기는 '조류'에 속할 수 있다.

– 본지 맘대로 영화 평론가 조원희

직배 영화를 어떻게 볼 것인가

직배 영화를 보면 우리가 어떻게 되는 것인가.

영화 타이타닉이 수입되었던 초기 전국적으로 타이타닉 보지말자는 움직임이 있었다. 50만 명만 영화를 보면 그동안 금모으기 해서 벌어들인 외화가 타이타닉으로 다 빠져 나간다는 것이었다.

과연 직배영화를 어떻게 볼 것인가. 따져보기로 하자.

▶ 우선 〈직배〉 영화의 이윤 배분 구조는 이렇다.

요금이 6,000원이라고 했을 때, 요금에 붙는 부가세와 영화진흥기금 등을 제외하고 나면 5,000원 정도가 이윤으로 남는다. 이 5,000원을 다시 극장주와 배급업자가 5:5 정도로 배분한다.

이렇게 배분한 돈을 다시 5:5 정도의 비율로 나눠 반은 미국으로 송금하고 반은 국내에서 회사운영 경비와 홍보비 등으로 소비한다. 그러니까 6,000원 중 남는 돈 5,000원의 반 - 2,500원 정도를 배급업자가 가지고 그 중 다시 반 정도를 미국 영화사에 송금하므로, 입장객 한 명당 약 1,250원 정도가 외화로 빠져나간다.

물론 이 비율은 영화에 따라, 직배사에 따라 조금씩 차이가 있지만 이윤 배분 구조 자체는 거의 차이가 없다.

통신망에서 떠돌았던 모든 이윤의 50%가 빠져나간다는 설은 입장료 6,000원에 대한 50%가 아니고 이윤을 배분할 때 각 단계마다 적용되는 배분 비율이 대충 그러하다는 것이다.

결국 6,000원인 입장료에 대한 비율로 본다면 20% 안팎이라는 이야기다. 그러므로 50만 명이 본다면, 외화 유출은 6~7억 정도이다. 전국적으로 따져 본다면, 특 A급 영화의 경우 전국 관객수는 통상 서울에서 동원 관객수의 3배수가 보통이므로 150만 명 정도가 된다. 이 경우 전국적인 외화 유출액은 맥시멈 20억 선이다.

반면 국내에 남는 금액은 서울 50만 명 동원을 기준으로 한다면, 전국적으로 미니멈 60억 정도가 된다. 물론 관객 동원이 많이 되면 될수록 유출되는 외화도 늘어나고 동시에 우리 영화 산업계가 버는 돈도 늘어나게 된다.

▶ 이제 〈수입〉

타이타닉 정도면 최소한 수입가는 300만불 정도 될 것이다. 지금까지 영화 수입액을 보면 그렇다. 우리 돈으로 50억 정도다.

우리 나라 대기업이 영화를 수입할 때 지들끼리 싸워서 가격 올리는 조또 빙신 같은 이때까지의 관행으로 볼 때, 아마도 액수는 더 올라가면 올라갔지 결코 내려가지 않을 것이다. 500만 불 이상을 준 영화도 있으니까.

헐리우드가 우리 영화 시장을 〈봉〉이라 생각하는 것은 바로 이 대기업들끼리의 제살 깎아먹기 경쟁 때문이다. 가만 있어도 지들끼리 경쟁해서 가격이 막 올라간다. 우리 나라는 그래서 전 세계에서 가장 비싸게 영화를 수입하는 나라 중 하나다. 어떤 때는 10배 이상되는 가격도 문다. 빙신들.

그리고 대기업이 영화를 수입할 때, 순전히 자신들 돈으로 수입하냐면 전혀 그렇지가 않다. 은행에서 〈차입〉한다. 빚내서 사들여 온다. 〈대빡〉 터트려 일시에 만회할 수만 있다면... 하면서...

50억은 계약하면서 이미 외화로 유출되는 돈이다. 그럼 이걸 만회하기 위해선 얼마나 관객이 들어줘야 하느냐. 서울에서 대략 70만 정도가 보면 이 액수가 대충 삐까삐까해진다.

그 다음부터가 이윤이다. 서울에서 한 백만 정도가 봐주면 대략 20억 정도가 남는다. 그렇게 번 돈을 어떻게 쓰느냐... 약 1~2 억 정도는 국내 영화 진흥에 투자한다. 그리곤 어디에 쓰이는지 정확하게 모른다.

▶ 자 이제 비교해 보자.

〈직배〉영화가 나쁜 점은 영화를 많이 보면 볼수록 외화가 유출된다는 것이다. 그 비율이 20% 안팎이든 어떻든, 외화가 유출된다.

〈수입〉영화가 나쁜 점은 외화를 주고 사온 영화가 흥행에 실패한다면, 도저히 그걸 만회할 길이 없고, 흥행에 성공해도 국내 영화 진흥에 쓰이는 돈은 거의 없다는 것이다.

국내 영화인들이 〈직배〉 영화 때문에 영화산업이 죽는다는 이야기는 그래서 사실 설득력이 떨어진다. 영화산업이 죽는 이유는 〈직배〉영화 때문이라기보단 한국 영화에 〈투자〉가 없기 때문이다.

간혹 〈직배〉영화로 빠져나가는 돈, 몇 십 억이면 우리 나라 영화 수십편을 제작할 수 있다고 하는데, 그 돈이 정말 국내 영화 진흥에 모두 쓰인다면 옳은 말이나 사실은 그렇지가 않다는 것이 문제다.

반면,

〈직배〉영화가 좋은 점은 별 시덥잖은 영화로 외화 낭비할 일이 없다는 것이다(재미없는 영화를 들여와 흥행에 실패하면, 국내에서 홍보비 등 제 경비로 쓰고 나면 송금할 돈이 없어서 그렇다).

실제로 한 해에 수백 편의 외화가 〈수입〉되는데, 이중 제대로 유출된 외화값을 할 만큼 흥행에 성공하는 영화는 몇 편 안 된다.

〈수입〉영화가 좋은 점은 싼 가격에 들여 온 영화가 흥행에 성공하면 적은 외화로도 큰 돈을 벌고 영화업계가 살찐다는 점이다. 물론 제대로 그 돈을 국내 영화 진흥에 투자한다면...

▶ 그러니까...

〈직배〉던 〈수입〉이던 공통점은 반드시 외화가 빠져나간다는 것이다. 영화로 빠져나가는 외화 유출을 막는 길은 외국 영화를 영원히 안 보는 것만이 유일한 해결책이다.

근데, 외국 영화를 전혀 안 보는 나라는 이 세상에 없다. 아프리카에서도 본다. 심지어는 북한도 영화 수입한다. 그러므로 그것은 해결책이 될 수 없다. 19세기도 아니고 말이다.

해결책이 몇 가지가 있을 수 있겠다.

- 한국 영화가 강해져 전 세계로 수출되고, 그래서 유출된 외화 이상을 벌어들이는 것. 바로 심형래의 영화처럼.

- 대기업들이 지들끼리 박터지게 싸워서 괜히 〈수입가〉 올라가게 하는 빙신 지랄 관두는 것.

- 일단 〈수입〉한 영화를 통해 벌어들인 돈은 한국 영화 진흥을 위해 반드시 재투자하는 것. 한국 영화 관객이 벌어준 돈인데 당연히 한국 영화를 위해 재투자되어야지.

- 우리 스스로 한국 영화 수준 낮다고 하지 말고, 애정을 가지고 많이 봐주는 것.

- 한국 영화 진흥을 위한 올바른 정책들이 마련되고, 영화인들이 맘껏 창작의 나래를 펴도록 조또 빙신같은 불필요한 검열을 죽이는 것.

- 영화인들이 좀더 세련되어져서 제발 수준 높은 영화 좀 많이 만들어 주는 것.

더 있을 수 있을 것이다. 그러나, 타이타닉 영화 하나 안 보는 것으로 절대로 해결 안 된다.

타이타닉을 보자, 말자... 직배 영화를 보자, 말자는 이야기가 아니다. 그 정도 외화의 유출이라도 막아야 한다는 애국심을 탓하는 것이 아니다. 진짜로 우리가 분노해야 할 부분은 따로 있다는 것이다.

SK 증권의 〈2억 5천만 불〉 한번에 까먹기처럼, 우리 재벌들이 후진적인 경영으로 날려버리는 돈에 비하면 도대체가 새발의 피다. 이런 건 놔두고 영화 한편 보러가는 시민들을 〈매국노〉 만드는 '마녀사냥'은 이제 그만 해야 한다는 것이다. 진짜 〈매국노〉는 따로 있다.

좀더 냉정해지자. 〈직배〉 영화가 만만세 좋다는 것이 아니고, 무작정 〈피해의식〉은 버리고 냉정하게 사태를 파악하자. 본다고 〈매국노〉 만들지 말고, 안 본다고 〈얼치기 애국자〉 만들지 말고.

정말 중요한 것은, 정말 커다란 피해는 서민들이 보는 영화 한편에 의해 생기는 것이 아니다. 정말 큰돈 날리는 도둑놈들은 떵떵거리고 지 배만 아직도 채우고 있는데 말이다...

서민들이여... 보고 싶은 영화는 맘 놓고 보시라.

- 딴지 영화부 기자

극장가 산책

변사체로 발견된 중년 여인과 그녀가 가지고 있던 돈을 둘러싸고 벌어지는 미스테리 추리물. 똥꼬가 아릿한 공포를 맛보게 하는 서스펜스의 새 지평을 연다.

- 아마겟돈?

실연의 상처를 입은 한 젊은 남자... 상처를 달래기 위해 담배를 한 대 피려고 하는데... 그는 불이 없다. 그때 마침 저쪽에서 결손가정에서 자라 어릴 적부터 담배를 배운 한 어린 소년이 버끔 담배를 피면서 한 손으로 뭔가를 만지작거리고 있다... 평생 누구한테도 아쉬운 소리를 해본 적 없는 젊은 남자... 뚜덕뚜덕 걸어가 한마디를 건네고... 이제 그들은 하나가 된다... 상처받은 영혼들의 아름다운 사랑 이야기... 당신은 눈물을 참을 수 없다.

- 라이타니?

본격 정치물!! 지금 국회에서는 무슨 일이 일어나고 있는가? 한국에서도 정치 영화가 성공할 수 있다. 국민들은 절대 모르는 국회 내부 밀실의 비정한 승부사들의 세계. 낙장불입을 외치며 일전을 불사하는 불타는 눈동자들... 내 손엔 똥, 저 넘 손엔 비... 함 붙어보자...

- GO 칠래!!

탈옥 영화의 진수, 빠삐용 이후의 최대의 탈옥영화!! 한 탈옥수와 그를 피하려는... 경찰들 간의 숨막히는 숨바꼭질...

- 무궁화 꽃이 피었습니다

취닭 요리법

1. 닭을 산다.
2. 소주 두 잔을 마신다.
3. 닭을 냄비에 넣는다.
4. 쏘주 두 잔을 마신다.
5. 물을 냄비에 붓는다.
6. 쐬주 두 잔을 마신다.
7. 가스렌지의 불을 켠다.
8. 쏘주 쐬잔을 마신다.
9. 닭이 가스렌지를 끓이는 걸 본다.
10. 나가서 쐬주 한 병 더 사온다.
11. 가스렌지가 잘 익었나 본다.
12. 쌔주럴 먹는다.
13. 쌔주럴 4시간 동안 끓인다.
14. 쌔주럴 먹는다.
15. 닭에서 가스렌지를 꺼낸다.
16. 쌔주럴 ... 힉!
17. 가스렌지를 닭으로 찔러본다.
18. 벗질을 껍긴다.
19. 쌔주 사 온다.
20. 닭에 식탁을 올려 놓는다.
21. 가스렌지를 마신다.
22. 딸꾹! 힉!
23. 식탁을 먹는다.

팩소주로도 요리가능
(본 요리 특정상표와 암
상관 엄씀)

– 정체불명의 통신 요리사

남자와 여자의 차이

가정은 남자와 여자가 만나서 이룬다. 행복한 가정은 남자와 여자가 어떻게 다른지 아는 것에서부터 출발한다. 남자와 여자가 어떻게 다른가 알아보자.

▶ 식물 재배
여자가 매일 화분에 물을 주고, 햇빛을 쬐어주면 예쁜 꽃이 핀다. 남자가 매일 화분에 물을 주고, 햇빛을 쬐어주면 모조리 죽는다. 왜 그런지 그 이유는 아무도 모른다.

▶ 외출 준비
남자가 외출 준비가 됐다고 하면 정말 끝난 거다. 여자가 외출 준비가 됐다고 하면 화장하기, 악세사리 고르기, 옷 고르기, 신발 고르기만 남았다는 말이다.

▶ 울기
남자는 울음이 나오면 숨기려고 한다. 여자는 한번 울기 시작하면 보이는 게 없다. 가끔 울면서도 거울을 본다. 남자가 그런다면 상당기간 요양을 권한다.

▶ 전화 통화
남자는 중요한 기념일 축하나 약속 확인을 위해 가끔 전화를 사용한다. 여자는 하루 종일 같이 지내다 들어와 자기 전에 또 2시간 이상 통화한다. 그리고 끊으며 "그래, 자세한 건 내일 얘기 해줄게" 한다.

▶ 친구 이름 부르기
여자 셋이 친구 사이고, 각자의 이름이 희애, 진실, 혜수면 〈희애야〉, 〈진실아〉, 〈혜수야〉 하고 서로 이름을 불러준다. 남자 셋이 친구 사이고, 각자 이름이 불암, 승헌, 인표면 서로 부를 때 〈C-bar놈〉, 〈좆도〉, 건전하다고 하는 게 〈야 이 새끼야〉 정도가 된다.

▶ 화장실 이용하기
남자는 화장실을 생리적인 목적으로만 사용한다. 화장실에서 대화 않는 것은 물론 서로 쳐다보지도 않는다. 여자는 화장실을 사회적인 목적으로 사용한다. 정말 중요한 대화와 결정은 거의 화장실에서 이루어진다. 그리고 남자는 절대로 밥 먹다가 옆에 앉아 있는 친구한테 "승헌아, 화장실 같이 안 갈래?" 라고 하지 않는다.

▶ 시장보기
여자는 필요한 것들을 미리 종이에 적어 하나 하나 따져가며 산다. 남자는 냉장고에 김빠진 콜라밖에 없을 때야 비로서 쇼핑을 한다. 그리고 포장이 좋아보이는 것은 닥치는 대로 사버리고 영수증은 그대로 버린다. 그리곤 또 떨어질 때까지 아무 생각없이 처먹는다.

▶ 혼자 살며 빨래하기
여자는 최소한 3일에 한 번은 세탁기를 돌린다. 남자는 속옷의 화학 성분이 바뀌기 전까지 입고 또 입고, 스스로 도저히 참을 수 없으면 거꾸로 입고, 뒤집어 입고, 덜 더러운 걸로 또 바꿔입고, 구멍 나도 그냥 입고 하다가 더 이상 빨래통에 든 속옷밖에 없으면 비로소 동네

세탁소로 향한다.

▶ 거울보기
남자는 집에 있는 거울이나 화장실 거울을 가끔 본다. 여자는 자기 얼굴이 비치기만 하면 아무데나 얼굴을 갖다 댄다. 쇼윈도는 기본이고 숟가락이나 밥그릇 뚜껑, 심지어는 대머리에도 갖다 댄다.

▶ 수다떨기
남자들끼리 만나면 말은 별로 안 한다. "잘있냐... 돈벌이는... 술 먹자... 그 새끼 결혼한다더라... 잘 가라..."
여자들끼리 만나면 일상적으로 통용되는 거의 모든 단어가 사용된다. 연예인들끼리 막 사귀기 시작하고, 바람도 났다가 가끔 죽기도 한다. 죽었던 사람도 다음 만날 때 대부분 살아나 있다.

▶ 지적 성장
여자는 17세에 이미 어른이다. 남자는 37세에도 만화와 오락에 미쳐 가족도 버린다.

▶ 화장실에서 필요한 것
남자 – 치약, 칫솔, 비누, 수건, 면도기
여자 – 도저히 그 숫자를 다 알 수가 없다. 약 400종이 넘지 않을까 한다. 가끔 먹는 건 줄 알고 먹다 죽는 여자들도 생긴다.

– 작자미상

피라미드와 스핑크스가 디비자는 곳... (1)

피라미드와 스핑크스가 디비자고 있는 곳, 이집트 이야기를 시리즈로 시작한다.

우선 이집트 분위기 파악부터 하자. 이집트에는 이집트를 이집트답게 하는 것들이 있다.

▶ 신호등과 교통 짭새

까이로 도심에는 신호등이 많다. 거의 50미터 간격으로 있다. 근데 아무도, 그야말로 아무도 이 신호를 안 지킨다. 뻘건 불이던 퍼런 불이던 사람들은 꼴리는 대로 건넌다.

그렇다고 교통 짭새가 엄나? 의무 복무제인데다 까이로 인구가 설보다 많기에 우리 나라로 치면 교통 의경이 신호등 눈깔만큼 많다. 신호등 하나당 짭새가 한 명씩 배치되어 있다고 보면 틀림없다.

게다가 이 교통 짭새들이 장총까지 메고 있다. 탄창까지 있는 장총을 말이다. 가공할 교통짭새라 아니 할 수 없다.

그런데도, 이집트 잉간덜... 건널목 뻘건 라이뜨가 꺼뻑꺼뻑 해도 주춤거리지도 않는다. 라이뜨뿐 아니라 교통 짭새들이 손을 휘이휘이 젓든 말든... 멈칫하기는 커녕 짭새쪽으로 쳐다보지도 않는다. 기냥 건너뿐다.

그럼 차는? 소달구지랑 앞서거니 뒤서거니 대충 뭉게고 지나간다.

뚜렷한 자기 주관으로 각자 일에 매우 충실하다 볼 수 있겠다. 와중에 짬새는 차와 사람들이 자기 수신호를 따르든지 말든지 혼자 무쟈게 심각한 표정으로 호각 불며 허공을 휘저어대고.

'그럼 저 많은 신호등은 모하러 맹글어쓸까...'

까이로 가는 길에, 뱅기 안에서 불란서 호모 한 넘을 만났는데 그 넘 이름은 루홍. 그 넘은 이집트에 열 번도 넘게 왔다는 벽화 인터리어를 한다는 넘이었는데,

나한테 은근히 한똥꼬 하겠냐고 의사타진을 해왔던 호모다. 물론 난 안 했다. 피 나잖아...

하여간... 이 넘하고 시내를 거닐다 쭈욱 뻗은 대로에 신호등이 쭈르륵 서있는 걸 보면서 물었다.

"루홍아, 저 많은 신호등은 도대체 모하러 이쓰까..."

그 넘은 니도 차차 알게 될끼야 하는 표정으로 지긋이 나를 쳐다보면서 말했다.

"데꼬레이숑..."

▶ 이집트 공항에서...

워낙에 이집트 자체가 황당한 시스템으로 굴러가는 곳이란 것을 여러모로 겪었기 때문에, 국제 공항인데도 Gate 따로 없이 한 장소에 모든 승객이 오밀조밀 낑겨 기다리다, 승무원이 책상 위로 올라가 종

이로 만 메가폰으로 "이번 뱅기는 뭔 뱅기다아~" 일케 외치면, 수백 명이 살기 등등한 눈으로 우르르 달려가 출구로 선착순하는 스펙따 끄르한 광경을 접하고도 덤덤... 했다.

'저렇게까지 앞쪽에 줄 서려고 할 필요없는데... 늦게 타도 결국 자기 자리에 앉게 될 텐데...'

하는 의문은 있었지만, 내가 탈 뱅기를 알리는 절규를 듣자마자 옆에 있는 쉐이들이 냅다 뛰니까 나도 암 생각없이 기냥 뛰었다. 졸라 뛰 어 2등 먹었다.

내 뒤로 한 200명 서 있는 거 보니까 씨바... 자랑스러웠다. 막 자랑 하고 싶었는데 말 통하는 잉간이 아무도 없어 못했다. 아직도 아쉽 다.

하여간 2등으로 뱅기에 올라 내 자리로 가려고 표를 보니...
허거덕... 보딩패스에 좌석표시가 없네...

스튜어디스한테 어케된 거냐 물어보려는 찰나, 막 밀려 들어오는 이 집트 잉간들의 손에 보딩패스가 들려있지 않는 것을 발견했다. 자리 를 확인하려고 보딩패스를 들여다 보며 들고 타기 마련인데...

웬만하면 이 광경을 그냥 지나치고 스튜어디스한테 가겠지만, 다년 간 여행 짬밥으로 초절정 울트라 하이퍼 여행 통밥을 소유한 본인은 한큐에 시스템을 눈치챘다.

'음... 이건 암 데나 먼저 앉는 넘이 임자인 시스템이다...'

테마신문-여행 8월 3일(월)

도대체 국제 뱅기에서 암 데나 먼저 앉는 넘이 임자인 시스템은 듣도 보도 못했지만 여긴 이집트. 애브리띵이 파쓰블한 곳.

휙 고개를 돌려 맘에 드는 자리를 향해 몸을 날렸다.

일단 자리에 안착하고 한 30분 자리전쟁을 느긋하게 관전하고 있으려니 막판에 이집트 아저씨 한 사람이 계속해서 앞뒤로 왔다리 갔다리 한다. 그러더니 스튜어디스한테 모라 막 떠든다... 스튜어디스도 모라 막 떠들고...

그러더니 두리 저 앞으로 가버렸다. 하도 궁금해서 이륙 후 안전등이 꺼지자마자 그 쪽으로 가봤다.

그 아저씨와 스튜어디스...

이착륙시에만 사용되는 스튜어디스용 비상도어 옆좌(이 자리엔 승객이 절대 못 앉게 되어 있다..)에 나란히 앉아 사이좋게 빨간 사과를 껍질 채 우적우적 씹어먹고 있더라...

자리수보다 한 넘이 더 탄 것이다...

또 어떤 상황에선 항공사 실수로 자리수의 2배가 넘는 승객의 예약을 받고 말았다.

어느 누구도 똑같이 돈 낸 상황에서 포기할리는 없고...

이 상황을 어케 해결했나...

승객들을 전부 일렬로 세운 다음, 요이~ 땅 을 외치면 졸라 뛰어서 비행기를 먼저 한바퀴 돈 선착순으로 짤라 태웠다 한다... 물론 가방 다 들고...

전설처럼 전해내려오는 실화...

이집트로 떠가기 전엔 체력을 기르자....

분위기 파악 되쓰?

to be continued...

- 문화체육부 기자 김어준(planet)

피라미드와 스핑크스가 디비자는 곳... (2)

오늘은 까이로 시내 관광정보. 우선 관광지 주의사항과 대중교통 수단 이용법을 숙지해 보자.

▶ 관광지 주의사항 – 〈싸이비 가이드 편〉

전형적인 싸이비

관광지에는 어김없이 무슨 무슨 증명서를 목에 걸고 있는 〈정부파견 공식 가이드〉가 득실득실하다.

물론 모두 짜가, 싸이비, 사기꾼들이다.

그 사기 유형을 보면,

1) 박물관 사기꾼
- 박물관 매표소에 가는 길목에서 자주 출몰한다. 가이드증을 목에 걸고 나타나 박물관 입장권이 매진인데 자기와 함께 가면 관람을 할 수 있다고 접근한다. 박물관에 입장시간이 넘어서 못 들어가는 경우는 있어도, 입장권이 다 팔려서 박물관에 못 들어간다는 엽기적인 사기는 전 세계에서 이곳에서만 목격되고 있다.

- 자기하고 가면 촬영금지 구역에서도 사진을 찍게 해주겠다고 접근한다. 이 말은 금지구역에서 사진 찍고 같이 도망가 주겠다는 거다. 이 부류의 다음 코스는 십중팔구 카페트 가게나 파피루스 가게이며, 가게 주인은 항상 친척이다.

※ 특징 - 얼굴이 맬꾸름하니 서구 복장으로 깔끔하다. 친척이 없는
가게가 없다.

2) 유적지 사기꾼
피라미드같은 거대 유적지 주변에 많은데,

- 정식 매표소 500미터 전방에서 이상한 완장과 이상한 모자쓰고 몇 명이 차렷하고 근엄한 표정으로 쭈욱 둘러 서서, 여기가 입구라고 뻥 치며 입장료 받는다. 이 사기 역시 세계적으로 매우 희귀한 사기로 이집트 잉간들의 창의력에 경의를 표하는 바이다.

- 낙타 탈때, 첨에 낸 돈은 낙타에 올라가는 비용이고 낙타에서 내려 오는 데에는 따로 돈 받아야 한다고 억지를 쓴다.

(내려주지 않으면 낙타에서 내리기가 힘든 다는 점을 이용한 사기인데, 사막 한가운데 로 끌고 가서 탈 때 가격의 100배를 요구하 기도 한다. 특히 여자의 경우 꼼짝없이 당 하는 수가 많은다. 가장 악질 사기로 직접 당하면, 그 넘 머릴 붙잡고 낙타 똥꼬 깊수 키 밀어 넣어 싶을 것이다. 그러나 참자... 낙타 똥꼬는 생각보다 빽빽하다... 안 빠지 는 수가 있다...)

피라미드가 이 정도로 보이면 졸라 먼 거리다 걸어올 생각은 말길...

- 낙타를 타고 싶다고 했는데 당나귀를 끌고 와서 낙타 젖 먹고 큰 놈이라고 우기면서 타라고 한다. 이런 건 그래도 애교에 속한다. 당 나귀를 끝까지 낙타라고 우기는 넘도 있다.

※ 특징 - 통상 베리 컨츄리틱하게 생기고 전통복장 차림이다. 졸라 능글맞다.

이집또에는 관광객을 상대로 하는 각종 기상천외한 사기술이 지금도 꾸준히 연구, 개발되고 있으므로 기술 고갈된 국내 잡범들은 이집또 수련여행을 권한다. 암에푸시대에는 부단한 자기연마와 새로운 문물을 적극 수용하는 것만이 살 길이다.

▶ 대중교통 수단 이용법 - 〈버스 타기 편〉
까이로에서 버스를 타려면 각별한 체력과 순발력이 요구된다.

무슨 소리냐... 버스들이 정류장에서 정차하는 법이 없다. 정류장을 기냥 지나간다. 약간의 감속만 하고.

※ 주의 ① : 정류장 표시가 없다. 길거리에 괜히 사람들이 웅성웅성 모여 있다... 그럼 그 지점에서 사방 10미터가 대충 80% 확률로 정류장이라 보면 되겠다.

이런 버스를 어케 타느냐...

1) 버스가 저 멀리서 먼지를 몰고 출현하면 일단 냅다 달린다.
2) 버스와 경주를 하다가 뒷문과 평행하게 위치선정을 한다.
3) 순간 포착을 해서 과감하게 뒷문을 향해 몸을 날린다.

※ 주의 ② : '과감하게'. 이게 중요하다. 머뭇거리다 보면 조준을 잘못해 버스에 코 박는 수가 생긴다. 아픔이다. 이 경우는 자살행위로 간주되어 여행보험처리 안 되므로 주의를 요한다.

4) 난간을 붙잡고 이미 타고 있는 사람들에게 도와달라 고래고래 소리를 지른다.
5) 탄 다음에는 씨익 웃어준 다음 고고한 여행자의 자세로 돌아온다. 여성들은 이집또 남성들의 밀착 바디첵이 상당히 심하므로 되도록 버스 이용을 자제하는 것이 좋겠다.
6) 내릴 때는 정거장 '쯔음'으로 보이는 곳이 다가오면 과감하게 점프를 감행한다. 이집또 갈 계획이 있는 사람들은 이때를 위해 평소 덤블링 연습을 부단히 해두는 것이 좋다.

자신이 없을 경우 숙달된 현지인들을 한동안 관찰해 두는 것이 좋다. 현지인들은 가공할 속도로 달리면서 뒷문 난간을 붙잡지도 않고 기가 막히게 올라타며, 내릴 때도 착지 동작이 상당히 안정되어 있어 덤블링하는 경우가 극히 드물다.

진정한 전 국민적 생활체육이 바로 이런 게 아닌가 한다.

to be continued...

― 문화체육부 기자 김어준

힘센 마눌은 여자보다 아름답다 (1)

올림픽의 비극

힘센 아내가 있다.
키는 보통의 사람들보다 조금 크고 덩치는 보통의 사람들 보다 조금 큰 편이고 손과 발의 크기는 보통의 사람들보다 엄청나게 크며, 거기에서 비롯된 힘은 보통 사람들의 상상을 초월한다.

7.2Kg 용량의 세탁기를 가볍게 들어 옮기며 3단 서랍장을 이방 저방으로 옮겨 놓는다(우리 집의 사럅장은 서랍이 빠지지 않는 슬라이딩 방식이며 급한 성격까지 가진 아내는 안에 들은 옷가지들을 꺼내지도 않은 채 이리저리 옮긴다). 더욱이 어느 누구와 싸움을 해도 지지 않는 배짱마저 있으니 그 능력은 신비하고도 놀랍기만 하다. 다만 그것이 집안 살림에 도움이 될 경우에는 더 없이 좋은 아내의 역할을 하고 있는 셈이지만 가끔 서로 적이 되는 상황이 발생하는 경우에는 간혹 끔찍한 상황으로 변하곤 한다.

몇 해 전인가. 올림픽의 열기가 한창인 일요일이었다.
매주 일요일이면 아침에 축구를 마치고 돌아와 샤워를 하고 방바닥에 배를 깔고 신문을 이리저리 펼치는 것이 일요일에 할 수 있는 가장 행복한 일로 알고 있는 내게 한순간 끔찍한 일이 벌어졌다.

여느 때와 다름없이 신문을 보던 중 갑자기 공포에 가까운 두려움과 함께 신문을 보던 내 몸이 만유인력도 무시한 채 방 한 가운데를 둥둥 떠 다니고 있었다. TV에서 올림픽 하이라이트를 보던 아내가 레슬링 경기의 빳떼루 자세가 무척이나 재미있었는지 엎드려 신문을 보던 나를 레슬링 선수 마냥 번쩍 들어 뒤집으려 시도하는 것이었다. 사태를 눈치챈 나 역시 TV에서 본 대로, 일명 빳떼루 아저씨의 구수한 해설처럼 배를 땅에 힘껏 붙이고 양팔을 펴고 바닥에 밀착시킨 뒤 몸에 땀을 흘리면서 방어 자세를 취해 일단 위기를 벗어났지만 여간 힘든 일이 아니었다.

아내는 그 일이 재미있었는지 내가 엎드려 신문만 보면 뒤에 와서 뒤집으려 노력하곤 했으며 또한 호시탐탐 그 기회를 엿보고 있었다.

그 후로 몇 번 그 일이 반복되던 어느 날, 이제는 재미없지 않느냐고 아내에게 말하려는 순간, 아내는 번개같은 동작으로 머리 위로 돌아가 목과 머리를 잡고는 내 몸을 뒤집어버렸다. 그 동작은 몹시도 신속하였으며 또한 강한 힘을 동반하고 있었기에 어느 심판이라도 손가락 3개를 펼치며 3점을 줄 수밖에 없었고 빳떼루 아저씨가 아니라 김일 아저씨가 해설한다 해도 침을 튀어가며 칭찬할만한 완벽한 기술이었다. 그리고는 그것이 '목감아 돌리기' 기술이라는 전문용어를 서슴없이 구사하면서 무척이나 통쾌한 웃음을 짓고 있었다. 순간 나는 적잖게 당황했다. 타고난 힘에 저런 고도의 기술마저 붙는다면 이제부터 어떻게 살아가야 할 것인가 하는 걱정도 생겼고, 또 앞으로 남은 올림픽 기간 동안 아내의 기술은 얼마나 더 발전할 것인가 또한 생각하니 내 신세가 처량하게 될 것 같은 걱정이 앞서고 있었다.

갑자기 죄없는 TV가 원망스럽게 느껴지기 시작했다. 과격한 마누라를 더 과격하게 만든 이 모든 것이 TV탓이라 생각하기로 했다. TV는 올림픽에 참가하고 있는 우리 선수들의 승전보를 전해주며 더위를 식혀주기도 하지만 이렇게 악영향을 미칠 수도 있다는 생각이 들기도 하고, 또 나아가 어른들의 시청률 경쟁이 청소년에게 얼마나 나쁜 영향을 끼치는가 하는 상황과는 무관한 듯하나 나름대로 근엄한 생각도 들었다. 차라리 TV가 없던 어린 시절에 들은 라디오 드라마 '마루치 아라치'가 상상력이라도 키워준다는 점에서 더 유익할 것이라는 생각도 들었다. 하지만 엄밀히 따지면 TV탓도 아니다. 그저 남보다 조금 힘센 마누라를 데리고 살고 있는 사실을 원망해야지.

아직도 올림픽의 열기는 한창이다.
한동안 뜸하던 아내가 레슬링이나 한판 하잔다. 문득 올 것이 왔다는 생각을 하면서도 지난번 '목감아돌리기' 이후 새로운 무언가를 보여 줄 것 같은 신기술에 대한 기대도 생겼다. 하지만 어쩐 일인지 종전의 빳떼루 자세가 아니라 난데없는 스탠딩 자세를 요구하기에 정식으로 갖출 것 갖추고 시작하자 정치적 의미로 해석하고는 TV에서 본 대로 폼을 잡았더니 아내는 신기술은커녕 반칙으로만 일관하는 것이었다.

반칙을 하지 않아도 나는 못 이긴다. 그런데 갖가지 반칙마저 당하게 되니 달리 방어할 방법도 없이 그날은 매번 지기만 하는 프로레슬링의 무명선수처럼 떡이 되어 방바닥을 헤매고 있었다.

격동의 시간이 주춤할 무렵 잠시 정신을 차리니 눈앞에는 TV가 보인다. 여전히 TV는 나쁜 것이라는 생각만이 계속 머릿속을 맴돌고 있었다.

깊은 밤이 되어 그나마 정신을 차리고 TV를 보다가 그만 깜짝 놀라고 말았다. 그 날의 올림픽 경기 하이라이트는 복싱에서 좋은 경기를 펼친 우리 선수들의 경기 모습이었다. 우리 선수의 좌우 혹이며 원투

스트레이트가 전혀 낯설지 않을 뿐 아니라 급기야 상대 선수가 링바닥에 빌빌거리며 삼룡이처럼 눕는 표정 또한 전혀 어색하지 않았다. 태어나서 처음으로 우리나라 선수가 상대편을 물씬 두들겨 팰 때 상대 선수의 심정을 헤아려보는 상황이 되었다.

저녁에 있었던 아내의 반칙에 대한 원인을 비로소 알게 된 나는 몇 분 뒤 그나마 남은 정신마저 없어지게 된다. 내일의 경기 안내에는 시범 종목인 태권도가 있었기 때문이다.

아내는 이미 이 사실을 알고 있는지 잠을 자면서도 계속 흐뭇한 표정으로 웃고 있다.

힘센 마눌은 여자보다 아름답다 (2)

아내의 메모

김XX   두공기 (A+)
OO아빠 →   한 공기도 다 못 먹었음
유XX   한 가지 반찬만 먹음
정OO   술만 좋아함

아내는 언제부터 그 원리를 알았는지 엄청난 메모광이다.
머리가 나쁘면 메모라도 잘해야 한다는 평소의 신념인지 아내는 다음 날 아침에 가지고 가야 할 물건들이나 아기 병원 가는 일정은 물론, 세탁소에 맡긴 옷가지나 시장에 가서 사야 할 것들을 어딘가에 상세히 적어 놓곤 했다. 메모를 할 만한 종이가 없으면 신문 한 귀퉁이를 찢어서라도 반드시 적어놓곤 했으며 그 일을 마친 뒤에는 아무렇게나 버리곤 했다.

하루는 화장대 위에 잔뜩 어지럽혀진 물건들을 하나하나 치우다가 아무렇게나 찢겨진 종이 위에 가지런히 쓰여진 메모를 보고는 고개를 잔뜩 갸웃거리게 되었다. 분명히 친구들의 이름들이 적혀 있었는데 무슨 의미인지를 잘 모르겠던 것이다. 한동안 곰곰히 생각하다가 그것이 얼마전에 집을 방문했던 일행이라는 사실을 알아냈고 그 나머지 메모들은 그 친구들이 집에 와서 밥을 먹는 것에 대한 일종의 성적표였던 것을 알게 되었다.

그렇다.

아내는 음식을 무척이나 많이 먹기 때문에 밥을 많이 먹거나 또는 음식을 맛깔스럽게 먹는 사람을 좋아한다. 그래서 사람의 건강은 물론 교육과 지성 정도, 지능지수, 심지어 인간 됨됨이에 대한 기준까지도 밥을 얼마나 많이 또 맛있게 잘먹는가로 따지곤 했었다. 그래서 항상 집에 손님이 찾아오면 자신의 기준대로 밥을 잘먹는 친구들을 눈여겨 보는 모양이었다.

방문이 약속된 친구들이 오후에 집으로 찾아왔다. 아침에 메모를 보고 혼자서 웃던 얘기를 친구들에게 했더니 웃을 줄 알았던 분위기가 예상과는 달리 한순간에 비장함이 감도는 긴장된 분위기가 되고 말았다. 우습지 않느냐고 몇 번씩 반복하여 물어도 긴장감은 계속되고 있었다. 그러던 순간 한 친구가 조심스럽게 내게 말을 건넨다.

"너야 늘 그렇게 사니까 재미있는가 본데 우리는 후연 엄마가 밥을 얼만큼씩 퍼주는지 알아…"

가만히 생각해보니 그도 그럴 만한 일이다.
아내의 밥에 대한 개념은 많을수록 좋다는 것이어서 항상 공기에 밥을 넘치도록 퍼와서 나는 항상 그것을 머슴밥이라고 놀리듯 말하곤 했었다. 아마도 대부분 우리 집에서 밥을 많이 먹어본 친구들이라 그 사실을 알고 있었기에 메모에 대한 충격은 유난히 컸던 셈이다.

"식사하세요~"

모두들 아내의 목소리가 사형선고를 내리는 판사의 목소리로 들렸던 모양인지 침을 꼴깍 삼키고 있었는데, 그것은 분명 식욕에서 오는 신체적 반응이 아니라 일전을 치루려는 전사의 각오를 나타내고 있는 것임에 틀림이 없다는 확신이 들었다.

불행히도 메뉴는 카레라이스였다.
그냥 식사라면 공기에 밥이 담겨 있어야 하는데 카레라이스라는 음식의 특성상 아내는 놀랍게도 냉면 먹는 그릇에 엄청난 양의 밥을 담아 왔다. 비벼먹기 좋으라는 필요없는 부연 설명과 함께.

모두들 말없이 밥을 먹기 시작했다.
밥 먹는 모습들도 모두 비장했다. 몇 번씩 길게 한숨을 쉬는 친구도 있었고, 조금이라도 덜 먹어보자고 다른 반찬엔 젓가락도 안 가는 친구도 있었다. 즐거워야 할 식사시간임에도 모두들 그렇게 비장한 마음가짐으로 밥을 먹고 있었다.

제법 밥들이 없어지고 있던 순간, 점수라면 무조건 따야 한다는, 점수에 대해 뛰어난 욕심을 가지고 있던 한 친구가 이 기회에 조금이라도 점수를 따야겠다는 생각으로 갑자기 이렇게 말했다.

"우와~ 너무 맛있다. 좀더 주실래요?"

아내의 표정은 금방 밝아졌지만 다른 친구들은 모두 어이가 없는 표정으로 그 녀석을 바라보고 있었다. 아무 말도 입밖으로 나오진 않았지만 아마도 나머지 친구들은 똑같은 한마디를 마음속으로 이렇게 외쳤을 것이다.

'개새끼~'

식사는 끝났다. 모두들 의지할 수 있는 곳을 정해 등을 기대고 있었다. 두 그릇을 먹은 친구만 바닥에 길게 누워 있었다.

갑자기 아내의 목소리가 들렸다.

"계란 삶아 드릴까요?"

아내의 한마디에 모두들 기대고 있던 몸을 벌떡 일으켰다.

삶은 계란이라는 음식 이름도 오랜만에 들어보는 낯설은 것이었지만 밥 먹은 지 30분도 안 되어서 또 무언가를 먹어야만 한다는 사실이 충격적으로 받아들여졌던 모양이다. 하지만 싫다는 말도 할 수 없었던 친구들은 엉겁결에 좋다는 표시를 할 수밖에 없었고 아내는 부지런히 주방을 왔다갔다 하기 시작했으며, 친구들은 아까보다 더 늘어진 자세로 방 안을 채우고 있었다. 한 친구는 소화를 시킨다며 방 안에서 군대식 쪼그려뛰기를 하기 시작했다.

"쿵!"

커다란 소리가 방 안에 들렸다. 모두들 놀라 나가보니 주방에 아내는 없고 화장실 간다던 친구 한 녀석이 싱크대 밑에 기절한 듯한 자세로 누워 있었다. 그 녀석은 조금 전에 잘난 척하면서 두 그릇을 먹은 친구였다. 무슨 일이냐 물으니 녀석은 손을 벌벌 떨며 불 위에 올려져 있는 냄비를 가르키며 최근 5년간 듣지 못했던 떨리는 목소리로 이렇게 말했다.

"으... 계... 계... 계란이... 30개가 넘어~"
"쿠쿵! 퍼퍽, 으악!"

갖가지 의성어를 줄줄이 말하며 기절하는 소리가 들렸다.

소화를 시킨다며 쪼그려뛰기를 하던 친구는 그 상황에서도 '오륙이 삼십, 오륙이 삼십, 5×6=30'을 외치며 일인당 반드시 먹어야만 하는 계란의 수치를 나누고 있었다.

"딩동~ 딩동~"

아내가 온 모양이다. 모두들 정신을 차리려고 노력하고 있었고 기절한 듯한 친구도 몸을 반쯤 일으키고 있었다. 하지만 집에 들어온 사람은 아내가 아니었다.

"요 앞 수퍼에서 왔는데요. 이 집 아주머니가 사과 한 상자 배달해 달라고 해서 가져왔습니다."
"쿠구궁!... 퍼버벅!... 꽈다다당~"

모두들 털퍼덕 주저 앉았고 아까 몸을 반쯤 일으키려던 두 그릇의 친구는 이제 회생불능의 상태로 바닥에 배를 깔고 길게 누워버렸고, 쪼그려뛰기를 하며 빠르게 암산을 하던 친구는 이번에는 '오팔사십, 오팔이 사십, 5×8=40'을 계속 외치며 일인당 추가되는 사과의 갯수는 물론 이로 인한 칼로리양의 추가분도 환산하고 있었다.
모두들 어떻게든 이곳을 빠져나가야 한다는 생각만 하고 있었다.

잠시 나갔다온 듯한 아내가 들어왔다.
싱크대 주변에 주저 앉아있는 친구들을 보며 무슨 일이냐 묻는 듯하더니 대답에는 별 관심이 없다는 듯이 손에 든 비닐봉투를 내려 놓는데 거기에는 라면이 20개가 들어 있었다.

친구들은 더 이상 못 참겠다는 듯이 앞다투어 집을 빠져나갔고 잠시 혼란과 격동의 시간이 흐른 뒤 가정은 예전의 모습을 찾게 되었다.

며칠 뒤 화장대 위에서 아내의 메모가 발견되었다.
거기엔 이렇게 쓰여 있었다.

음식이 부족했던 것 같음.

- 문화체육부 기자 김은태

어머~ 니 남편 거기 선이 달라졌다 얘...

어엉.. 볼륨업 콘돔이야.

힘있게 모아주고 받쳐주니까, 졸라 조은거 이쩨.

어머, 너 좋겠다, 얘.

Volume up Condom

JAJIAN

싸설·칼넘

[창간 싸설] Digital Athen...
역사는 반복된단다. 무엇이 2,500여 년 전의 고대 아테네를 서구 문화의 원류가 되게 했는가, 쓰윽 한번 되돌아 보자.

욕에 대한 고찰
주의사항- 이 글은 미성년자는 절대로 읽지 말 것!

대통령 주디를 공업용 미싱으로...
"김데중 대통령의 주디를 공업용 미싱으로 박아야 한다"는 발언이 정계에 왕 파문을 일으키고 있다. 궁민회의측은 국가원수모독죄를 적용한다며 쎄게 나왔고 딴나라측은 그런 여유도 없냐며 비난하고 나서는데...

타이타닉을 보고...
여자 누들 그럴 때 레오의 찢어지는 파란 눈에 여고생들은 숨이 넘어갔는데...

카섹스를 하든 말든...
우리 〈순대〉는 졸라리 길단다. 친구넘이 〈순대수술〉을 받았다. 난 궁금했다. 수술 뒤 기따란 〈순대〉가 어떻게 제자리를 찾는지...

다카하시 고레키요 일본 재무장관
일본에 새로운 내각이 들어섰습니다. 그리고 놀랍게도 관심을 집중시키던 일본 대장 대신에 전 수상이었던 미야자와 씨가 내정되었지요. 일본경제가 어둡다보니 지금으로부터 66년 전의 일을 떠올리게 할 모양입니다...

광고/더 이상의 빤스는 없다

http://ddanji.netsgo.com

[창간싸설] Digital Athen

역사는 반복된단다.

무엇이 2,500여 년 전의 고대 아테네를 서구 문화의 원류가 되게 했는가, 쓰윽 한번 되돌아 보자. 왜? 글쎄 보자면 한번 보자.

오늘날 민주주의 원형이 된 아테네의 직접민주주의는 시민 모두가 국정에 직접 참여할 수 있는 형태였다.

모두들 한 장소에 모여 의견을 주고받고, 서로가 서로에게 영향을 주었다. 즐거움을 누리는 방식도 역시 그랬다. 서로의 외치는 소리가 상대편에 부딪혀 되돌아오는 원형의 극장에 모여 연극제나 체육제를 벌이고 즐거움을 나누었다.

이쪽의 이런 대화는 상대편의 저런 대화를 부르고 이런 행동은 저런 행동을 유발하고... 모두들 '주고, 또 받았다', Interactive했다는 말이다. 또 누구나 Media의 주체가 될 수 있었다. 아크로폴리스 광장 한가운데서 발언하는 것은 전 아테네 시민을 향해 생방송을 하는 것이었으니까. 발언자 자신이 곧 방송국이자 신문이었다.

만약 당시의 얼마 되지 않는 인구 수가 이러한 대중적 Interactive를 가능케 한 유일한 이유라 생각한다면 인구 수가 더 적었던 스파르타나 여타 도시 국가는 왜 그렇지 못했을까? 그리고 그런 다원화되고 Interactive한 커뮤니케이션 메카니즘을 가졌던 아테네가 그 많은 도시 국가들 가운데서 서구 문화의 뿌리가 되었다는 사실에 주목해 보라.

인구가 늘고 활동 지역이 넓어져 현장에서의 직접적인 상호 feedback이 이루어질 수 없는 시대가 뒤를 잇자 많은 것들이 사라져 갔고, 누구나 Media의 주체가 될 수 있었던 대중적 Interactive의 시대도 더불어 사라질 수밖에 없었다. 아테네 이후 지난 2,500여 년 간 그 누구도, 어떤 것도 이 대중적 Interactive의 시대를 우리 앞에 완벽히 다시 불러들이지 못했다.

그러다 몇십 년 전 TV가 등장했고, 비로소 다시 여러 사람에게 동시에 같은 메시지를 전달할 수 있는 시대가 재래했다.

더구나 이번엔 전 세계인을 상대로.

아테네 시대 이후 TV가 등장하기 전까지 어떤 Media도 해낼 수 없었던 일이다. TV로 인해 누구나 한순간을 공유할 수 있는 시대가 돌아왔다. 2,500년 전 아테네에서처럼 말이다. 그러나 TV는 반쪽짜리 Interactive 밖에 구현해내지 못했다.

Media의 주체는 소수며, 일방적이고 단방향이다.

아프리카의 어린이와 에스키모 노인이 같은 메시지와 즐거움을 전달받을 수는 있어도, 그 메시지에 대한 당장의 의견을 교환할 수도, 현재 느끼고 있는 즐거움을 TV를 보고 있는 지구 저편의 다른 누군가와 동시에 공유할 수도 없다. 여기까지가 TV의 한계다...

아테네 시대처럼 되는 것은 불가능한 것처럼 보였다. TV의 시대까지는...

그러나 역사는 반복된다.

싸설·킬넘-창간 싸설 7월 5일(월)

'아테네'가 다시 오고 있다. 누구나 Media의 주체가 되어 동일 공간에서 동일 순간을 공유하며 그 속에서 정치, 경제, 사회, 문화가 교감하던 아테네가 이제 다시 오고 있다.

한쪽에서 일방적으로 메시지를 전달하던 2,500여 년이 마감되고, 완전한 대중적 Interactive의 시대가, 그 옛날 올림피아에서 아테네 인들 앞에 펼쳐졌듯, 우리 앞에 다시 열리려 하고 있다.

마치 아테네의 아크로폴리스에 아카이아인들이 모여 Interactive하게 정보와 의견을 주고받아 그들만의 사회시스템을 만들어가던 그 시절처럼, 인터넷이라는 사이버 공간에 전 세계인이 모여들고 스스로들 Media의 주체가 되어 저마다 목소리를 내고 상대방의 목소리를 듣고 있다.

이제 새로운 Digital Athen의 시대가 열리려 하고 있는 것이다.

이것이 결국 어떤 곳으로 우리를 이끌어갈지는 모르지만, 적어도 한 가지만은 분명한 것 같다. 아테네에서 발언권 없이 침묵했던 것은 노예밖에 없었듯이 이 도래할 신시대의 시민이 되려거든 자신의 Digital 목소리를 내야 한다는 것이다.

딴지일보는 이 거대한 흐름 속에서 나름대로 제 목소리 한번 내보려는 작고 희한한 지랄뻥이다.

때론 실수하고 그러더라도 봐주기 바란다. 귀엽잖은가.

— 발행인

욕에 대한 考察

▶ 주의사항
이 글은 미성년자 관람이 불가함.

미성년자 출입엄금

▶ 욕의 정의
- 우리 일상에서 친근감 또는 비하의 목적으로 쓰이는 지극히 비정상적인 언어활동의 일부로서 주로 '쌍시옷'이 들어가는 것이 특징임.

▶ 욕의 사회적 지위
- 주로 청소년, 하층민에서 많이 쓰이나 욕먹을 짓은 상층민에서 많이 함.

▶ 욕의 역할
- 친근감의 표현(오랫만에 친구를 만났을때 "어이 씹새야")
- 비방이나 나쁜 감정의 표현("재벌새끼들은 나빠")
- 때로는 성적 흥분시에도 욕을 한다.

▶ 욕에 대한 고찰에 있어 주의사항
- 본인 맘대로 견해이므로 자신이 알고 있는 욕에 대한 지식과 상이하다 하여 욕으로 점철된 독자투고 따위를 하는 행위는 삼가 바람.

▶ 욕에 대한 고찰
- 일상에서 주로 쓰이는 욕을 집대성하였다. 여기에 나오지 않는 욕

은 '좆도' 아니다.

▶ 씹할~
- '씹'은 여성성기에 대한 비하의 말또는 성행위를 말한다. 여기서는 '후자'에 속한다. 풀이를 하면 '섹스를 할'이라는 뜻으로 아래의 경우를 제외하곤 욕의 조건이 성립되지 않는다.

1) 이미 섹스 경험이 있으면 그건 욕이 아니다. 이러한 경우에는 '씹한'이 맞다.
2) 앞으로 할 수 없거나 하기 싫은 사람의 경우... 억지로 강요하는 것이므로 욕이다. 여기서 파생된 명사로는 '씹할 놈' '씹할 년' 등이 있다.

▶ 개새끼
- 예전 집에서 기르던 똥개들의 천박함과 같다는 뜻으로, 개에게 부르면 욕이 안 되나 사람에게 부르면 살인을 부를 정도로 후유증이 무서운 욕이므로 삼가할 것. 욕 베스트 1위를 수년째 고수 중이나, 차츰 신세대들에게 잊혀가고 있는 대표적인 한국의 욕이다. 비싼 애완견을 기르는 가정의 증가로 차차 '개새끼'는 욕사전에서 사라져갈 것으로 보인다.

▶ 씹할~의 아류
- 여러 천재적 사용자들에 의해 '씨벌' '쓰벌' '씨발' '씨팔' '쉬팔' 등으로 발전해 왔으나 아직 검증 안 된 '씹할'의 아류일 뿐이다.

▶ 호로자식
- 우리 나라의 역사적 비극을 잘 표현해주는 욕으로, 병자호란시에

청에 의해 끌려갔다 돌아온 여자(화냥년이라 부름)들이 나은 오랑캐의 자식이란 뜻이다. 이와 비슷한 어감의 욕으로는 '후레자식' '호로아들놈' 등이 있다. 주로 건방진 사람들에게 붙여지는 욕으로 어른에게는 할 수 없다.

▶ 좆까라
- 남성성기를 비하하는 '좆'에 '까라'가 더해진 욕으로, 직역은 '포경수술해라'는 뜻이다. 본인은 지금도 이 욕이 왜 욕이 되는지 알 수 없다. 포경수술이란 좋은 행위이므로 일종의 덕담으로 봐도 무방하나, 내 말에 동의할 수 없는 분은 '좆까라'.

▶ 씨뺑이
- '씹할'에서 파생된 서울사투리 욕이다. 골뱅이와는 아무런 연관도 없고, 달팽이와도 연관이 없다. '씹' + '뱅이(쟁이)'의 결합으로 봐도 무방하며, 직역하면 '섹스장이(쟁이)'란 뜻이다.

▶ 씨방새, 씨박새끼
- 천재적인 욕의 달인들에 의해 재창조된 말로써, 요즘에 범람하는 '비트' 같은 욕영화에서 많이 유행시킨 욕이다. 그 뜻은 씨뺑이와 비슷하다고 봐도 되고, 틀리다고 생각하면 당신은 '씨방새'다.

▶ 좆만아
- 남성성기인 '좆'에 '만한'이 더해진 욕으로, 직역은 '남성성기만한'의 뜻이다. 주로 '작다'는 뜻으로 쓰이는 듯하나, 일반남성들의 아주 거대한 착각을 엿볼 수 있다. 사람이 아무리 작아도 '좆만할 리' 없으며, '좆'이 아무리 커도 '사람만할 리' 없기 때문이다.

▶ 좆도 아닌 것이
- 선조들의 성왜곡의 단면을 보여주는 욕으로, 그 중요한 남성성기를 '아주 보잘것없이 하찮은 물건'으로 비하하고 있다. 아주 잘못 만들어진 추방해야할 욕이다. '아주 보잘것없는 하찮은 그 물건' 보다 못한 놈이라는 뜻이다.

▶ 지랄하고 자빠졌네.
- '지랄'은 간질병이다. 거기에 누워있다의 사투리 '자빠지다'를 더한 욕으로, 간질환자가 드러누워 신음하는 것의 묘사다. 장애인에 대한 모독의 욕이며, 쓰임새는 '발광하고 있네'라는 표현이 적절하다 느낄 때가 많다.

▶ 넴병
- '염병'은 장티푸스의 우리말이다. '염병'의 오기로 무슨 일이 잘 추진 안 될 때 주로 쓰인다.

▶ 개지랄
- '개'와 '지랄'의 합성어로 연구가치는 없다.

▶ 년놈
- 모든 일에 남자를 앞세우던 조상들이 욕에 대해서는 여자를 앞세운 아주 비겁한 경우다. 남자라는 뜻의 '놈'과 여자라는 '년'이 결합된 형태로 용례로는 '지랄하는 저 년놈들'이 있다.

▶ 씹새끼
- 여자의 성기를 비하한 '씹'에 '새끼'가 더해진 말로 직역은 '여자의 자식'이란 뜻이나, '10(십)명의 자식을 둔 아버지의 아들'이란

뜻으로 와전됐다. 그만큼 대우를 못 받는다는 뜻인지, 그렇게 많은 자식들을 둔 아버지를 욕하는 것인지 애매모호하다.

▶ 기타
- 기타의 욕은 욕도 아니고 좆도 아니다.

▶ 결론
우리 조상들은 욕의 대상을 주로 성과 관련한 비하를 이용해 만들었으며, 때로는 동물과 비유하기도 했다. 이것은 우리 조상들의 성에 대한 폐쇄성이 그 원인으로 앞으로는 시정돼야 하고, 새로운 욕의 개발이 시급한 때이다. 진짜 나쁜 것들에 비유하여 욕을 하는 풍토가 절실히 요구된다.

(혹시... 여기까지 읽어 본 미성년자 있으면 빨리 잊어버릴 것.)

- 논설우원 HM69

사설·칼럼-김대중 칼럼 7월 5일(월)

대통령 주디를 공업용 미싱으로

경기지사 지원연설에서 "김데중 대통령의 주디를 공업용 미싱으로 박아야 한다."는 발언이 정계에 커다란 파문을 일으키고 있다. 이 발언이 있자 궁민회의 측에서는 국가원수모독죄를 적용한다며 강경하게 나오고 있고 이에 대해 딴나라측은 농담으로 한 걸 뭘 그러냐면서, 그 정도의 여유조차 없느냐고 서로 삿대질을 하고 있는데…

궁민회의 측에서는 국가원수의 주디를 공업용 미싱으로 박아야 한다는 식의 발언은 용납될 수 있는 수위를 넘어섰다며 의원 제명까지 거론하고 있다. 6.4선거를 앞두고 딴나라 측의 부도덕성을 부각시켜 공격할 좋은 꺼리를 찾은 셈이다. 공업용 미싱으로 주디를 박는다는 표현이 주는 섬뜩함의 정도는 충분히 보편적이라는, 그래서 민심도 자기들 편일 거라는 자심감도 섰을 것이고.

이에 대해 딴나라 측에서는 미국에선 매일 밤 쇼에서 대통령이 씹힐 거리로 등장하고, 클린턴의 섹스 스캔들이 있자 미국 모든 방송이 들썩거리며 그를 조롱하고 약올리고 웃음거리로 만들어도 백악관에선 꿈쩍도 않는데, 왜 니네는 그 지랄이냐고 반박.

더구나 기명사미 전통 시절엔 그를 꼴통이라 표현하며 잘도 욕하더니 이제 김데중 대통령을 욕하니 벨이 꼴려 견딜 수가 없느냐며 이건 또 다른 형태의 권위주의라고 공격하고 나오는데…

과연 무엇이 문제인가…

문제의 핵심은 사실 국가원수가 농담이나 비방의 대상이 될 수 있느냐 없느냐, 있다면 그 한계가 어디냐... 하는 것에 있지 않다. 그러니까 바늘을 꼬맨다고 했다면 괜찮고 미싱으로 박는다고 했다면 안 되고... 그런 문제가 전혀 아니라는 것이다.

대통령이 농담의 대상이 될 수 있으냐... 이런 건 논할 가치도 없다. 군바리가 정치하는 때도 아니고 말이다. 하긴 하는데 어떤 한계가 있다...는 말은 얼핏 들으면 옳은 말 같기도 하다.

그러나...

문제는 발언의 수위가 아니다. 그것보다 훨씬 심한 내용을 담고 있어도 좋다. 미싱으로 주디를 박는 게 아니라, 사시미로 뱃가죽을 뜨거나, 도끼로 이마를 쎄리 깐다는 내용이어도 좋다.

다만... 그런 내용을 어떻게 표현해 내느냐... 거기에 촌철살인의 해학과 풍자가 있느냐 없느냐... 그것이 문제다.

얼마전 미국 쇼에서 방송됐던 내용이다. 클린턴과 교황이 죽어서 하늘나라를 갔는데 행정착오로 교황은 지옥에, 클린턴은 천국으로 갔다. 교황이 이럴 리가 없다고 항의하여 1시간만에 지옥을 떠나 천국 문에 들어서려다 거기서 나오는 클린턴과 마주쳤다. 클린턴이 교황더러 천국에 가면 뭘 제일 먼저 할꺼냐고 물어봤다. 교황은 마리아를 만날 꺼라고 했다. 그랬더니 클린턴이 그랬다. Too late... (성모 마리아 = Virgin Mary... 접수됐음?)

이걸 클린턴은 처녀라면 성모 마리아도 구분 못하고 눈깔 뒤집히는

색마쉐이라고 표현했다고 치자. 그럼 뜻은 비슷해도 사태는 완전히 달라진다. 그 말을 듣는 당사자는 물론이고 제3자들까지도 불쾌하게 된다.

그게 차이다. 클린턴 섹스 스캔들 풍자하는 조롱이 수백이 넘고 개나 소나 그를 웃음거리로 만들지만 결코 어느 누구도 "클린턴 그 새끼. 자지 짤라! 으하하하!" 하지는 않는다.

그런데, 김홍신 으원은 김데중 자지 짤라...라고 한 것이다. 그런 의미에서 김홍신은 잘못한 게 있다. 사과해야 한다.

궁민회의가 난리치는 것엔 별 관심없다. 딴나라가 들이대는 미국의 예도 이 경우에는 맞지 않는다.

다만 국회으원들, 이빨 수준 좀 레벨업 하길 간저리 바라 마지 않는 바이다.

본 딴지일보 좀 마니 봐라. 거의 유일한 치료제다. 현재로는...

타이타닉을 보고...

자신의 성적 매력에 자신감이 점차 사그라진다는 것처럼 서글픈 것도 없다. 산다는 것 전체가 심드렁해지기 때문이다.

이 성적 매력이 반드시 육체적인 나이와 반비례해서 쇠약해지는 건 아니다. 소도시서 사는 중년의 평범한 아줌마에게 어느 햇살이 섹쉬한 오후, 길 갈켜 달라고 다가온 클린트 이스트우드는 충분히 그 사그라지는 불꽃을 활화산처럼 지필 수 있었으니까.

섹쉬함을 유지함에 있어서 관건은 나이하고 별 상관없는 '동기 부여'이다. 강력한 활화산을 지펴 온몸의 세포가 깨어나고 눈동자는 반짝거리고 주위를 감도는 공기가 남들 보기에도 달짝지근한 향내가 나게 만들 수 있는 그것은 일상에서 한 발 비켜난 곳에 다소 위험하게 자리잡고 있다.

그러한 동기를 부여하는 것은...

'사랑'과 '혁명'이다. 두 가지로부터 멀어진 순간들은 살아도 진짜 살아 있다는 느낌이 잘 안 든다. 어쩌면 사람은 어느 한순간을 위해 사는 것두 같다. 아님 어느 짧은 한순간이 지지부진한 기나긴 인생을 버티게 해줄 강력한 에너지를 우리에게 비축시켜주는 것이든지.

왜 이런 소릴 하느냐...

프랑스 몇몇 도시에선 '타이타닉'을 본 인간의 머릿수가 그 도시의 인구 수를 초과했단다. 문화적인 자존심, 특히나 미국문화에 대해 싸구려 시장물건 쳐다보는 우아한 귀족부인의 높은 턱을 연상시키는 그네들이 이 영화에 맛이 가다니… 위력이 놀랍긴 놀라운 모양. 하긴 도쿄에서도 로마에서도 달러를 싹쓸이 하고 카메론 자신조차도 관객의 반응에 놀란 모양이다.

며칠 전 이 영화 보고 말았다.

15%의 이익배당금이 20세기 폭스사로 넘어간다 하더라도 사실 소주잔 기울이며 딴 곳에서 시간 축내는 거랑 비교해서 뭐 그리 매국노 될 짓이라곤 생각 안 했다.

영화의 스케일이나 제작 테크닉면에 관해선 넘어가고. 내 눈길을 끈 것이 바로 '로즈' 역으로 나온 '케이트 윗슬렛' 이다. 그 여잘 첨 만난 것이 작년 이맘 때 신촌 어느 극장에서 봤던 '비운의 쥬드' 에서였다. 거기서두 그 여잔 고집깨나 쎈 'Sue' 라는 다소 반항적이고 주관이 강한 역으로 나왔었다.

일단 이 여자의 체형을 보자. 가장 먼저 눈길을 끈 것이었다.

요새 스테레오타입된 미인의 유형이 아니다. 우선 체격부터가 마치 르느와르의 그림 '독서하는 소녀' 같다. 순백의 피부, 토실토실한 팔과 허리, 좀 넓게 퍼졌다 싶은 등판. 유난히 통통미가 돋보인 것이 허리라인이 가슴 바로 아래인 의상덕일 수 있겠다 싶어 옷 갈아 입을 때 두 눈 크게 뜨고 꼼꼼히 봤다.

콜셋으로 질끈 동여맸으나 분명 통통한 몸이었다. 붉은 고수머리, 도발적인 입술과 목소리. '잭' 하고 외칠 때의 목소리는 마치 변성기를 거치지 않는 소년의 것과 같다. 복스러운 여자가 찬밥신세로 전락한 요즘 추세에 이 여자에 매료된 남자들이 더 중량급 여자친구를 찾지 않을까 하는 생각이 들었다.

그녀는 탐스럽게 잘 익은 복숭아 '백도'였다. 근데 이 여자의 얼굴에 자꾸 오버랩되는 이미지가 있었다. 여러분도 나중에 영화 보게 되면 잘 생각해보라. 바로 지금은 아이낳고 혼자서 열심히 키운다는 아줌마 '마돈나'였다. 이 여자에게서 볼 수 있었던 것이 바로 근육질 마돈나의 건강함과 훔쳐먹고 싶은 여자, 요부다운 매력이었다.

빨간 새틴슈즈를 벗어버리고 삼등칸서 술꾼들이랑 미친 듯이 춤을 쳐대던 이 여자. 마돈나의 호탕함과 무대뽀적인 솔직함의 가능성이 잠재되어 있었다.

사람마다 이 영화를 바라보는 각도는 다르다. 이 여자 누드를 스케치 하는 장면에서 레오나르도의 가로로 찢어진 파란 눈이 클로즈업 될 때마다 토욜 오후 레오를 실컷 눈요기하기로 작정하고 나선 주위의 여고생들은 숨넘어가는 비명을 질러댔다. 나에게 디카프리오는 다가오지 않았다.

이 영환 단순히 열정적인 로맨스나 아님 비극적 호화여객선의 이야기를 다룬 영화라고 해석하고 싶지 않았다. 이 영화는 한 여자가 계몽되어가는 과정에 관한 얘기다.

귀족사회의 엄격하고 위선적인 룰의 지배를 받고 자라온 과정 속에서 몸에 베인 체면과 위신이라는 속박들. 계급에 대한 편견을 떨치고 자유로운 인간으로서 자기 인생의 주인이 되어가는 과정을 보여주고 있는 것이다.

그러므로 이 영화에서 로맨스는 한 여자의 각성을 위한 방편이었던 것이다. 암튼, 사랑의 힘은 그렇게 위대한 것이다. 사람의 인생을 완전히 바꿔 놓을 만큼. 올 여름엔 사랑을 하자.

카섹스를 하든 말든...

우리들 몸속에 있는 〈순대〉는 졸라 길다고 한다.

오래 전에 술이라면 오족을 가누지 못하던, 친구넘 하나가... 〈순대 수술〉을 받은 적이 있다. 난 궁금했었다. 수술이 끝나고 그렇게 기다란 〈순대〉가 어떻게 제자리를 찾았는지... 수술시간이 졸라 오래 걸릴 꺼라고 예상했는데 막상 수술이 끝나면 ...

뱃속에다, 걍 ~ 대충 꾸겨 넣는다고 한다.

대충 꾸겨져서 뱃속으로 들어간 〈순대〉는 며칠 동안 꼬물락거리다가 제자리를 찾는단다. 자리를 다 잡으면 뽀옹~ 하고 방귀가 나오는데~ 그럼 땡 "수술은 성공!!!" 〈순대〉가 제대로 자리를 잡은 거다.

대한민국 정부는 유치원 교사같다. 국민은 유치원생이고.

1970년대에는...

경찰이 이따시만한 가위를 들고 다니면서 거리의 장발족들 머리털을 사정없이 베고 다닌 적이 있다. 영화 〈바보들의 행진〉을 보면... 이러한 장면이 생생하게 소개된다.

똥꼬벨라 입은 여자들 잡아다가 무릎부터 치마까지 자로 잰다.

〈쓰발... 무릎만 해도 10센치는 될꺼다. 무릎 아래서 재는 거랑... 무

싸설·칼넘-홍씨조 르뽀 7월 2٥일(월)

륜 위에서 재는 거랑... 10센치 차이가 난단 말이다.〉 글구... 20센치가 넘으면 〈풍기문란〉... 경범죄 위반으로 경찰서 보호실에 가둬버리고...

그때 짭새들 봄날이었고... 나 같이 여자들 몸매감상이 취미인 넘들은 겨울이었다. 합법적으로 간접 성폭행을 자행할 수 있었으니... 얼마나 좋아??

키 큰 여자들은 무조건 손해였다. 같은 치마 기래기라도 키작은 여자들이 입으면 20센치가 안 될 수도 있으니깐...

짭새들은 치마 입은 여자는 어떤 여자든지 잡아서 길이를 잴 수가 있었다. 짭새 눈에 15센치가 넘는 거 같다고 생각되면 무조건 불러서 30센치 대자를 무릎에 갖다 대니깐... 그러구... 20센치가 안 되면...

"넵~ 다행이시군요. 협조해줘서 감사합니다."라고 한마디 하면 된다.

15센치 정도 나오면 짭새 재량이다. 잘못 보이면... 무릎 아래서부터 재버리면 20센치가 넘어버리니깐...

짭새가 자로 재는 것을 거부하면...
토끼밥... 〈공무집행방해〉가 되는 건 말해 머해??
설마... 세상에 그런 일이 있었을까??...라고 의심하지 마라!
지금도 별반 달라진 것 없으니깐...

기억 안 나니??

재작년에 배꼽티 입고 다니면 잡아간다고 엄포 줬던 거...
배꼽티를 입건 아주 안 입고 돌아댕기건... 정부가 상관할 일 아니다.

쓰발~ 유행도 단속하는 나라는, 지구상에 회교국가와 조선민주주의
인민공화국... 그리고... 도덕제일주의 고리타분 때넘나라 싱가뽀르
밖에 없을 꺼다.

대한민국!! 이거 자유민주주의 국가 맞나???
그렇테니깐... 그런 줄 알지만...

사회는 자율적 정화능력이 있다. 예를 든 대로...
우리 몸속의 〈순대〉가 스스로 제자리를 찾듯... 알아서들 어울려서
굴러간단 말이다.

정부는 더 이상 국민을 유치원생으로 봐서는 안 된다.
세계화 어쩌구 하면서 죄다 볼 수 있게 하구선... 이게 머냐 ??

말로만 자유시장경제... 어쩌구 하지 말고 국민의 의식 자체가 그렇
게 될 수 있도록 정부는 졸라 노력해야 한다.

카섹스를 하든 말든 ~
가짜 자지를 팔든 ~
배꼽티를 입든 ~
비키니를 입고 다니든 ~
차 유리창에 썬팅을 하든 ~
새벽까지 술을 퍼마시든 ~
여고딩이 화장을 하든 ~

싸설·칼넘-홍싸조 르뽀 7월 2ㅁ일(월)

돈 있는 넘 빤츠를 타고 댕기든 ~ 뱅기를 타고 댕기든 ~
걍... 냅둬라...
정부가 상관할 일 아니자너?

걍... 냅둬도... 우리 몸속 〈순대〉처럼...
스스로 정화되고 정리될 것이 분명하니깐...

정부가 걱정하는 문제는...
자유를 줬을 때 나타나는 초반 어수선함이겠지... 안다 알어...

그러나... 어수선함은 오래 못 간다.
대한민국이 하루 이틀 살고 말 나라냐 ??

제발 ~ 빈대잡느라 초가삼간 태우지는 말자.
구데기 무서워 장 못 담그는 빙신 짓은 하지 말자.
대한민국 국민은 유치원생이 아니다.
걍 ~ 꼴리는 데로 살게 냅둬라.

이건 다음 세대를 위한 거다. 우리는 항상 우리 시대만 생각했다.
우리 조상들 ...
니기미... 꽉 막힌 논네들의 고집과 아집 때문에...
우리가 요 모양 요 꼬라지다.

다시 한번 말하지만 국민들 유치원생 아니다. 니네나 잘해라.

— 논설우원 性선설의 대가 HAZA

다카하시 고레키요 일 재무장관

일본에 새로운 내각이 들어섰습니다. 그리고 놀랍게도 관심을 집중시키던 일본 대장 대신에 전 수상이었던 미야자와 씨가 내정되었지요. 일본경제가 어둡다 보니 지금으로부터 66년 전의 일을 떠올리게 할 모양입니다.

전 수상이었다가 대장성 장관이 된 경우는 전후, 즉 2차대전 후에는 없었습니다. 그러나 戰前 2차대전 전에는 있었습니다. 다카하시 고레키요라는 사람이지요. 일본 경제에 있어서는 신화적인 인물입니다. 그 최후도 비극적이었기 때문이죠...

1931년 세계 경제 대공황의 여파는 마침내 일본을 강타했습니다. 특히 일본의 대농업공황은 몰락 농민들은 도시로 도시로 내몰리고 있었지요(그래서 1930년대에 일본농업 붕괴로 일본정부는 한국에서 대량의 쌀을 공출해 갔습니다).

만주와 내몽고 침략이 '국민'의 이름으로 주장되었고 만주-내몽고 침략을 반대하는 목소리는 '국민을 우습게 여기는 자' 혹은 반역자로 몰리던 1931년 9월 결국 만주사변이 터졌습니다.

유명하지만 만주사변에 대한 국제연맹의 제재결의는 '일본의 국가발전'을 저해하려는 서구열강의 음모로 규정한 일본정부와 우익 그리고 군부에 의해 짓밟혀졌고, 다음해 1932년 5월 15일에는 5.15 사건이 발생, 수상이던 이누카이 씨가 살해됩니다(그는 만주사변을 일으킨 관동군에 대해 반감이 많았음).

그러나 점령한 만주의 광물과 새로운 농업 개척지를 이용하여 공황을 극복할 수 있다던 우익 군부세력의 복안은 완전 실패로 돌아갔고 이때 대장성 장관인지 재무장관인지 헷갈리는데, 어쨌든 '다카하시 고레키요' 장관은 그때까지 없었던 새로운 경제정책을 내놓습니다.

그것은 "일본은행이 인수하는 국채를 발행하여 적극재정을 펼친다..."는 것이었지요...

다시 말해 일본은행이 국채를 인수하려면 엔화를 찍어내 인수해야 되는데 일본정부는 그 돈으로 중공업을 일으키고 (당연하겠지만 주로 군수산업) 농촌에 공공 토목사업을 일으켜 실업자를 흡수시키겠다는 것이었습니다.

이렇게 되면 민간 생산설비가 다시 가동되므로 조세수입이 늘어나게 되고 다시 그 돈으로 적극재정에 더욱 박차를 가할 수 있으므로 경제는 살아나게 됩니다.

예상대로 1933년 1934년을 거쳐 1935년이 되자 경기는 완전히 회복되어 일본경제는 대공황의 영향에서 벗어날 수 있을 정도가 되었습니다(특히 해군력 강화에 역점을 두어 와싱턴 군축조약을 탈퇴하기도 하였지요...).

1935년 일본국회에서 다카하시 고레키요 장관은 다음과 같이 발언합니다.

"경기가 회복되어 인플레 기미가 보이므로 국채는 줄이고 군사비도 삭감한다..."

그러나 1935년은 일본 군부로서도 전환점에 해당하던 시기였습니다. 만주를 점령한 일본 관동군은 1933년 열하성 일대에서 공작을 감행, 한때 관내(산해관 이남 장성 내)에까지 침공하여 이른바 탕쿠정전협정을 체결합니다.

1935년에는 하북성에서 국민당 정부기관을 철수시키고 이어 차하르성에서도 국민당 정부기관을 접수해버립니다. 결국 1935년에 화북성동부에 친일 괴뢰정부가 들어설 정도로 일본의 침략야욕을 그칠 줄 몰랐는데요... 하필 그때 도쿄의 국회에서 고레키요 장관이 군사비를 삭감한다는 발언을 한 것입니다.

진행되던 중국침략이 꺾이게 될 위기에 빠진 일본군부는 황도파 청년장교단을 사주, 소위 2.26 사건이 터집니다(황도파 장교단은 재벌타도 천황친정을 주장하는 과격파 우익 군부단체 - 이를 견제하는 세력은 통제파 - 관료, 재벌, 정치인과 연결).

1936년 2월 26일 황도파 청년장교단은 새벽을 기해 도쿄 중심부에서 쿠데타를 감행합니다.

이들 쿠데타군은 당시 내각요인들을 암살하고 수상까지 암살하려고 하였으나 수상은 달아나는 데 성공, 대신 그와 닮은 사람이 대신 칼에 찔려 죽고 일본경제를 대공황에서 구출했던 다카하시 고레키요 장관 역시 그날 일본 군인들에 의해 처참하게 죽습니다.

그리고 사흘 후 천황은 이들 쿠데타군에게 다시 병영으로 돌아가라는 친서를 보내어 쿠데타는 실패로 돌아갔지만... 이 이후 일본의 군국주의화는 가속이 붙어 결국 옛날 메이지 유신 때의 잔재인 이른바

'현역 무관제'가 부활하면서 도조 히데키 수상의 탄생으로 태평양전쟁이 일어나게 되었지요.

어쨌든 다카하시 고레키요 장관의 일본은행 인수 국채발행이 성공할 수 있었던 요인은 다음과 같습니다.

1. 당시 일본공황은 전형적인 디플레이션 공황이었다는 점
2. 파운드와는 달리 프랑과 달러는 금 본위제를 유지하여 기축통화의 붕괴로까지 가지 않은 점 (프랑은 1936년 금 태환정지)
3. 군국주의적 경향으로 각종 군축조약에서 탈퇴하여 군수산업에의 수요가 매우 많았다는 점

따라서, 인플레이션 정책이 정확하게 일본경제에 먹혀들어갈 수 있었다는 점입니다.

이것은 나치 독일이 모든 민간자본을 SOC사업과 군수산업에 돌려 경제를 부흥시킨 정책과 어느정도 일맥상통하는 점입니다(나치독일의 경제정책도 기본적으로는 인플레이션 정책 - 단, 미 대통령 후버의 모라토리움 정책으로 독일 금융이 오스트리아 금융공황의 영향에서 벗어날 수 있어 건전성이 어느 정도 유지될 수 있었다는 것이 성공의 요점).

일본 정부는 60여 년 전의 그 신화를 다시 창조하고 싶은, 그런 마음이 간절한 것 같습니다. 그러나 성공 가능성은 아직 알 수 없지요...

60여 년 전의 국채는 첨단의 금융상품이었습니다. 미래의 가치를 이전하여 현재에 투하하는 유일한 방법이었지요... 그것은 금본위제 주축통화 경제가 있었기에 가능한 일이었습니다, 그렇지 않으면, 즉,

금본위제 주축통화 체제가 아니면 인플레이션을 피할 수 없지요.. 마찬가지의 개념으로 '신용'을 이전하고 '신뢰'를 이전하고 '위험'을 회피하려면? 그렇다면 방법은?

Derivative...

– 딴지일보 경제 논설 고문 석진욱

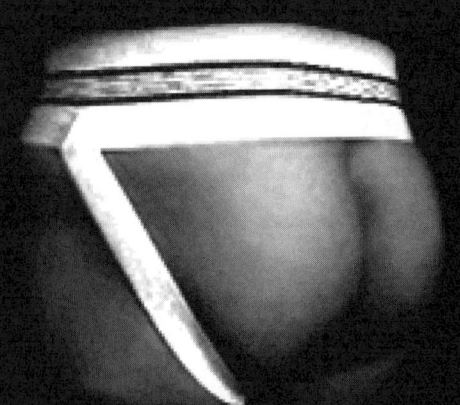

기획 · 기사

▶ 정치 경제 사회 국제 문화/생활 정보통신/과학 ▶ BEST 스포츠 테마신문

인터뷰
딴지 총수 전격 인터뷰

특집
코후비기와 관련된 서양의 왜곡된 역사인식(上)
코후비기와 관련된 서양의 왜곡된 역사인식(下)

기자수첩
본사 기자 화장실에서 순직

디지털 딴지일보 社告
딴지일보 수습기자/사진기자/특파원 모집
딴지일보 신축 사옥 발주 · 착공 · 거의 완공
딴지일보 기자 및 특파원 합격자 안내
본지 독자 10만 명 돌파 사은품 증정!
딴지일보 제 1회 캡션마당 수상작 발표

http://ddanji.netsgo.com

기획 · 기사 - 인터뷰 8월 3일 (월)

딴지발행인 겸 총수 전격 인터뷰!

1998년 7월 4일. 초절정 하이코메디 황색 저널리즘의 새 장을 열어 제낀 디지딸 딴지일보가 창간되었다. 딴지일보는 첫 판을 찍어내자 마자 독자들의 열화같은 성원과 사랑에 힘입어 창간 2주만에 50,000부 판매라는 놀라운 성과를 거두었으며, YAHOO COOL사이트에 선정되는 등 기존 언론사들 똥꼬를 서늘하게 하며 두각을 나타내고 있다.

많은 독자들이 딴지일보의 깜짝창간에 놀라움과 함께 딴지일보를 둘러싼 비밀에 대해 궁금증을 가지는 바, 독자들이 궁금한 거면 뭐든지 발키고 마는 딴지일보는 이번 인터뷰에는 본지의 발행인이자 총수인 김어준 총수를 만나 딴지일보의 모든 것을 독자들께 씨언하게 전하고자 한다.

딴지 발행인 겸 그룹 총수

본 기자는 〈딴지일보 2호〉 기사편집을 마감하고, 7월 21일 발행을 위해 열씨미 윤전기를 돌리고 있는 딴지회장을 늦은 시간에 집무실에서 만났다.

Q : 안녕하십까??
(쑤그리~ 꾸벅~~이후 존대 생략)
딴지일보가 발간되자마자 많은 조회수를 기록하며 독자들의 인기를 끌고 있다. 그 비결이 무어라고 생각하는가?

A : 고정관념 엄씨 핵심을 향해 거침없이 찔러 들어가는 똥침정신에 반했기 때문 아닌가 한다.

이 자리를 빌어 '나뿐놈' 들한테 경고하는데 아무리 튼튼한 똥꼬도, 아무리 '꽉' 힘을 줘도 다 헛수고라는 거슬 알아주기 바란다.

딴지는 설혹 손꾸락에 건더기가 적출되는 상황이 오더라도 결코 물러서지 않고 푸욱... 찌른다.

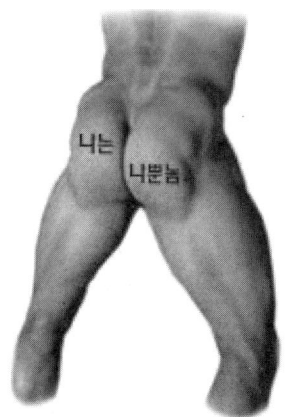

아무리 힘줘도 소용엄따, 딴지한테 걸리문 아재!

Q : 이런 딴지일보를 만들게 된 계기는 무엇인가...? 처음 시작할 때 어려움은 없었는지...

A : 암에푸로 즐거움 잃어가고 있는 국민들에게 웃음을 되돌려 줘야겠다는 불타는 사명감에서 시작했다. 처음 아이디어가 떠올랐을 때는 먹고 사는 데 바뻐서 썩혀두고 있다가 요샌 아예 일거리가 떨어져서 시간이 왕창 나길래 얼마전 창간호를 냈다.

어려움? 음.. 걱정이 되는 것은, 기자들이 엄써서 총수, 발행인, 편집장, 논설우원, 수습기자, 사진기자, 그래픽디자이너, 윤전기사, 청소부까지 혼자 다 하다보니 똥꼬가 얼얼한데 혹시 이 얼얼함이 본 총수의 기립능력에 조금이라도 영향을 미칠까 하는 점이다.

Q : 개인적인 질문을 하겠다. 딴지회장의 신상에 대해 궁금함을 표하는 독자들이 많다. 딴지회장의 이름을 낯익어하는 사람들도 많다. 개인의 신상에 대해 밝혀주길 바란다(나이, 취미, 직업, 발싸이즈, 전직 활동...).

A : 가끔 독자투고란에서 본 총수를 개인적으로 아는 체하는 사람들은 본 총수가 통신망의 플라자, 워드 등에서 활동할 때 알던 사람들로 딴지일보에서 임원자리라도 하나 얻어볼까 하고 얼굴도장 찍으러 온 사람들이다. 본 총수의 특기가 전형적인 낙하산 인사라는 것을 간파한 소행으로 보인다.

386세대이며 취미는 여행으로 40여개국 배낭여행했고 또다른 취미는 방금 싼 똥 면밀관찰, 분석하기다.

직업? 과거에는 정상적으로(?) 직장도 다니다가 관두고 꼴리는대로 돈되는 거라면 뭐든 하다가 최근까진 인터네또로 이것 저것해서 밥 벌어 먹었는데 요즘 안 좋다. 씨바...

Q : 딴지일보의 새 사옥은 화장실 배변시설이 세계최고수준으로 만들어진다고 한다. 이것은 딴지회장의 아주 독특한 배변관에서 비롯된 것이라고 하는데... 딴지회장의 〈똥철학〉에 대해 설명해 달라.

A : 다들 그렇겠지만 화장실에 가면 본 총수는 싼다. 잔뜩 긴장했던 괄약근을 풀어 그 동안 몸 안에 축적되었던 노폐물들을 거리낌 없이 후련하게 팍 싸버린다. 그런 생리적 '쌈' 말고 싸는 게 한 가지 더 있는데 바로 〈생각〉이다.

바짝 긴장했던 본 총수의 신경뉴런들은 어느 누구도 방해하지 않는 이 해방 공간에 들어서게 되면, 힘을 풀고 .... 적당한 출구를 찾지 못하던 황당한 〈생각〉들을 거리낌없이 밀어내는 〈연동 운동〉을 시작하게 되는 것이다.

'지난 번엔 말이야, 분명히 실컷 정상적으로 일을 보고 나서 휴지질을 분명히 했는데 아무것도 안 묻어 있는 경우가 있었지. 참 신기해, 그런데 도대체 그런 경우는 어떤 때 생기는 걸까? 과연 그대로 나간 것이 옳은 일이었을까? 한 번 더 휴지로 시도를 했어야 하지 않았을까? 휴지가 모자랄 경우를 대비해 내가 원하면 의도적으로 그런 상황을 만들어낼 수는 없는 걸까?' 뭐 이런 생각에서부터, 나라를 걱정하기도 하고, 우주의 탄생을 추리해 보기도 하고, 두루마기 휴지가 얼마 남지 않은 걸 보고 똥 용량의 완급조절이 필요하다는 심각한 생각도 하고...

어떤 제약과 억압과 구속과 규칙으로부터 자유롭게 아무 생각이나 막 하는 것이다. 즉, 생각을 〈싸는거다〉. 똥을 잘 싸야 사람이 건강하듯, 바로 이 생각을 잘 싸야 사회도 건강하고 암에푸도 극복된다.
본 딴지일보는 그러한 〈생각쌈〉의 연장이자, 구현으로 보믄 된다. 한마디로 딴지일보는 〈싸이버 생각쌈場〉이다... 나 멋져?

생각쌈장

Q : 본인에 대해 스스로 평가한다면...

A : 나... 잘 싸는 넘이다.

Q : 다시 딴지일보에 대해 묻겠다. 딴지일보는 거의 〈디지털 좃썬일보〉나 〈마이도스 똥아일보〉에 맞먹는 분량의 기사를 싣고 있다. 이러한 방대한 기사와 사진을 어떻게 작성하고 편집하는지.. 딴지일보의 발행과정에 대해 궁금해 하는 독자들이 많다.

기획·기사-인터뷰 8월 3일(월)

A : 이미 말했듯이 본 총수가 글, 그리팩부터 HTML 윤전기까지 돌리고 있으나, 힘이 부친다. 그나마 얼마전 임명한 1호기자가 큰 힘이 되고 있다. 담번 인사이동에서 편집장으로 승진시켜 버릴까 한다. 하여간 하루빨리 수습기자들 모집하고 해서 사세도 확장하고 사옥도 새로 지어야겠다. 기자 모집에 많은 지원바란다.

Q : 딴지일보가 다른 사이버신문이나 웹진과 다른 차이점은 무어라고 보는가…?

A : 웹진은 '폼'을 적당히 잡는 걸로 알고 있다. 그러나 딴지는 쓸데없는 폼을 잡지 않는다. 똥이 폼 잡는다고 잘 나오는가. 그리고 딴지는 현학을 거부하고 아는 척하지 않는다. 똥이 사기치는 것 봤는가. 똥은 먹은 만큼 싸게 되어 있다.

Q : 딴지일보의 독자들에게 한마디 한다면…

A : 엄청난 성원에 감사드립다. 꾸벅.
당부의 말씀은 독자투고 좀 많이 해주시고, 정식 수습기자가 아니더라도 잼 있는 글이나 사진을 보시믄 즉각 독자투고란에 투고해 주시믄 그 담호 만들 때 보내주신 분의 아뒤와 함께 실겠으며, 발군의 기량을 보일시 가차없이에는 딴지 맘대로 기자로 '책봉' 하겠슴다. 감사한다.

아참 그리고 멜 보내서 "당신으 사이트는 수준 이하야! 당장 때려쳐! 우끼지도 않는 게 우끼는 척 하지마!"라는 사람들이 만 명에 한 명꼴로 있는데 무척 우끼다. 그런 분들한테는 "니 증말 우껴" 하고 짧게 한 줄 답장을 보내는데 이 자리를 빌어 본 총수를 우껴주셔서 감사함을 전하고 싶다.

Q : 마지막으로 딴지회장으로서 딴지일보의 장래에 대해 밝혀달라.

A : 먹고 싸는 문제에 관한한 타으 추종을 불허하는 국내 최고, 최대 으 싸이버 싸이비 황색 저널로 성장할 것이다. 본 총수가 파산만 하지 않으면 최고, 최대가 되는 것은 시간문제라고 생각한다.

인터뷰한다니까 평소보단 상당히 순화된 언어를 구사하며 열씨미 떠벌인 딴지총수는 기자와의 인터뷰가 끝나자 흘러내리는 땀도 잊은 채 또다시 윤전기 앞으로 달려갔다..

그의 똥꼬가 오늘따라 유난히 딴딴해 보인다.

- 딴지일보 제 1호 기자 bluesens

기획 · 기사-특집 8월 3일 (월)

코후비기와 관련된 서양의 왜곡된 역사인식 (上)

서양넘들과 식사를 하게 된다거나 하면 아주 당황하는 수가 있다. 예를 들어 우리가 밥을 먹다 트림을 한다거나 하는 것은, 비록 못 먹던 시절 배부르게 밥먹었다는 표시로 하는 트림의 시대는 이제 지나간 만큼, 과거처럼 권장 사항까지는 아니더라도 그렇다고 죽을 죄를 진 것 또한 당연히 아니다.

그저 고개를 돌리고 약간 소릴 죽여 "꺼억..." 하면 뭐 밥 먹다보면 그럴 수도 있는 것으로 이해해 주고, 그걸 가지고 졸라 인상 찌푸리면서 무식한 넘으로 만들고 그러진 않는다.

그런데 이 서양넘들은 밥상머리에서 트림을 하게 되면 상당히 눈치를 주고 '싸비지' 한 넘으로 취급 하기 때문에 이런 그들의 문화에 익숙하지 않는 우리 나라 넘들은 이런 경우 졸지에 무례한이 되는 수가 많다.

워낙에 서양넘들이 위생관념이 투철해 그렇다고 하면 그런대로 이해하고 넘어가겠다만 이 서양넘들이 가끔 밥먹다가 밥상머리에서 와일드하게 코를 푸는 작태를 목격할라치면 경악을 금치 못하게 되고, 트림에 대한 그들의 까탈이 위생관념이 투철해서 그런 것도 아니라는 것을 알게 된다.

우리가 밥먹다 트림해서 지네들에게 혐오감을 주는 것이나, 지네들이 밥상머리에서도 전혀 눈치 안 보고 코 풀어제끼는 것이나 서로 밥묵는 넘의 미각을 자극해서 밥맛 떨어지게 한다는 점에서는 대동소이하다고 하겠는데, 이 서양넘들이 코가 큰 만큼 코를 풀 때의 소리 또한 엄청나다는 것이 다르다면 다른 점이다.

우리같은 동양인들은 어디 밥먹다 코 푸는가. 그것도 코를 뽑아버릴 기세로 맹렬하고 공격적으로 말이다. 더구나 그 넘들은 코는 수분 함량이 왜 그리도 높은지 코를 풀었다 하면 휴지가 흥건하다...

이건 코를 푸는 게 아니라 코를 싼다.

앞에서 뻔히 맛있게 밥 쳐먹는 거 보면서 휴지 한웅큼이 질퍽해지게 코를 풀어내고는 암 일 없다는 듯이 밥을 다시 쳐먹는 그넘들의 엽기적 만행을 보면 도대체 우리의 귀여운 트림가지고 뭐라 하는 게 이해가 안 간다.

그래도 여기까진 좋다. 1:1이니까. 트림과 코풀기... 좋다 이거다.

그런데...

또 하나의 인체 청결 유지를 위한 자연스런 행위를 억압하는 서양의 왜곡된 관습이 있으니 바로 그들의 너무도 희한한 '코후비기 혐오증'이다.

물론 우리 나라에서도 자랑할 꺼리로 취급하진 않지만 뭔가 딱딱한 것이 내려 앉았다거나 하는 불가항력적인 상황에서 다급히 코를 후비는 누군가가 있다면 동병상련의 마음으로 너그럽게 이해해 주는 것이 우리의 인지상정이다.

특히 손톱 끝에 건더기가 걸려 나올 때의 상쾌한 기분이야 서로 아는 터인지라 보고도 못 본척 해주고 넘어가는 경우가 태반이다(다만 학교 다닐 때 책상 밑판이나 의자 옆 등에 그 적출물을 늘여붙이는 관행은 이제 지양해야 할 것으로 본다).

그러나 서양에서는 이 코후비기를 반사회적, 비민주적, 야만적인 행위로 간주하고 공공장소에서 코를 본격적으로 후빈다거나 하는 사람들을 일탈행위를 하는 금치산자의 수준으로 취급을 하고 있다.

이러한 서양인들의 코후빔 혐오증을 모르는 우리 나라 사람들이 공공장소에서 별 생각없이 코후빔을 시도하다, 그러한 모습이 그들에 의해 목격될 경우 상당히 싸비지한 넘으로 매도당하고 따돌림을 당해 결국 그로 인해 정상적인 인간관계가 불가능하게 되는 수가 비일비재하다.

서로의 문화에 대한 몰이해가 부른 비극이라 하겠다. 따라서 이 코후비기 문제는 세계평화를 위해서도 시급히 해결해야 할 문제가 아닌가 한다.

이에, 먹고 싸는 것에 관련된 문제 혹은 졸라 희한한 것이라면 무엇이던 조사해 버리는 본 조깟제 기자는 불타는 사명감으로 이 문제 해결에 나서서 오랜 조사와 연구 끝에 그들의 '코후비기 혐오증' 이 바로 그들의 역사적 무지에서 나온 것임을 밝혀내고 말았다.

조사 과정에서 서양의 왜곡된 역사인식을 교정할 수많은 사료들을 발굴해내는 고고학적 개가를 올렸다. 그 간단한 실례의 하나로 다음 그림을 보면 르네상스 시대만 하더라도 서양에서는 코후빔에 대한 그 어떤 종교적 적대감이나 사회적 편견이 없었음이 명백하다.

박티칸 미술관의 후볏니 성당 천장에 그려져 있는 거장 '미켈란조루'의 프레스코화 '최후의 후 빔' 중 가장 유명한 장면 – '아담과 하나님의 후빔' 아담의 손 끝에 실린 힘이 느껴지는가...

서양사를 통시적으로 거름질 하듯 거슬러 올라가 시대별로 코후빔이 어떤 사회적 대우를 받았으며, 과연 현재 서양인들의 '코후빔 혐오'가 역사적으로 정당한 것인지에 대한 고찰을 해보기로 하겠다.

기대하시라.

to be continued

– 이제는 더 깔 데가 없겠지... 할 때도 기어코 또 까는 조깟제 기자

코후비기와 관련된 서양의 왜곡된 역사인식 (下)

1. 코후비기 기원...

코후비기의 기원은 과연 언제로 거슬러 올라갈까... 하는 것이 오랫동안 서구 고고학계의 과제였다.

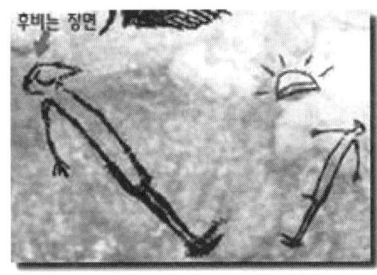

구석기 시대의 원시인들이 그린 것으로 보여지는 '알다무라' 동굴 벽화는 당시 태양을 숭배하는 토템 신앙을 가졌다는 것을 보여주며, 또한 평소 파낸 건데기를 식량부족시를 대비, 뭉쳐 '알' 형태로 보관하고 있다가 먹는 장면 등 그때의 생활상을 생생하게 전해주고 있다(먹는 장면은 생략…).

이번 조사를 통해 본 조깟제 기자는 서구에서의 코후비기에 대한 최초의 사료가 프랑스 남부에 위치한 '알다무라'(Aldamora) 동굴 벽화인 것을 밝혀내는 개가를 올리고 말았다.

탄소 동위원소 측정에 의해 최소한 BC 2만년 전 것으로 판명된 이동굴벽화는 코후비기의 기원을 밝히는데 획기적인 전기를 가져다 준 것으로 학계에선 평가하고 있다.

본 조깟제 기자가 고고학계에 길이 남을 업적을 남기고 만 것이다. 어흑...

2. 이집트 문명에서의 코후비기

문헌으로 남아 있는 가장 오래된 코후비기 기록은 1970년 말 영국의 '막후비' 공작에 의해 발굴된 유명한 이집트 왕 '두탕뛰면(Tutanttumun)'의 피라미드에서 나온 파피루스 문서이다.

여기에는 잠자리에 들어 여러 명의 후궁과 격렬한 작업을 끝낸 후 바로 코를 후비면 그 즉시 다시 기립하여 한탕 더 뛸 수 있었던 것으로 유명한 황금가면의 주인공, '두탕뛰면' 파라오의 개인 코후비미의 보수가 소 3마리 였다는 기록이 남아 있다.

황금가면

당시 - 약 BC 1350년 경 - 지배계층이 개인 '후비미'를 뒀다는 것은 이미 코후빔 문화가 완전히 정착되었으며, 감히 신적 존재인 파라오의 코를 후빌 수 있었다는 것은 코후비미의 사회적 지위도 상당했음을 보여주는 반증이다.

일부 학자들 사이에서 그것은 '두탕뛰면'의 개인적인 취미였을 뿐 이라는 주장도 대두되고 있으나, '두탕뛰면' 피라미드에 남아 있는 벽화의 상형문자를 해독해 보면 그런 주장의 오류를 알 수 있다.

우선 '두탕뛰면'의 미아라 뿐 아니라, 이집트에서 발굴된 모든 미이라가 코부분은 붕대가 감겨 있지 않고, 가장 보존 상태가 양호한 '두탕뛰면'의 벽화를 해독하면,

"두탕뛰면" 피라미드의 벽화' 이집트 고대의 태양여신인 후비브라가 파라오의 코를 부드럽게 후벼주고 있다.

"후에도... 후비니... 후벼서... 후빌래라..."라는 완벽한 운율을 가지는 것으로 보아 시의 형식을 빌어 사후에도 코후빔이 계속되기를 바라는 기원을 하고 있음을 알 수 있다. 즉 코후빔은 단순한 취미가 아니라 死後의 영속성까지 고려한 하나의 의식에 가까운 행위였던 것이다.

3. 코후빔의 암흑시대

구미 대륙에서 이미 구석기 시대부터 정착되어 온 보편적 코후빔의 관습은 로마제국의 등장과 함께 갑자기 커다란 변혁기를 맞는데, 그 자신 코를 후비면서 담배를 피우다 콧털에 불이 옮겨 붙어 콧털과 콧구녕이 홀랑 타버린 '코속다타' 대제는 그것이 신의 저주라고 판단, AD 299년 제정법령을 선포하는데 거기엔 다음과 같은 문구가 포함되어 있었다.

코파토껴야의 대형 손꾸락 조각. 커다란 건데기를 건져 내고자 하는 강한 염원을 표현한다

"손꾸락이 첫번째 마디 이상의 깊이로 콧구녕에 쑤셔진 채 있는 것이 적발되는 자는 가차없이 콧구녕을 막아버린다."

이런 무시무시한 법령이 선포된 후 코후비기를 포기하지 못한 수많은 이들이 비교적 코후비기에 관대했던 동쪽으로 대이동을 하게 되었다.

지금도 남아있는 터키 남동부의 '코파토껴야'(Coppatokkeya)의 대규모 지하도시는 당시 코파는 걸 포기하지 못했던 사람들이 박해를 피해 토껴서 만들어 놓은 것이며 그 지역 곳곳에서 눈에 띄는 화강함 조각은 당시 고향을 등지고 수천리 방황을 한 그들의 한을 표현한 것으로 비장미가 넘치면서 지금도 보는 사람의 콧구녕을 간지럽게 한다.

4. 그 이후...

그러나 이러한 강제적인 억압도 인간 본성을 오랫동안 가둬놓지는 못했다. 로마제국의 몰락과 함께 코후빔 박해의 시대도 끝이 났기 때문이다.

박해의 시대가 지나자, 구미의 지성들 사이에는 자신의 코후비는 장면을 초상화로 남기는 것이 대유행하게 되었는데, 자신의 모습을 대중 앞에 잘 드러내지 않기로 유명한 영국이 낳은 대문호 '쎄게파피나'조차 이러한 초상화를 남겼으니 가히 그 열기를 짐작할 수 있겠다.

쎄게파피나

그가 남긴 대표작인 4대 비극 중 '오델파'에 보면 다음과 같은 문장으로 코후비기를 찬양한 것을 볼 수 있다.

"아... 코굴착(掘鑿)은 마치 아름다운 여성의 나신(裸身)을 공략하는 것과 같음이여... 그 구녕은 예민하여 우아하고 부드럽게 그러나 결코 너무 깊지 않게 파주어야 하도다... 그러나... 정녕코... 구녕이 원할 때라면... 혼신을 다해... 파리라..."

당대를 대표하는 지성들이 이러했으니 일반 시민들의 후비기 열기는 지금으로선 상상조차 하기 힘들다. 이러한 후비기 열정은 중세를 관통해 근대까지 계속 이어졌다.

근대에 이르러서는 더욱 코후비기 문화가 발전하여 혼자 코후비는 경우는 거의 없어지고, 여럿이 같이 모여야 비로서 코를 후비기에 이르렀다. 특히 같은 형태로 코후비는 사람을 만나게 되면 마치 오래된 친구처럼 금세 서로 흉금을 터놓고 가까운 사이로 발전하게 되는, 인간관계에 없어선 안 될 중요한 요소로 취급받았다.

세계 2차 대전 당시 히틀러 정부는 점령하러 갔던 지금의 베네룩스 지역인 서부전선에서 일부 독일군 병사들이 현지 농민들과 코를 후비다 서로 친해져 자꾸 부대의 기밀이 누설되는 사태가 발생하자 전군에 '코후비기금지령'을 내렸다.

또한 "당신으 콧구녕, 누설통로된다!" 라는 포스터를 작성하여 독일뿐 아니라 전 유럽에 배포하여, 코후비면서 군사 기밀이 누설되는상황을 막아보고자 안간힘을 썼다.

그러나 히틀러의 그러한 노력에도 불구하고 병사들 사이에서 코후비기는 근절되지 않아, 결국 레지코땅스의 지속적인 '같이 코후비며 기밀빼내기' 작전과 연합군의 코후비기로 결국 독일을 망하게 하겠다는 '코로망디' 작전에 의해 독일군이 패전에 이른 것을 봐도, 당시 코후비는 국경을 초월하여 이미 대중 사이에 확고히 자리잡은 자연스런 관습으로 퍼져 있었음을 알 수 있다.

그런데...

이러한 유구하고 뿌리깊은 역사를 가진 서양에서의 코후빔이 대공황 이후 최근 몇 십 년 사이에 갑자기 아주 추악하고 더러운 관습으로 오해되어 서양넘들이 그 행위를 반사회적, 비민주적, 야만적인 행위로 간주하고 공공장소에서 코를 본격적으로 후빈다거나 하는 사람들을 무시하고 야만인 취급하는 데 실소를 금할 수 없다.

이거 안 당해본 사람은 모르는데, 서양인 앞에서 코를 후빈 후 그들의 표정을 한번이라도 본 적이 있는 사람이라면 본 기자의 말을 이해할 것이다. 그런 취급을 받고 나면 열받지 않을 수 없다. 밥상머리에서 떠나갈 듯이 코는 푸는 종자들이며, 위에 쭈욱 밝힌 바와 같이 그네들의 '코후비기 혐오증'은 결국 그들의 역사적 무지에서 나온 것인데 말이다.

그네들 선조는 이미 구석기 시대부터 자랑스럽게 코를 후벼 왔으며 그 어떠한 폭제에도 항거하며 코후비기를 이어온 사람들이다. 선조의 전통을 잇지 못할 망정, 자연스럽게 코를 후비고 자신도 깨닫지 못하는 사이 건데기를 어디론가 처리해 버리는 우리같이 지혜로운 민족을 무시하는 작태를 더 이상 보고 있을 수 없다.

이에 본 기자는 통침정신을 분연히 발휘, 이 연구문서를 UN산하 모든 국제기구에 제출하였으며, 세계적인 코후비기 운동조직인 '다 같이 코후벼 세계평화 이룩하려는 사람들의 모임'에 협조를 요청, 미 백안관 앞에서의 대규모 가두행진도 계획중에 있다. 본지 애독자 중 국외에 거주하는 교포들은 이 행진에 적극 참여해주기 바란다.

그러나 우리들도 학교 다닐 때 책상 밑판이나 의자 옆 등에 그 적출물을 늘여붙이는 관행은 이제 정말 지양해야 할 것으로 본다...

마지막으로 좃선일보에서 발악 비스무리하게 졸라 잼엄는 '내 무덤에 오줌을 뉘라'를 연재하고 있는 사촌동생한테 이제 제발 씰데엄는 헛짓꺼리 고마하고 나랑 이런 거나 파헤져 명랑사회 건설에나 이바지 하자고 안부인사 전한다.

- 이제는 더 깔 데가 없겠지... 할 때도 기어코 또 까는 조깟제 기자

기획 · 기사-기자수첩 8월 3일(월)

본사 기자 화장실에서 순직

장거리 출장을 위한 2일 새벽 4시경 출근했던 본사 '후지좌' 기자가 본사 10층 화장실에서 변사체로 발견되어 동료 기자들의 애도가 끊이지 않고 있다. 사망원인은 괄약근 과도 경색, 사망 추정 시간은 새벽 6시 50분경.

30분째, 아직도 아무도 나타나지 않는다.
40분째, 똥꼬가 아려온다...
50분째, 나는 이대로 죽는 걸까?
60분째, 굳어간다...

화장실 문짝에 마지막으로 남기고 간 고통의 낙서

딴지일보 수습기자/사진기자/특파원 모집

본지는 창간을 맞이하여 수습기자와 사진기자 그리고 해외 특파원을 모집함다. 한국농담을 능가하며 B급 오락영화 수준을 지향하는 초절정 하이코메디 씨니컬 패러디 황색 싸이비 싸이버 루머 저널의 입지를 공고히 하여 21세기 명랑사회 건설과 IMF 조기 졸업에 졸라 힘쓸 참신한 인재들을 찾슴다. 지원 자격과 세부 사항은 아래와 같습다. 억수로 지원 바람다.

- 수습기자

나도 한 글빨, 말빨 한다 하는 사람이라면 누구나 환영.
씰데엄씨 세상일에 관심이 많으며, 통신이라면 마누라 빤스속처럼 환히 들여다 보는 사람... 평소 주위에서 웃긴 년넘 소리 자주 듣고 한 번 썰을 풀었다 하면 1시간짜리 레퍼토리는 너끈한 사람은 특별우대함... 본인이 직접 기사를 작성하거나, 여러 통신망의 게시판을 싸돌아 댕기며 졸라 웃낀 넘들을 헤드헌팅하는 것이 주임무임.

지원 부문을 정치, 경제, 사회,문화, 스포츠, 과학... 등으로 구분하여 지원해도 되고 시간 넘치는 사람은 걍 이것저것 다 한다고 해도 됨.

- 사진기자

인터넷을 주로 돌아댕기며 희한한 사진을 퍼오거나, 희한하고 웃긴 사진이 없을 시, 지가 스스로 희한하거나 웃긴 포즈로 사진을 찍어서라도 매주 웃긴 사진을 전송하고 마는 투철한 파파라쵸. 역시 뭐든지 불문. 한 몸매하는 사람은 전신 수영복 사진 보내주면 무조건 합격.

기획·기사-알립니다 8월 3일(월)

- 해외특파원

해외에 거주하면서 인터넷을 사용하는 교포, 유학생, 해외 도피자, 병역 기피 도망자... 가리지 않고 받음. 하는 일은 현지 소식을 한국에 전하는 것으로 뉴스 내용은 지 맘대로 선정해도 무방함. 지역 불문. 일 잘하면 가끔 새우깡 넣어서 DHL로 보내줌.

선발된 기자들이 송고한 기사에는 반드시 그 기자의 이름과 아뒤가 게재되며 여차하면 사진도 함께 실어줌. 미혼남녀의 경우 혼사길을 열어주고, 유부인의 경우 불륜의 가능성을 활짝 열어제껴 줌. 재미는 보장하며 보수는 당근 엄씀. 철저히 싸이버상에서 근무하고, 가끔 기자들끼리 오프 모임을 가져 회식이나 할까 함.

8월 3일(월) 기획 · 기사-알립니다

딴지일보 신축 사옥 발주, 착공, 거의 완공

IMF를 맞이하여 국내 건설 경기가 꽝이어서 건설업체 부도가 줄을 잇고 있는 작금, 본사는 국내 건설 경기 진작을 위해 지상 100층, 지하 50층 짜리 초대형사옥 건설 프로젝트를 발주하였다. 본사가 먹고 싸는 것에 관한 것을 주로 기사로 다루는 관계로 배수 시설에 특히 중점을 둬야 한다는 프로젝트 스펙에 의해, 현대건설과 똥아건설이 프로젝트 수주를 위해 입찰에 응했다.

입찰 초기, 리비아 화장실 공사 프레젝트를 수년간 성공적으로 수행한 똥아건설로 낙찰될 뻔했으나, 최근 태릉 지하철역 지하 터널 전체를 물이 콸콸 통하는 하수구로 만들어내는 기념비적인 토목 업적을 세워, 국내 토양에서의 배수시설에 관한한 탁월한 시공 능력을 인정받은 현대건설이 결국 시공사로 최종 결정되었다.

시공사 결정 후, 바로 착공, 이미 건물은 완공단계에 와 있다.

주소-http://서울시.중구.남대문로/SQ뗄레꼼본사/3호server/딴지.htm

이번 사옥 건축에 뜨거운 성원을 보내준 수많은 네티즌에게 감사드리며, 심심하면 담에 또 사옥을 지을까 고려중이다. 이상.

기획 · 기사-알립니다 8월 3일(월)

딴지일보 기자 및 특파원 합격자 안내

딴지에서는 보다 빠르고 보다 황당한 기사를 위해 기자단을 모집한 바 무려 300여명이 넘는 수많은 우수한 인재들이 지원을 하였슴다. 지원하신 모든 분께 똥꼬발랄한 행복을 기원함.

그러나 워낙 많은 분들이 지원했고 또 대부분 지원서가 부실하여 기자의 재능을 제대로 점검할 수 없었던 바, 소개서 길고 정성껏 보낸 지원자들을 중심으로 선착순으로 끊어 낙하산 인사로 기자단을 선정하였슴다. 이 과정에서 선착순에서 짤린 뒷분들에게는 조만간 지원서 검토하여 회신이 갈 것임을 알려드림다.

그러나 대다수 낙하산 인사된 신입기자들이 잦은 업무이탈, 태업 등으로 마감시간을 지키지 않아 신문 발행에 막대한 지장만 초래하고 기사 오기를 기다리다 본 총수 똥꼬 안쪽이 바짝바짝 마르는 엽기적인 상황이 초래되어, 몇 명을 제외하고는 다시 채용하기로 했슴다.

따라서 제 1기 신입사원 합격자 정식 발표와 합격자 소감문 발표는 담주로 미루기로 하겠으며 우선 확정된 기자 명단은 아래와 같습니다.

• 지여니(LA 특파원) - 1:1의 치열한 경쟁을 뚫고 LA지역 특파원으로 선정되었으며 지원서와 함께 엄청난 양의 기사를 거의 매일 송고하고 있는 장래가 매우 촉망되는 쉑쉬 여기자

• 박형거리(문화부기자) - 광고회사 출신으로 본명을 극구 숨기고 활동하고 있으며 제대로 된 기사는 아직 한번도 송고 안 했지만 순발력

발군으로 보이는 기자. 존말로 할 때 기사 보내..

• **조성희(연예부기자)** - 할리우드통으로 알려져 있으며 자신의 기사에 대한 애정이 상당한 전직 학생 기자 출신의 전도유망한 인물. 이번에 보낸 기사는 지면 관계로 담호에 싣기로 했음. 미안함.

그외 몇 명 더 있으나 현재까지 기사 송고가 안 되고 이써 계속 이따구로 하면 즉시 정리해고할 참이므로 생략.

해서 기자 모집 광고는 계속 나감다.

기획 · 기사 - 알립니다 B월 3일(월)

본지 독자 10만 명 돌파 사은품 증정!!

본지는 국내 최단시간 구독자 10만 명 돌파의 대기록을 이룩한 기념으로, 한여름임에도 암에푸에 눈치보느라 피서도 못 가고 자기 책상을 수호하며 혀바닥 길게 물고 가자미 눈이 되어버린 딴지의 직장인 독자들을 위해 사은행사를 준비했슴다...

모다 힘들고 어려운 시기에 선한 사진으로 잠시나마 즐거운 기분을 만끽하시길 바랍니다. 다만 미성년 알라들의 접근이 우려되어 너무도 안타까운 마음으로 다소 수정을 하였으나, 약간의 상상력과 경험에 우러난 조각맞추기를 통해 사진을 스스로 완성해 보시기 바람다... 사진으로 양이 안 차는 분들은 목욕탕에서 똑같은 자세로 가슴에 밥그릇 올려놓고 거울에 비쳐 보시길... 콧구녕에 물 안 들어가게 조심하시고요...

잠깐, 사은품은 모종의 사진으로 인터넷 상에서 확인해 보시기 바람다.

딴지일보 제 1회 캡션 콘테스트 수상작 발표

국내 최초로 시도되었던 '일명 졸라 웃기게 말달기' 제 1차 경연대회가 성황리에 막을 내렸습다. 수많은 네티즌들이 저마다 변비중인 똥꼬 쥐어짜듯 싸놓은 백여 편의 역작들을 딴지가 선정한 분야별 최고 권위자들이 엄정히 심사하여 마침내 수상작을 선정하였습다.

본지는 캡션 콘테스트에 참여해 주신 모든 분들에게 똥꼬받들어 감사드리며 계속 이어지고 있는 제 2차 경연대회에도 많은 참여 부탁 드립니다. 자신이 제출한 캡션이 과연 입선하였는지, 혹은 과연 어떤 작품이 영예의 수상을 하였는지 알고 싶으신 분은 캡션 콘테스트 명예의 전당(Hall of Fame)으로 가서 확인하시면 되겠습다. 감사함다. 꾸벅.